Floyd E.
Schneider

Freund schafts evan geli sation

Christliche
Verlagsgesellschaft
Dillenburg

ISBN 3-89436-066-6

Titel der Originalausgabe: Evangelism for the Faint-Hearted

Übersetzung: Dr. Harald Müller, Eichgraben, Österreich
Titelgestaltung: Dieter Otten, Bergneustadt
Satz: rk-design, Bergisch Gladbach
Druck: Druckhaus Gummersbach
Made in Germany

Inhaltsverzeichnis

Vorwort

Dieses Buch soll Informationen über das behandelte Themengebiet liefern. Der Käufer möge beachten, daß der Verlag oder der Autor hiermit weder juristische noch professionelle Leistungen erbringen wollen. Wenn juristische oder fachmännische Unterstützung benötigt wird, sollte ein entsprechender Fachmann zu Rat gezogen werden.

Das Ziel dieses Buches besteht nicht darin, alle dem Autor und/oder dem Verlag zur Verfügung stehenden Informationen betreffs dieses Themas nachzudrucken, sondern diese zu vervollständigen, näher zu erläutern oder zu ergänzen. Zu weiteren Informationen wird auf den Anhang verwiesen.

Evangelisation ist weder ein Trick noch eine Methode. Sie ist eine Lebenshaltung.

Viele Leute mit verschiedenen Persönlichkeiten haben die in diesem Buch beschriebenen Prinzipien erfolgreich angewendet.

Es wurde große Sorgfalt darauf verwendet, dieses Handbuch so vollständig und genau wie möglich zu gestalten. Trotzdem kann die Möglichkeit typographischer oder inhaltlicher Fehler nicht ausgeschlossen werden. Dieser Text sollte deshalb nur als Richtlinie und nicht als endgültige Informationsquelle zum Thema Evangelisation betrachtet werden. Außerdem sind nur die bis zum Drucken dieses Buches bekannten Informationen über Evangelisation enthalten.

Dieses Handbuch soll zur Schulung und Unterhaltung dienen. Der Autor und der Verlag übernehmen keine Haftung oder Verantwortung gegenüber jeglichen Personen, eingeschlossen juristischen, für das Auftreten jeglichen Verlusts oder Schadens, welcher tatsächlich oder angeblich direkt oder indirekt auf die in diesem Buch enthaltenen Informationen zurückzuführen ist.

1: DIE FURCHT

Die Furcht vor dem Evangelisieren überwinden.

"Hast du jemals über Gott nachgedacht?" fragte Mark, als Anthony seinen Teller auf den Tisch stellte und ihm gegenüber Platz nahm. Anthonys Gesichtsausdruck verriet Mark, daß die Mittagspause wohl nicht sehr angenehm für ihn werden würde. "Du bist doch wohl nicht auf einem religiösen Trip, oder?" fragte Anthony spöttisch.

"Nein, nein, ich habe mich nur gefragt, ob du schon einmal über Gott nachgedacht hast." Der Speiseraum füllte sich rasch, und andere Gäste setzten sich an ihren Tisch. Mark wünschte, er hätte diese Frage nicht gestellt.

"Warum sollte ich über Gott nachdenken?" erwiderte Anthony. - Lauter als unbedingt notwendig, dachte Mark. - "Wann hat denn er schon einmal einen Gedanken an mich verschwendet?"

Zwei Mädchen sahen in ihre Richtung. Mark spürte, wie ihm die Röte ins Gesicht stieg. Warum hatte er bloß versucht, Anthony gegenüber Zeugnis für den Herrn ablegen zu wollen? Er hatte ja gewußt, daß er versagen würde.

Anthony hatte seine Gabel in die Hand genommen, aber er hatte noch nichts gegessen. Spöttisch lächelnd wartete er auf Marks Antwort.

Mark schluckte und sagte: "Zum Beispiel ist er am Kreuz für deine Sünden gestorben."

Das leise Kichern der beiden Mädchen und der zwei jungen Männer an ihrem Tisch drang an Marks Ohr, bevor er den Satz noch zu Ende gesprochen hatte.

Anthony nutzte es aus, auf der Seite der Mehrheit zu stehen. "Das ist doch wohl ein Witz! Jesus mag ein guter Mensch gewesen sein, aber er war sicher auf dem Holzweg - schau dir nur an, wohin ihn das gebracht hat: ans Kreuz! Seine verrückten Jünger haben sich diese Geschichte mit der Sünde ausgedacht, damit sie sich dafür rechtfertigen konnten, ihm nachgefolgt zu sein."

Bevor Mark antworten konnte, fuhr Anthony fort: "Mark, wie kannst du nur an einen Gott glauben? Ich bin wirklich enttäuscht von dir. Ich hätte nicht erwartet, daß du deine Logik wegen eines Altweibergeschwätzes über den Haufen wirfst. Wie kann ein denkender Mensch nur an Religion glauben?"

Mark wußte, daß er verloren war. Aber nun war sein Stolz verletzt, und um sich zu verteidigen, sagte er: "Ich habe die Bibel gelesen."

Einer der jungen Männer am anderen Ende des Tisches applaudierte so laut, daß es alle im Raum hören konnten: "Bravo!"

Anthony schüttelte den Kopf und sagte: "Du nimmst die Bibel doch nicht ernst, oder? Die Bibel ist vollkommen unwissenschaftlich und veraltet. Die einzigen Leute, die die Bibel lesen, sind entweder sehr naiv, oder sie verwenden die Bibel, um mit ihrer Hilfe die Unwissenheit und den Aberglauben der anderen auszunützen."

Mark wollte etwas erwidern, aber als er sich umsah, bemerkte er, daß aller Augen auf ihn gerichtet waren, so als ob die gesamte Studentenschaft atemlos darauf warten würde, ihm den Mund zu stopfen. Auf zahlreichen Gesichtern konnte er nackte Schadenfreude sehen, während er sich vor Verlegenheit in seinem Sessel wand.

Dann läutete die Glocke, und der Bann war gebrochen.

Anthony verließ den Tisch ohne sein übliches "Bis später", und viele andere schauten auffällig in Marks Richtung und kicherten, während sie den Raum verließen.

Mark dachte, daß es wohl das beste wäre, seine Identität zu ändern und das Land zu verlassen.

Ist es dir schon einmal so ergangen? Wenn nicht, hast du jemals Angst davor gehabt, daß dir so etwas Ähnliches passieren könnte? Vielleicht kannst du dir das vorstellen: du fangst an, über Gott oder die Bibel zu reden, dein Freund macht einen Einwand, der dir noch nie untergekommen ist, und schon stehst du da wie ein Idiot, weißt nicht, was du sagen sollst und wünschst dir nichts so sehr, als daß du dich auf der Stelle in Luft auflösen könntest. Dann sagst du dir, daß du ohnehin alles nur schlimmer machst und schließlich kommst du zu der Ansicht, daß du die Evangelisation besser denjenigen überläßt, die etwas davon verstehen.

Viele von uns möchten den großen Auftrag unseres Herrn in Matthäus 28, Vers 18-20 befolgen, aber wir haben Angst, daß unsere stümperhaften Evangelisierungsversuche unsere Freunde einfach vertreiben. Wir sind frustriert und fragen uns, warum der Herr uns allen befohlen hat, unseren Glauben weiterzugeben und doch nur wenigen Gläubigen die Gabe der Evangelisation geschenkt hat.

Wenn es dir auch so geht, dann ist dieses Buch für dich geschrieben worden. (Wenn du die Gabe der Evangelisation hast, hättest du vielleicht ein anderes Buch kaufen sollen!) Als der Herr in Apostelgeschichte 1,8 seinen Jüngern sagte, daß sie seine Zeugen sein werden, meinte er damit alle von ihnen und nicht nur einige wenige begnadete Gläubige. In 1. Petrus 3,15 ermahnt uns Petrus, als Gläubige Christus als Herrn in unseren Herzen heilig zu halten und jederzeit zur Verantwortung jedem gegenüber bereit zu sein, der Rechenschaft von uns fordert über die Hoffnung, die in uns ist.

Ich hoffe, daß ich dir durch dieses Buch mehr geben kann, als dich bloß auf eine wirksame Verteidigung vorzubereiten, wenn sich das nächste Mal die Gelegenheit zu einem Gespräch ergibt. Unser Ziel ist es, unsere Freunde so neugierig zu machen, daß sie mit uns die Bibel lesen wollen. Es gibt viele Methoden der Evangelisation, die die Gläubigen durch die Jahrhunderte hindurch angewendet haben und die der Herr in mächtiger Weise gesegnet hat: Freiluftveranstaltungen, Tür-zu-Tür-Umfragen, das Verteilen von Traktaten, verschiedene evangelistische Besuchsprogramme oder stadtumspannende Aktionen, bei denen mehrere Gemeinden zusammenarbeiten, um einen bekannten Evangelisten in ihre Stadt zu bringen. Jeder Gläubige wird diejenige Methode bevorzugen, die seiner Persönlichkeit am besten entspricht.

Der Schwerpunkt der Methode, die dieses Buch behandeln wird - soweit überhaupt von einer Methode gesprochen werden kann - liegt im Lesen der Bibel mit einem Freund. Dieses Buch wurde nicht geschrieben, um als Werkzeug für eine spontane Evangelisation zu dienen, bei der dem Ungläubigen das ganze Evangelium in fünf Minuten serviert wird. Wir müssen uns Zeit nehmen, um eine persönlich Beziehung mit einem Ungläubigen aufzubauen. Unser eigentliches Ziel ist es, die Bibel mit einem ungläubigen Freund zu lesen.

Warum sollen wir die Bibel miteinander lesen, anstatt unseren Freunden einfach das Evangelium zu erzählen? Ein Beispiel kann den Grund dafür am besten veranschaulichen.

Vor einigen Jahren besuchte ein Christ eine Universität an der Ostküste Amerikas. Er teilte sein Zimmer mit einem jungen Mann, der Moslem war. In der ersten Woche schlossen sie Freundschaft, und eines Abends kamen sie auf ihren unterschiedlichen Glauben zu sprechen. Nach einigen langen Unterhaltungen fragte der Gläubige den Moslem, ob dieser jemals die Bibel gelesen hätte. Der junge Mann verneinte und fragte dann seinerseits den Christen, ob er jemals den Koran gelesen hätte.

Der Gläubige antwortete: "Nein, ich habe den Koran noch nicht gelesen, aber ich bin sicher, daß er sehr interessant ist. Warum lesen wir nicht beide Bücher miteinander, eine Woche lang den Koran, die nächste Woche die Bibel?"

Der junge Mann nahm die Herausforderung an, und ihre Freundschaft vertiefte sich im Laufe der Wochen. Im zweiten Semester fand der Moslem zum Glauben an Jesus Christus. Eines Abends, gegen Ende des ersten Semesters, stürzte er in das Zimmer und schrie den Gläubigen an: "Du hast mich betrogen!"

Verwundert und bestürzt fragte der Gläubige: "Wovon redest du eigentlich?"

Der Bekehrte öffnete seine Bibel, schlug den Hebräerbrief auf und sagte: "Ich lese gerade das Neue Testament durch, wie du es mir gesagt hast, und da steht: 'Das Wort Gottes ist lebendig und wirksam und schärfer als jedes zweischneidige Schwert und durchdringend bis zur Scheidung von Seele und Geist, sowohl der Gelenke als auch des Markes, und ein Richter der Gedanken und Gesinnungen des Herzens, und kein Geschöpf ist vor ihm unsichtbar, sondern alles bloß und aufgedeckt vor den Augen dessen, mit dem wir es zu tun haben'." Daraufhin schlug er die Bibel zu und grinste: "Du hast die ganze Zeit gewußt, daß die Bibel die Kraft Gottes enthält und daß der Koran nur ein totes Buch ist wie irgendein anderes Buch. Ich habe nie eine Chance gehabt!"

Der Gläubige lächelte und fragte: "Und jetzt wirst du mich dein ganzes Leben lang hassen?"

"Nein," antwortete er sofort, "aber du mußt zugeben, daß es ein unfairer Wettkampf war."

Sieh dir einmal Hebräer 4, 12-13 näher an. Wir können die Botschaft des Evangeliums niemals mit der gleichen Autorität verkünden, wie dies durch das Wort Gottes geschieht. Nur das unmittelbare Wort Gottes - nicht mein Wort, nicht dein Wort und auch nicht das Wort irgendeines Predigers - ist lebendig und schärfer als jedes zweischneidige Schwert. Durch das Lesen des Wortes Gottes wird das Herz des Menschen aufgedeckt; der Heilige Geist durchdringt die Hülle unserer falschen Gerechtigkeit, dringt bis zur Seele und zum Geist eines Menschen vor und überführt diesen Menschen von Sünde, von Gerechtigkeit und von Gericht. Das Wort Gottes kann all das auf eine Weise tun, deren wir Menschen, die wir nicht in das Herz eines anderen zu schauen vermögen, einfach nicht fähig sind.

Genau das sagt uns auch Jesaja 55, Verse 8 bis 11:

"Denn meine Gedanken sind nicht eure Gedanken, und eure Wege sind nicht meine Wege, spricht der Herr. Denn so viel der Himmel höher ist als die Erde, so sind meine Wege höher als eure Wege und meine Gedanken als eure Gedanken. Denn wie der Regen fällt und vom Himmel der Schnee und nicht dahin zurückkehrt, sondern die Erde tränkt, sie befruchtet und sie sprießen läßt, daß sie dem Sämann Samen gibt und Brot dem Essenden, so wird mein Wort sein, das aus meinem Mund hervorgeht. Es wird nicht leer zu mir zurückkehren, sondern es wird bewirken, was mir gefällt, und ausführen, wozu ich es gesandt habe."

Gottes Gedanken, wie wir sie in seinem Wort finden, vermögen weit besser, unsere ungläubigen Freunde zu überführen, als wir dies jemals mit unseren Erklärungen seines Wortes könnten. Das ist der Grund, warum wir so großen Wert darauf legen, die Bibel mit unseren Freunden zu lesen und ihnen nicht einfach das Evangelium in wenigen Worten zu erzählen.

Das Säen des Samens mag in wenigen Minuten geschehen, aber das Wachstum hin zur Erlösung dauert meistens viel länger. Der physische Wachstumsprozeß veranschaulicht dies auf hervorragende Weise. Niemand erwartet, daß ein Baby wenige Minuten nach der Empfängnis zur Welt kommt; auch würden wir einem Neugeborenen kein Schnitzel zum Mittagessen geben. Es kann Jahre dauern, bis jemand reif im Glauben ist. Wir sollten die Entscheidung, Christ zu werden, ebenso als einen Wachstumsprozeß sehen.

Ich habe diesen Wachstumsprozeß in Tabelle 1 dargestellt.

(a) BEGINN DER ERLÖSUNG
- gerettet von der Strafe der Sünde; der Mensch wird zum Säugling im Glauben

Gottes Rolle	Rolle des Gläubigen		Reaktion des Menschen
Allgemeine Offenbarung Römer 1,18-20	"ausreißen, niederreißen, zugrunderichten, abbrechen" Jeremia 1,10	- 8	Bewußtsein von der Existenz eines höheren Wesens, aber keine wirkliche Kenntnis des Evangeliums
Überführung Joh 16,8-11	Verkündigung Apg 1,8	- 7	Das Evangelium beginnt, ins Bewußtsein zu gelangen
		- 6	Die Grundlagen des Evangeliums werden bewußt
		- 5	Die Zusammenhänge des Evangeliums werden bewußt
	Überzeugung Apg 18,4	- 4	Positive Eistellung zum Evangelium
		- 3	Erkenntnis persönlicher Sünde
		- 2	Entscheidung zum Handeln
		- 1	Buße und Glaube an Christus Joh 1,12; 1Jo 1,9
WIEDERGEBURT		0	NEUES GESCHÖPF 2Kor 5,17

(b) WACHSTUM AUS ERLÖSUNG

- gerettet von der Macht der Sünde; der Mensch wird zu einem reifen Gläubigen

Heiligung 1Thes 4,3	Nachfolge, "bauen, pflanzen" Jeremia 1,10	+ 1	Sicherheit der Erlösung 1Jo 5,11-13
	Jüngerschaft	+ 2	Erster Schritt: "Milch des Wortes" 1Petr 2,1-3 sicheres geistliches Wachstum Kol 2,6-7
		+ 3	"fest gewurzelt"
		+ 4	"auferbaut"
		+ 5	"befestigt"
		+ 6	"geistliche Frucht" Gal 5,22-23; 2Tim 3,17
		+ 7	"Zeugen" Apg 1,8; Joh 15,1-8
		+ 8	"Training" 2Tim 2,2

(c) VOLLKOMMENE ERLÖSUNG

- gerettet von der Gegenwart der Sünde: bei Christus in Ewigkeit

TABELLE 1. Der Wachstumsprozeß der Erlösung. Der Ungläubige beginnt mit einem Urwissen von Gott als einem höchsten Wesen. Wenn er das erste Mal mit dem Evangelium in Berührung kommt, wird er wahrscheinlich mißtrauisch sein, was auch gut ist in Anbetracht der Vielzahl an Sekten, die es heute gibt. In der Zeit, in der er die Bibel mit dir liest, wird er die Leiter emporklettern und viele Male von Sünde überführt werden (der Heilige Geist!), was ihn zu Entscheidungen zwingen wird. Mit jeder Entscheidung weiterzulesen, kommt er dem wahren Glauben an Jesus Christus näher. Ablehnung von seiner Seite ist natürlich jederzeit möglich, was jedoch darauf hindeuten kann, daß er nicht völlig begriffen hat, was es heißt, das Evangelium nicht anzunehmen.

Das Lesen der Bibel mit einem Ungläubigen bringt zwei Vorteile mit sich: zum einen gibt es ihm Zeit, das Evangelium zu verstehen und bewahrt ihn so vor einer voreiligen 'Entscheidung'. Eine echte Wiedergeburt ist nicht möglich, bevor ein Mensch an dem Punkt angelangt ist, an dem er seine persönliche Sünde bekennt und Christus in echter Reue und wahrem Glauben annimmt (s. Tabelle 1). Da Wachstum Zeit braucht, wollen wir diesen Prozeß auch nicht beschleunigen. Nur wenige Menschen lernen ohne Wiederholung. Das Lesen der Bibel über einen Zeitraum von einigen Wochen oder Monaten gibt dem Ungläubigen Zeit, die Botschaft des Evangeliums in seinem Gehirn zu verarbeiten. Der Heilige Geist wird ihm während der verschiedenen Tätigkeiten des Alltags viele Gedanken in seinem Kopf herumgehen lassen und ihn so zwingen, die praktische Auswirkung der Anerkennung des Herrn Jesus als seinen Retter durchzudenken.

Zum anderen wird eine Entscheidung, die er trifft, auf dem festen Fundament der Heiligen Schrift gegründet und nicht von einem schwankenden Gefühl bestimmt sein. Genährt durch ein solides Bibelwissen (besonders, wenn er den größten Teil des Johannesevangeliums gelesen hat), wird er in seinem Glauben wesentlich schneller reifen, als wäre er zu einer voreiligen Entscheidung gezwungen worden.

Mit diesem Ziel vor Augen - nämlich dem Lesen der Bibel

mit einem ungläubigen Freund - soll Kapitel zwei aufzeigen, wie wertvoll es ist, Freundschaft mit denjenigen zu schließen, denen wir das Evangelium verkünden möchten: unseren ungläubigen Verwandten, Arbeits- und Studienkollegen, Nachbarn und Bekannten.

Kapitel drei zeigt die Evangelisationsprinzipien unseres Herrn. Da Jesus Christus ein großes Verlangen hatte, die Menschen zu sich zu führen, sind seine Beziehung zu den Angehörigen der verschiedensten sozialen Schichten und seine Art, mit ihnen zu reden, das beste Beispiel für wirksame Evangelisation.

Kapitel vier beschäftigt sich mit der Motivation und dem Charakter des Gläubigen, der seinen Freunden das Evangelium bringen will.

Kapitel fünf, "Brücken bauen", befaßt sich mit dem Problem, ein Evangelisationsgespräch zu beginnen. Zu oft denken wir an die richtigen Dinge, die wir hätten sagen sollen, erst dann, wenn die Situation, in der wir sie benötigt hätten, schon vorbei ist. Dieses Kapitel soll dir helfen, das zu vermeiden.

Kapitel sechs enthält zwei Mustergespräche, die ich sehr oft führte, als ich meine Freunde zum gemeinsamen Lesen der Bibel bringen wollte. Ich wurde oft gefragt: "Was sagst du deinen Freunden, wenn du mit ihnen über den Herrn sprichst?" Diese Methode mag sich ein wenig von anderen unterscheiden, und zwar insofern, als daß ich mein Ziel nicht darin sehe, das Evangelium jemandem einfach "zu erzählen". Mein Ziel ist es immer, meine Freunde zum gemeinsamen Bibellesen zu bewegen.

Jedem Gespräch folgt eine detaillierte Erklärung, warum ich das, was ich gesagt habe, so verwendet habe. In diesen Gesprächen wirst du insgesamt zwölf Prinzipien für die Evangelisation finden, die der Herr meiner Meinung nach verwendet hat. Diese Prinzipien werde ich im Detail erklären.

Kapitel sieben ist der Nachschlageteil. Darin findest du Dutzende von Fragen, Bemerkungen, Einwänden und Antworten, gegliedert in bestimmte Kategorien. Dieser Abschnitt könnte leicht in einer Stunde durchgelesen werden. Wenn du dir jedoch die Zeit nimmst, über diese Antworten eingehender nachzudenken, so daß du schließlich deren Verzweigungen verstehst, wirst du damit deinem Ziel, solch peinliche Situationen wie die am Anfang geschilderte, zu vermeiden, einen großen Schritt näherkommen.

Wenn du nun einen Freund davon überzeugt hast, mit dir die Bibel zu lesen, findest du in Kapitel acht zusätzliche Anregungen, wie du einen evangelistischen Bibelkreis "leitest". Ich sage "leiten", weil sich die Methoden, einen evangelistischen Bibelkreis zu leiten, in nichts von jenen Methoden unterscheiden, die du angewandt hast, um deinen Freund zum gemeinsamen Lesen der Bibel zu bringen. In diesem Kapitel habe ich die Fragen und Antworten niedergeschrieben, die wir in unseren zahlreichen evangelistischen Hausbibelkreisen verwendet haben.

Ich bete darum, daß einige dieser Ideen für dich von Nutzen sein mögen.

Tu's!

1. Beginne damit, für einen ungläubigen Freund zu beten, mit dem du das Johannesevangelium lesen kannst.
2. Beginne das Johannesevangelium zu lesen und stelle dir dabei folgende Fragen: Was würde mein ungläubiger Freund über diese Verse denken? Welche Frage könnte ich stellen, um meinem Freund zu helfen, diesen Vers zu verstehen?

2: KOMMT UND SEHT!

Warum wir Freundschaftsevangelisation brauchen.

Freundschaftsevangelisation gibt es bereits seit Hunderten von Jahren. Als Johannes der Täufer zweien seiner Jünger sagte, daß Jesus das Lamm Gottes sei, gingen sie hin und fragten ihn, wo er denn wohne. Er sagte zu ihnen: "Kommt und seht!" Er holte nicht das Alte Testament heraus und bewies ihnen auf der Stelle, daß er der Messias war. Drei Jahre lang stellte er immer wieder durch seine Taten unter Beweis, daß er der Messias war. Die Jünger kamen dadurch zum Glauben an ihn, daß sie sein Leben als Mensch beobachteten, Tag und Nacht, zwei bis drei Jahre lang.

Der Herr Jesus gab uns kein Handbuch über das Thema "Wie man evangelisiert", voll mit Regeln, wie man Leute für ihn gewinnt. Im Gegenteil. Evangelisieren lernen wir dadurch, indem wir ihn bei seiner Evangelisationstätigkeit im täglichen Leben beobachten.

Wieviel die Menschen ihm bedeuteten, zeigte er dadurch, daß er ihnen diente. Er verbrachte die meiste Zeit mit den einfachen Leuten, heilte ihre Krankheiten, erneuerte ihre Beziehungen - einmal weinte er mit ihnen, dann freute er sich mit ihnen. Er wurde ein Teil ihres Lebens, bevor er sie lehrte.

Durch sichtbare Anteilnahme am Leben eines Nachbarn oder Arbeitskollegen können wir diese Menschen für die Botschaft des Herrn vorbereiten. In vielen Fällen können sie nur dann offen für das Evangelium werden, wenn wir in ihrem Leben eine Rolle spielen. Einfach einen Abtreter mit der Aufschrift "Herzlich willkommen" vor die Eingangstür unserer Kirchengebäude zu legen ist nicht genug. Wir müssen uns für etwas interessieren, woran sie Interesse haben - um ihretwillen.

Meine Frau Christine führte dieses Prinzip vor, als sie Martha, eine junge Studentin, bat, ihr beim Lernen der deutschen Sprache behilflich zu sein. Nach wenigen Wochen begann sie, Martha in Englisch zu helfen. Es entwickelte sich eine Freundschaft, und über viele Monate hindurch trafen sie sich regelmäßig einmal in der Woche. Martha wollte für ihre Nachhilfe kein Geld annehmen, und so machten wir es uns zur Gewohnheit, sie einmal in der Woche zum Essen einzuladen. Während eines dieser Essen begannen wir, über die Bibel zu reden und darüber, warum wir sie lesen. Das Gespräch dauerte drei Stunden.

Als sie ging, fragte ich sie: "Was denkst du nun von uns?"

"Nun ja," begann sie langsam, "wenn wir dieses Gespräch acht Monate früher geführt hätten, als wir uns kennenlernten, hätte ich euch beide für verrückt gehalten."

"Sind wir verrückt?" fragte ich.

Ihre Antwort war überraschend: "Nein, ich hatte genügend Zeit, euch kennenzulernen, und ihr seid ganz normal, wie alle anderen."

In diesem Sinne sagte auch ein Schweizer Missionar, den ich kenne: "Wenn die Leute dich als einen netten Menschen kennenlernen und dann entdecken, daß du in bezug auf Religion ein bißchen seltsame Vorstellungen hast, macht es ihnen nichts aus. Wenn sie aber von dir nur wissen, daß du so ein kleiner Religionsfanatiker bist, werden sie sich wahrscheinlich gar nicht erst die Mühe machen, herauszufinden, daß du vielleicht auch ein netter Kerl bist."

Wenn wir im Leben jener Menschen, denen wir das Evangelium verkünden wollen, eine Rolle spielen, so bringt das zwei Vorteile mit sich: zum einen wissen sie, daß wir uns um sie sorgen, und zum anderen lernen wir sie dadurch kennen. Der Herr "wußte, was im Menschen war", weil er ihre Herzen lesen konnte (Joh 2,25). Daher war es ihm auch möglich, jeden Menschen ganz persönlich anzusprechen. Weil wir nicht "in den Herzen lesen können", müssen wir viel Zeit mit unseren ungläubigen Freunden und Nachbarn verbringen und mit ihnen über sie selbst sprechen, damit wir schließlich wissen, wie sie denken. Dazu bedarf es einiger Tage oder sogar Monate, in denen sie sehen können, wie wir Christentum leben, bevor wir mit ihnen darüber reden können.

"Aber wie kann ich Ungläubige aus meinem Bekanntenkreis als Freunde gewinnen?" wirst du dich fragen. Jemandes Freund zu werden setzt voraus, daß man Interesse an ihm zeigt. Der andere muß wissen, daß du etwas mit ihm gemein hast und daß du gerne Zeit mit ihm verbringst. Gemeinsame Unternehmungen können sehr großen Spaß machen. Denke nach, was du gerne machst, zum Beispiel:

Segeln oder Fischen oder Kleider kaufen;

Sport - entweder aktiv oder passiv - wie Fußball, Basketball, Squash, usw.;

Hobbys - Amateurfunk, Computer, Fotografie, Astronomie, ein Nähkreis;

sich an einer Hochschule einschreiben, entweder zum Hobby oder zum ernsthaften Studium;

biete einer Mutter mit kleinen Kindern (oder älteren Kindern - Teenager!) deine Dienste als Babysitter an;

und vor allem: sei gastfreundlich! Plane Zeiten ein, in denen du Leute zu dir nach Hause zum Essen, auf einen Kaffee oder zu einem vergnüglichen Spielabend einlädst.

Wenn du deine Wahl getroffen hast, stelle dir die Frage: "Wie kann ich es meinen Freunden ermöglichen, dabei mitzumachen?" Hast du darauf eine Antwort gefunden, so frage deine Freunde, ob sie mitmachen wollen!

Mit vielen unserer Bekannten konnten wir Freundschaft schließen, weil ich sie nach einer Vorlesung an der Universität zu einer Tasse Kaffee einlud. Später baten wir sie zum Essen oder zum Tee zu uns. Das wiederum brachte uns eine Gegeneinladung in ihre Wohnung. In der ersten Zeit sprachen wir einfach nur über sie und über gemeinsame Interessen, die wir entdeckten. Nach einer Weile, manchmal Wochen oder Monate später, brachte ich das Gespräch auf geistliche Dinge. (Mehr darüber, wie man das macht, später.)

Viele unserer Bekannten konnten wir durch andere Freunde zu Freunden gewinnen. Wenn wir Menschen sehr gut kennenlernten, luden sie natürlich ihre Freunde ein, uns kennenzulernen. Wir mußten dabei wirklich niemals nachhelfen; es geschah ganz von selbst. Das wiederum führte zu einer Reihe von Gesprächen, oft Wochen oder Monate später.

Wir entdeckten, daß es uns sehr viel Spaß machte, unsere

ungläubigen Bekannten als Menschen kennenzulernen mit all ihren Gefühlen und Plänen und Träumen und Problemen. Und wir entdeckten auch, daß sie ebenso an uns interessiert waren. Viele möchten wissen, warum wir so großes Interesse an ihnen zeigen. Die meisten sind einsam und für eine Freundschaft sehr offen.

An dieser Stelle möchte ich jedoch eine Warnung aussprechen: widerstehe der Versuchung, alle Nichtchristen als potentielle Bekehrte anzusehen, die du fallen läßt, wenn sie nicht gläubig werden sollten. Freundschaft ist etwas Heiliges, und sogar in der Stunde seines Verrates hörte Jesus nicht auf, Judas seine Freundschaft anzubieten. Wenn wir unser Leben nach Gottes Wort leben und sie wirklich herausfordern, selbst danach zu leben, werden sie irgendwann eine Entscheidung treffen. Entweder werden sie sich für Gott entscheiden, oder sie werden dir ihre Freundschaft aufkündigen.

Freunde zu gewinnen kann sehr leicht und ein großes Vergnügen sein, aber du wirst wahrscheinlich weniger Zeit mit deinen gläubigen Freunden verbringen können, was diese möglicherweise nicht immer verstehen werden. Da wir erstens so viel Zeit in der Arbeitswelt verbringen müssen, genießen wir auf der einen Seite die Gemeinschaft mit Gläubigen, wie es denn auch sein soll. Das gibt uns frischen Schwung und neue Kraft, wenn wir wieder in den Kampf müssen (Eph 6,12). Wenn wir aber auf der anderen Seite unsere Zeit nur mit Gläubigen verbringen, werden wir unseren ungläubigen Nachbarn und Arbeitskollegen nie zeigen können, daß sie uns auch wichtig sind. Und zweitens haben einige christliche Gruppen einen falschen Sinn für Geistlichkeit entwickelt, was dazu geführt hat, daß sie die Absonderung von der Welt mit dem strikten Verbot jeglicher wie immer gearteter Wechselwirkung gleichsetzen. Sie kapseln sich völlig von allen Nicht-Christen und allen "nicht geistlichen Aktivitäten" (wie z. B. Sport und Clubs) ab und verurteilen andere, die nicht das gleiche tun. Sie legen sich selbst menschliche Gesetze von Geistlichkeit auf, nennen das Absonderung von der Welt und vergeben sich so damit natürlich alle Chancen, Ungläubige zu erreichen.

"Wie kannst du dich bloß mit diesem Mädchen in der Mensa treffen. Dort wird doch Bier ausgeschenkt!" Diese Aussage zeugt von der falschen Auffassung, daß ein Christ durch die Nähe von Alkohol irgendwie verunreinigt werden kann. Eine solche Denkweise verbietet dir, all die guten Restaurants, die Supermärkte und auch viele gute Unterhaltungsstätten zu betreten.

"Wir können doch nicht unsere Nachbarn einladen. Sie rauchen, und unsere Wohnung würde noch Tage danach stinken!" Stelle einen Aschenbecher auf den Tisch! Nachdem sie gegangen sind, kannst du das Fenster öffnen - um des Evangeliums willen! Sind materielle Besitztümer wichtiger als Seelen? (Eine brennende Kerze hilft auch, die Belästigung durch Zigarettenrauch zu mindern).

"Was mache ich, wenn sie mich einladen, mit ihnen irgendwo hinzugehen, wo ich nicht will, z. B. einen Film anzusehen, den ich nicht sehen möchte? Ich könnte sie beleidigen, wenn ich ihre Einladung ablehne." Wie wäre es mit einer kreativen Alternative? "Tja, danke daß ihr an mich gedacht habt, aber ich möchte den Film eigentlich gar nicht sehen. Wie wär's, wenn wir uns statt dessen nächste Woche zum ... (selbst einzusetzen: Schwimmen, einem Konzert, einem Fußballspiel usw. ...) treffen?"

"Aber was ist, wenn ich mit einem Freund ausgehe oder zu einem Essen eingeladen bin und mir ein Bier oder ein Glas Wein angeboten wird?" Nun, wenn es dir deine persönliche Überzeugung verbietet, Alkohol zu genießen, dann kann es nicht falsch sein, wenn du einfach sagst, daß du dir nichts aus Alkohol machst. "Könnte ich statt dessen vielleicht irgendeinen Fruchtsaft oder etwas Ähnliches haben?" Ich habe einmal um ein Glas Milch gebeten, und sofort wurde ich gefragt, ob ich Sportler sei, der im Training steht. Wenn du jedoch einzig und allein Bio-Karottensaft trinkst, dann ist es möglicherweise an der Zeit, ein Opfer zu bringen (1Kor 9,19).

Du solltest dir diese Fragen einige Male durch den Kopf gehen lassen, damit sie dich nicht unvorbereitet treffen. Stelle sicher, daß deine Überzeugungen auf der festen Grundlage der

Schrift basieren und nicht auf ungeschriebenen Gesetzen der Tradition. Sage zum Beispiel deinen Freunden gegenüber nie: "Weißt du, ich rauche und trinke nicht, weil ich Christ bin." Es gibt viele Nicht-Christen, die nicht rauchen oder trinken, aber sie tun es nicht wegen des Christentums. Sage ihnen einfach, daß du es vorziehst, nicht zu rauchen und keinen Alkohol zu trinken. Sie werden es respektieren.

Es ist unumgänglich, daß wir am Leben derer, die wir für den Herrn gewinnen wollen, teilnehmen. Gott blieb nicht im Himmel sitzen und wartete, daß wir zu ihm kommen, sondern er wurde einer von uns, jedoch ohne Sünde (Hebr 4,15). Wir müssen "einer von ihnen werden", jedoch ohne Sünde.

Der Apostel Paulus schreibt an die Korinther: "Ich habe euch in dem Brief geschrieben, nicht mit Unzüchtigen Umgang zu haben; nicht durchaus mit den Unzüchtigen dieser Welt oder den Habsüchtigen und Räubern und Götzendienern, sonst müßtet ihr ja aus der Welt hinausgehen" (1Kor 5,9-10). Paulus warnt sie hier vor unmoralischen Gläubigen, deren Verhalten von der Gemeinde toleriert wird in der Hoffnung, daß sie ihr falsches Verhalten von selbst aufgeben, wenn es von den anderen ignoriert wird. Viele christliche Gruppen drehen dies jedoch um: sie erlauben es einem Gläubigen, weiterhin in Sünde zu leben, während sie gleichzeitig darauf bestehen, daß sich die Gläubigen vollkommen von allen Ungläubigen fernhalten.

Ganz im Gegensatz zu dieser Überzeugung ist es notwendig, daß wir unser Leben öffnen und unsere ungläubigen Freunde einladen "zu kommen und zu sehen", wie wir Christentum im Alltag leben. Das mag am Anfang recht schwierig sein, besonders da Ungläubige sich in ihrem Verhalten doch sehr von unseren gläubigen Freunden unterscheiden können.

In ihrem Buch "Out of the saltshaker" erzählt Rebecca Manley Pippert die Geschichte eines älteren Diakons, der jahrelang die Gottesdienstbesucher zu ihren Sitzplätzen geleitete. Eines Tages trat ein junger Mann zu Beginn des Gottesdienstes ein, gerade als der Diakon jemand anders durch den Gang geleitete. Der junge Mann war barfuß, sein langes Haar war ungekämmt und seine Kleider Fetzen. Er betrat den Versammlungsraum, ging ganz nach vorne und setzte sich dort vor dem Podium auf den Fußboden. Als der Diakon zurückkam, um die Eingangstür zu schließen, bemerkte er den jungen Mann am Boden. Ängstliche Spannung verbreitete sich unter den Gläubigen.

Was würde der Diakon zu diesem jungen Mann sagen? Der Diakon schloß die Türen des Versammlungsraumes und ging den Gang entlang nach vorne. Als er dort angekommen war, zog er sich die Schuhe aus und setzte sich neben den jungen Mann auf den Fußboden. An diesem Morgen blieb kein Auge in der ganzen Kirche trocken.

C. S. Lewis schreibt:

"Niemand möge die Tragweite der Tatsache verkennen, daß er sein Leben in der Gesellschaft potentieller Götter und Göttinnen lebt; daß der langweiligste und uninteressanteste Mensch, mit dem er spricht, eines Tages ein Wesen sein könnte, dessen Anblick ihn gegenwärtig zur Anbetung herausfordern oder aber alptraumhaftes Grausen angesichts ekelerregender Fäulnis hervorrufen würde ... Es gibt keine GEWÖHNLICHEN Menschen. Einem bloßen Sterblichen sind Sie noch nie begegnet ..., sondern es sind Unsterbliche, mit denen wir lachen, mit denen wir arbeiten, die wir heiraten, verachten und ausnutzen - unsterbliche Greuel oder Wesen ewigen Glanzes ...

[C. S. Lewis, The Weight of Glory (Grand Rapids: Eerdmans, 1949) S.15.]

Ganz gleich, hinter welcher Maske sich jemand verbirgt: ein Mensch ist eines der heiligsten Wesen, denen wir jemals begegnen werden. Lerne solch ein Wesen kennen - zu dessen eigenem Heil! Suche dir einen Bekannten aus, mit dem du einfach einmal anfangen kannst, einen Nachbarn oder einen Arbeitskollegen, und mach dich daran, sein oder ihr Freund zu werden.

Tu's!

1. Suche dir einen deiner ungläubigen Freunde aus, mit dem du gerne eine engere Freundschaft eingehen möchtest. Stelle dir die folgenden Fragen:
Wie kann ich dieser Person zeigen, daß ich ein ganz persönliches Interesse an ihr habe?
Wie kann ich dieser Person zeigen, daß ich mich um sie sorge?
Was kann ich für diese Person tun?
Was kann ich mit dieser Person unternehmen?
2. Welche Vorbehalte gibt es von deiner Seite, die einer Freundschaft mit deinem ungläubigen Freund im Weg stehen würden? Sind dies Vorbehalte, die auf klaren Aussagen der Heiligen Schrift gegründet oder die kulturell oder traditionell bedingt sind? Bist du bereit, deine kulturellen und traditionellen Vorbehalte aufzugeben, um deinen Freund möglicherweise für Christus gewinnen zu können?

3: DER MEISTEREVANGELIST

Die Prinzipien des Herrn für die Freundschaftsevangelisation.

Nachdem du nun einige Freunde (oder zumindest einen) gewonnen hast, stellt sich dir die Frage: "Was mache ich jetzt mit ihnen? Wie kann ich mit ihnen ein Gespräch über Gott oder die Bibel beginnen, ohne sie zu beleidigen oder sie zu vertreiben?" Benutze dafür die Methode, die der Herr angewandt hat und die sich leicht in einen Satz gießen läßt: mache deine Freunde neugierig. Wir wollen uns einmal ansehen, wie der Herr das getan hat.

Im folgenden werde ich Fragen zum Bibeltext stellen, den wir gerade behandeln. Versuche diese Fragen zu beantworten, bevor du weiterliest.

In Johannes 2,13-25 betritt Jesus den Tempel in Jerusalem und findet dort die Ochsen- und Schaf- und Taubenverkäufer sitzen. Die ruhige Gelassenheit des Tempels war vom Lärm der Tiere verdrängt worden. Der wohlriechende Duft des Räucherwerkes war erstickt vom Gestank dieser Tiere. Die freudige Erwartung, zum lebendigen Gott in Ruhe und Anbetung zu kommen, gehörte längst vergangenen Zeiten an. Die Geldwechsler gingen hier ihrer Arbeit nach und wechselten das Geld der Leute, nicht ohne in ihrer Habgier einen Gutteil des Wechselgeldes in die eigene Tasche zu stecken. Die Priester protzten mit ihrer Wichtigkeit als einem Zeichen von Geistlichkeit.

Die Menschen, die hierher kamen, um anzubeten, mußten Gott Opfer bringen, um nach dem Gesetz des Mose Vergebung ihrer Sünden zu erlangen. Wenn ein frommer Jude das für die Opferung geforderte Tier zum Tempel brachte, sah er sich sofort mit einem Problem konfrontiert. Der Priester an der Tür würde sich das Tier prüfend ansehen und in den meisten Fällen behaupten, daß es nicht gut genug wäre. Er mußte es ja wissen. Er hatte "Lamm-Theologie" studiert. Das Lamm hätte einen Makel oder ein Gebrechen, von welchem der Eigentümer noch nichts bemerkt hätte, durch welches es jedoch den hohen Anforderungen des Priesters nicht entsprechen könne. Der Priester würde daraufhin dem Eigentümer anbieten, es zu einem Schleuderpreis zu kaufen, weit unter seinem wahren Wert, und dem Mann daraufhin eines seiner eigenen makellosen Tiere verkaufen.

Woher hatte nun der Priester seine makellosen Tiere? Sobald der Jude sein Opfer vollendet und den Tempel verlassen hatte, würde der Priester das Tier dieses Mannes, das er gerade gekauft hatte, dem nächsten Gläubigen als "perfektes" Tier verkaufen. Welches Bild mußte der Jude von einem Gott haben, der von solchen Priestern repräsentiert wurde?

All die Jahrhunderte hindurch, seit der Zeit ihrer Rückkehr aus der Gefangenschaft, hatte sich das Bild, das sich die Juden von Gott machten, dahingehend verwandelt, daß sie Gott als einen sahen, der immer nur nimmt und nimmt und nimmt. Religion war das reinste Geschäft. Die religiösen Führer hatten den Menschen ein falsches Bild von Gott gemacht, weil eben diese religiösen Führer den lebendigen Gott nicht kannten.

Ist der wahre Gott tatsächlich ein Gott, der nur nimmt und nimmt? Wie wird Gott von den religiösen Führern von heute dargestellt? Haben die Menschen von heute ein richtiges oder ein falsches Bild vom wahren Gott? Was muß heute im Denken vieler Leute richtiggestellt werden? Wie können wir dieses falsche Denken korrigieren? Wie hat es der Herr korrigiert?

Jesus reagierte auf das, was er im Tempel gesehen hatte. Er machte eine Geißel aus Stricken. Es dauerte einige Zeit, bis er diese Geißel fertig hatte. Wir können uns beinahe vorstellen, wie der Herr, während er die Geißel anfertigte, in Gedanken das durchging, was er im Begriff war zu tun. Sein Zorn war nicht wie der unsere - eigennützig, übereilt und fehlgeleitet. Sein Zorn war durchdacht und gerecht.

Können wir uns vorstellen, daß der Herr den Tempel betritt und sagt: "Ich bitte um eure Erlaubnis, diesen Tisch umwerfen und all euer Geld in die Luft werfen zu dürfen!" oder: "Hallo Leute, bitte macht das doch nicht. Seht euch doch einmal den Dreck an, den die Tiere hier auf dem Boden machen! Gott wird sehr traurig darüber sein."? Das, was er tat, war nicht "höflich" in dem Sinne, in dem viele diesen Begriff heute verwenden würden. Er redete den Führern nicht gut zu, um sie davon abzubringen, Gott als den großen Geschäftsmann im Himmel darzustellen. Er stürmte einfach hinein.

Kannst du hören, wie die Kühe brüllten, als der Herr mit dieser Geißel ihre Rücken bearbeitete; wie die Tauben kreischten, als er ihre Käfige öffnete und sie umdrehte; wie die Schafe blökten und die Tische mit Getöse umfielen? Kannst du das Geld sehen, wie es durch den Raum geschleudert wurde und die Priester, wie sie in das Innere des Tempels krabbelten, um diesem starken und zornigen Mann zu entfliehen, verzweifelt versuchend, ihr Geld zu retten und doch nicht unter diese Geißel zu geraten? Und wie sie, nachdem das Durcheinander etwas abgeklungen war, ihre Köpfe vorsichtig hervorstreckten und fragten: "Hast du eine Erlaubnis, daß du das tun darfst?"

Wollte der Herr diese Priester zum Vater führen? Warum war er dann so unhöflich zu ihnen? Welche Art von Evangelisation ist das? Er kümmerte sich offensichtlich keinen Deut um die Unhöflichkeit, während er sie verjagte. Hätten sie gehört, wenn der Herr eine andere Methode angewandt hätte? Offensichtlich war der Herr nicht dieser Meinung.

Aus dem Gespräch, das dieser Szene folgt, können wir eine Menge lernen. Die Priester fragten den Herrn, welches Zeichen er ihnen zeigen könnte, um zu beweisen, daß er das Recht hatte, den Tempel zu reinigen. Der Herr gab zur Antwort: "Brecht diesen Tempel ab, und in drei Tagen werde ich ihn aufrichten." Die Führer antworteten: "Sechsundvierzig Jahre ist an diesem Tempel gebaut worden, und du willst ihn in drei Tagen aufrichten?" Und das war das Ende des Gesprächs!

Was können wir aus dieser kurzen Geschichte lernen? Zum ersten, daß der Herr etwas tat, was die Führer nicht verstanden. Er reinigte den Tempel. Er warnte sie nicht, noch fragte er um ihre Meinung oder Erlaubnis. Das brachte sie dazu, ihm eine Frage zu stellen. Zum zweiten, daß, als sie ihm diese Frage stellten, er ihnen eine Antwort gab, die sie nicht verstehen konnten, und die sie auch tatsächlich nicht verstanden, wie ihre

Antwort zeigt. Zum dritten, daß der Herr ihnen nicht erklärte, was er damit meinte! Erkennst du schon die Prinzipien?

Der Herr möchte das falsche Bild korrigieren, das die Juden von Gott haben. Er möchte ihnen zeigen, wie Gott wirklich ist - den wahren Gott (Joh 1,18). Wie zeigt er ihnen, daß Gott nicht nimmt, sondern gibt? Was sagt Jesus zu Nikodemus in Johannes 3,16? ("Denn so sehr hat Gott die Welt geliebt, daß er seinen eingeborenen Sohn gab.") Was sagt der Herr zu der Frau am Brunnen in Johannes 4,10? ("Wenn du die Gabe Gottes kennen würdest und wer es ist, der zu dir spricht: Gib mir zu trinken, so hättest du ihn gebeten, und er hätte dir lebendiges Wasser gegeben.") Behandelt er Nikodemus und die Samariterin ebenso wie die Pharisäer? Sehen wir uns einmal Nikodemus im 3.Kapitel des Johannesevangeliums an.

Welchen sozialen Status hatte Nikodemus? Er hatte alles, was diese Welt ihm bieten konnte: Prestige, Reichtum und Macht. Wenn ein Mensch alles hat, hat er keinen Grund, irgendetwas zu fürchten. Warum also kam Nikodemus bei Nacht zu Jesus? Er sagt zu Jesus: "Wir wissen, daß du ein Lehrer bist, von Gott gekommen; denn niemand kann diese Zeichen tun, die du tust, es sei denn Gott mit ihm." Wen hat er mit "wir" gemeint? Offensichtlich hatten einige der Pharisäer erkannt, daß die Wunder, die Jesus tat, seine Verbundenheit mit dem Vater demonstrierten. Jesus ging auf diese positive, höfliche Aussage von Nikodemus nicht ein. Er sagte einfach: "Wenn jemand nicht von neuem geboren wird, kann er das Reich Gottes nicht sehen."

Als ein Führer der Juden kannte Nikodemus wahrscheinlich nicht nur das Alte Testament, sondern auch alle Kommentare dazu in- und auswendig.

Jesus sprach davon, "von oben geboren" zu werden. Wo ist davon im Alten Testament die Rede? Hesekiel 36,25-26 spricht von einem neuen Herzen und einem neuen Geist, aber davon, daß jemand "von oben geboren" wird, ist nicht die Rede. Wenn nun das Alte Testament nichts von dieser neuen Geburt sagt, wie konnte Nikodemus diese Aussage des Herrn überhaupt verstehen? Wir können diese Frage beantworten, indem wir eine andere stellen. Verstand Nikodemus, was Jesus sagte? Nein, und der Herr fuhr trotzdem fort, Aussagen zu machen, die für Nikodemus unverständlich waren! Wie reagierte Nikodemus auf die Aussagen des Herrn in bezug auf die Wiedergeburt aus Wasser und Geist und in bezug darauf, daß ein wiedergeborener Mensch wie der Wind ist? "Wie kann dies geschehen?" (V.9).

Beantwortet Jesus diese Frage? Ja, in den Versen 14-15. Die Grundlage für seine Antwort bildet 4.Mose 21, eine Grundlage, die Nikodemus sehr leicht verstehen konnte. Vor dieser Antwort des Herrn kommt jedoch noch etwas anderes. Jesus stellt Nikodemus in Vers 10 eine rhetorische Frage. "Du bist der Lehrer Israels und weißt das nicht?"

Welche Wirkung hatte diese Frage auf Nikodemus? Darauf gibt es keine sichere Antwort, weil wir nichts über seine Reaktion lesen. Aber wenn wir verschiedene Worte dieser Frage betonen, können wir möglicherweise herausfinden, welchen Zweck Jesus mit dieser Frage verfolgte.

"*Du* bist der Lehrer Israels und weißt das nicht?"

"Du bist *der Lehrer* Israels und weißt das nicht?"

"Du bist der Lehrer *Israels* und weißt das nicht?"

"Du bist der Lehrer Israels und *weißt das nicht*?"

"Du bist der Lehrer Israels und weißt *das* nicht?"

Hast du verstanden, was ich meine? Es war keine höfliche Frage für eine angenehme Konversation.

Die beißende Schärfe dieser Frage zielte auf den Kern des Problems, das Nikodemus hatte. Die Pharisäer behaupteten, Mittler zwischen Gott und den Menschen zu sein. Jesus greift Nikodemus hier in seinem Bollwerk an. Er stellt seine Fähigkeit als Lehrer und Mittler zwischen Gott und den Menschen in Frage. Die grundsätzlichste und wichtigste Frage, die ein Mensch stellen konnte, war: "Was muß ein Mensch tun, um in den Himmel zu kommen?" (... das Reich Gottes zu erlangen). Und Jesus sagt Nikodemus, daß er ein völliger Versager ist, wenn er nicht einmal diese Frage beantworten kann. Was für eine vernichtende Aussage!

Warum hat Jesus Nikodemus so behandelt? Bemerken wir

irgendwelche Ähnlichkeiten oder Unterschiede zwischen dieser Geschichte und der vorangegangenen im Tempel? Jesus macht eine Bemerkung, die Nikodemus nicht verstehen kann und die er auch nicht versteht. Dies veranlaßt Nikodemus, eine Frage zu stellen. Jesus macht zwei weitere Bemerkungen, die Nikodemus nicht versteht. Wußte der Herr schon von vornherein, daß Nikodemus seine Aussagen nicht verstehen würde?

Nachdem er Nikodemus' Neugier durch für ihn kaum verständliche Aussagen geweckt hat, antwortet ihm Jesus mit einer vernichtenden rhetorischen Frage. Warum?

Dann, und erst dann, gibt der Herr dem Nikodemus eine Antwort, die er verstehen kann, basierend auf dem Alten Testament. Ganz gleich verfuhr der Herr mit den Juden im Tempel. Er rüttelte sie zuerst auf, indem er ihre Autorität nicht anerkannte, und erregte dann ihre Neugier, indem er den Tempel reinigte und ihnen auf ihre Frage eine Antwort gab, die sie nicht verstehen konnten. In ihrem Fall jedoch erklärte er nicht, was er meinte. Nikodemus hingegen trieb er zuerst in die Enge und gab ihm dann eine Antwort. Warum gab der Herr dem Nikodemus eine Antwort, den Juden aber nicht?

Die Samariterin wurde vom Herrn etwas anders behandelt, aber die Prinzipien blieben dieselben. In Johannes 4,7 lesen wir, daß der Herr zu ihr sagt: "Gib mir zu trinken!" War an dieser Bitte etwas Ungewöhnliches? Wie wir an ihrer Reaktion sehen können, war sie überrascht, daß Jesus, ein Jude, mit ihr, einer Samariterin (und noch dazu einer Frau!), überhaupt sprach, geschweige denn sie um Hilfe bat! Dann, in Vers 10, spricht Jesus über lebendiges Wasser.

Wenn uns jemand fragt, wie Wasser aussehen kann, dann könnten wir ihm antworten, daß es heiß, kalt, fließend, verschmutzt, naß usw. sein kann. Wie aber sieht "lebendiges Wasser" aus? Hat es vier Beine und einen Kopf oder Blätter wie ein Baum? Pflanzen, Tiere und Menschen sind lebendig, aber Wasser? Wie die Frau sofort richtig verstanden hat, sprach Jesus nicht von genießbarem Wasser im Gegensatz zu "totem", verschmutzten Wasser. Das Wasser in Jakobs Brunnen war genießbar, aber das war es nicht, worauf Jesus anspielte. Verstand die Frau, was Jesus meinte? Offensichtlich nicht. Jesus fuhr fort, Aussagen zu machen, die für die Frau unverständlich waren, bis die Frau ihn bat, ihr dieses Wasser zu geben. Daraufhin stellte Jesus eine Bedingung. Sie sollte ihren Mann holen. Damit zeigte ihr der Herr, daß er sie kannte und daß er wußte, wie ihr Leben aussah (Vers 17-18).

Die Frau versuchte, das Thema zu wechseln, indem sie das Gespräch auf eine theologische Ebene brachte und eine der heißesten Fragen zwischen den Juden und den Samaritern berührte: es ging um den richtigen Ort für Anbetung, Jerusalem oder der Berg Garizim. Auf die Bemerkungen des Herrn über ihren unmoralischen Lebensstil hin versteckte sie sich hinter Theologie! Er begegnet diesem Versuch dadurch, indem er ihre falschen Ansichten korrigiert, aber er läßt sich nicht zu hitzigen Debatten über eine Sache von zweitrangiger Bedeutung hinreißen. Er sagt ihr, daß ein wahrer Anbeter Gott in Geist und in Wahrheit anbetet. Daraufhin sagt sie ihm, was sie vom Messias weiß (Vers 25). Dann, und erst dann, auf der Grundlage dieses "Bekenntnisses", gibt ihr der Herr eine sehr direkte und klare Antwort: "Ich bin's, der mit dir redet."

Erkennen wir langsam die Evangelisationsprinzipien des Herrn?

Zuerst weckt er ihre Neugier. Wie? Indem er etwas tut, das sie NICHT verstehen können - das Reinigen des Tempels, die Bitte um etwas Wasser - oder indem er Aussagen macht, die sie NICHT verstehen können: "Brecht diesen Tempel ab, und in drei Tagen werde ich ihn aufrichten!" "Wenn jemand nicht von oben geboren wird, kann er das Reich Gottes nicht sehen." "Wenn du die Gabe Gottes kennen würdest und wer es ist, der zu dir spricht: 'Gib mir zu trinken', so hättest du ihn gebeten, und er hätte dir lebendiges Wasser gegeben."

Das ist weit entfernt von dem, was wir in den meisten unserer bisherigen Evangelisierungsversuchen getan haben. Unser Denken geht meistens in diese Richtung: ich möchte meinem Freund (Nachbarn, Verwandten) gegenüber Zeugnis ablegen, aber wenn ich einmal von Gott oder der Bibel mit ihm gesprochen habe, wird er mit mir nicht mehr darüber sprechen wollen.

Er wird sich von mir abwenden, nichts mehr mit mir zu tun haben wollen, und das wird dann wohl das Ende unserer Beziehung sein. Meine einzige Hoffnung ist es daher, ihn zum Zuhören zu bringen und ihm dann das ganze Evangelium bei dieser einen Gelegenheit hineinzustopfen.

Was wird geschehen? Wir überfallen ihn mit den Themen Sünde und Hölle und Liebe und Gott und Tod und Auferstehung und Heiligung und Rechtfertigung und Sühne und ..., und ganz sicher will er dann nie wieder mit dir sprechen! Du hattest nur diesen einen Versuch. (Du hast ja immer gewußt, daß das geschehen wird! Du hast wieder einmal recht gehabt!) Und wenn uns dann noch jemand vorschlägt, daß wir ihn vielleicht vorher etwas hätten aufrütteln sollen, bevor wir ihm vom Evangelium erzählen, und auch dann nur ein klein wenig von der ganzen Botschaft, nun, das ist doch einfach lächerlich! (Es klingt ziemlich verrückt, nicht wahr?)

Das führt uns zum zweiten Prinzip der Evangelisation, das der Herr konsequent angewandt hat, sogar bei seinen Jüngern: Er gab ihnen keine Antworten, bevor sie nicht für diese bereit waren. Den Juden im Tempel gab der Herr keine Antwort oder Erklärung zu seiner Aussage über den Wiederaufbau des Tempels. Nikodemus erhielt seine Antwort, aber erst, nachdem der Herr aufgezeigt hatte, daß Nikodemus' Wissen nutzlos war, da er keine persönliche Beziehung zum Gott des Alten Testaments hatte. Jesus stellte jene bloß, die von Gott lehren wollten und ihn doch nicht kannten.

Auch die Frau am Brunnen erhielt eine Antwort, aber erst nachdem der Herr sie gezwungen hatte, ihr sündiges Leben und ihren Glauben an den kommenden Messias zu bekennen. Wie können wir von unseren ungläubigen Freunden erwarten, daß sie die Notwendigkeit ihrer Erlösung erkennen, wenn sie nicht verstehen, wovon sie gerettet werden müssen, nämlich von der Sünde und ihrer eigenen sündigen Natur?

Das Problem, das Nikodemus hatte, war sein Stolz auf seinen Berufsstand und seine Stellung - Wissen und akademische Grade. Der Herr kritisierte ihn wie auch die meisten der anderen Pharisäer sehr direkt. Die Samariterin hatte Gottes Maßstab für Moral abgelehnt. Der Herr brachte sie dazu, sich selbst zu sehen, wie sie war, und ihn zu erkennen.

Die Prinzipien blieben die gleichen: 1. Neugier geweckt; 2. das Problem aufgezeigt und dann 3. die Antwort.

Die Methoden, mit denen er diese drei Schritte verfolgte, waren jedoch unterschiedlich. Warum? Sie waren abhängig von der Bereitschaft, die Antwort zu hören. Jesus sagte zu Nikodemus (und zu einigen anderen Pharisäern) "... und unser Zeugnis nehmt ihr nicht an" (Joh 3,11); "...und ihr wollt nicht zu mir kommen, damit ihr Leben habt" (Joh 5,40). Wenn sie nicht bereit waren zu hören, dann erhielten sie entweder keine Antwort, oder der Herr sprach zu ihnen in Parabeln (Mk 4,11-12). Der Herr wandte einfach exzellente Lehrmethoden an. Er gab keine Antwort, bevor er dem Menschen nicht geholfen hatte, die richtige Frage zu stellen.

Wenn wir dieses Prinzip auf unsere Evangelisationsmethoden anwenden wollen, müssen wir zuerst die Bereitschaft einer Person herausfinden, das Evangelium anzunehmen, bevor wir weitergehen können. Wie läßt sich diese Bereitschaft bestimmen? Frage ihn, ob er die Bibel mit dir lesen möchte. Wie wir auf die Einwände, die diese Frage zur Folge haben kann, eingehen, werden wir im nächsten Kapitel behandeln. Vorerst wollen wir aber einen Punkt klarstellen: wenn die Leute nicht bereit sind, mit uns die Bibel zu lesen, werden sie uns wahrscheinlich auch nicht glauben, was wir über das sagen, was in der Bibel steht. Suche Menschen, die mit dir die Bibel lesen und nicht bloß darüber reden wollen.

Der Herr wandte dieses Prinzip auch bei seinen Jüngern an. Selbst wenige Stunden vor seinem Tod gab er ihnen noch nicht alle Antworten, die sie wollten: "Noch vieles habe ich euch zu sagen, aber ihr könnt es jetzt nicht tragen" (Joh 16,12). Und in Vers 13 ist davon die Rede, daß die Apostel in die ganze Wahrheit geleitet und nicht auf einmal hineingetaucht werden müssen. Wenn du schwimmen lernen möchtest, dann wirst du von deinem Schwimmlehrer wohl kaum erwarten, daß er dich mitten auf den See hinausbringt und dort aus dem Boot wirft. Das gleiche gilt auch für unsere ungläubigen Freunde.

Wir wollen unseren Freunden nicht die Antworten geben, bevor wir nicht sicher sind, daß sie sie wirklich suchen, und wir wollen ihnen nicht zu viele Antworten auf einmal geben. Von einem Baby, das erst eine Woche alt ist, erwarten wir auch nicht, daß es Hamburger und Chips ißt. Unsere ungläubigen Freunde sind noch nicht einmal Babys. Sie müssen erst wiedergeboren werden. Wenn wir zuviel Information in sie hineinstopfen, verhelfen wir ihnen nicht zu einer angenehmen Erfahrung.

Das Bild eines Hausbaues hat mir geholfen, diese Prinzipien besser zu verstehen. Stell dir vor, einer deiner Freunde kauft ein Stück Land, auf dem ein Haus steht, aber du bist der Meinung, daß dieses Haus für ihn nicht richtig ist. Du glaubst, daß er sich besser ein anderes Haus bauen sollte, um darin zu wohnen. Wie würdest du es angehen, wenn du ihn zum Bau eines neuen Hauses bewegen wolltest?

Du würdest ihn zuerst davon überzeugen, daß das alte Haus für ihn nicht passend ist. Du würdest Dinge erwähnen, die in ihm Zweifel über das alte Haus wecken würden. Die Wände sind schief, die Fenster verzogen. Die Belüftung ist veraltet, der Kamin ist verstopft. Das Einheizen könnte das Haus in Brand setzen. Den vernichtenden Schlag kannst du ihm versetzen, wenn du ihm zeigst, wie morsch das Fundament ist. Du führst ihn hinter das Haus, bückst dich, ziehst einen Ziegel heraus und sagst dann: "Wieviele Ziegel müßte ich wohl herausziehen, um die Hütte zum Einsturz zu bringen? Wieviele muß ich herausziehen, bis du einsiehst, daß dein Fundament bis ins Innerste morsch ist?"

Der einfachste Weg, sein Haus abzureißen, wäre nicht, mit dem Abriß des Daches zu beginnen, sondern einige wenige Ecksteine aus dem Fundament wegzunehmen und so das Haus unter dem eigenen Gewicht zum Einsturz zu bringen.

Das gleiche gilt bei der Verkündigung des Evangeliums. Die meisten Leute können nur eine gewisse Menge an Information auf einmal aufnehmen. Aus diesem Grund geben wir ihnen nur einen kleinen Teil des Evangeliums auf einmal. Nur wenige Menschen reagieren positiv, wenn sie mit dem ganzen Evangelium auf einmal bombardiert werden. Sie mögen es nicht, wenn sie das Gefühl bekommen, daß du die Maschinengewehr-Methode verwendet, sie mit Löchern vollgepumpt und dann betäubt oder gar tot liegengelassen hast.

Magst du es, wenn dir jemand seine Ansichten aufdrängt, dir dabei keine Zeit läßt, alles genau durchzudenken und dann eine sofortige Entscheidung verlangt? Auch die anderen mögen das nicht!

Der erste Schritt, jemanden zu Christus zu bringen, besteht darin, daß wir ihn an seinen eigenen Werten und selbst gestellten Zielen zweifeln lassen. Schließlich muß er zuerst seine Sünden angesichts eines heiligen Gottes erkennen.

Ein Mann, der in einem unserer Bibelkreise zu Gott gefunden hatte, sagte mir einmal: "Es war mir nie bewußt, wie falsch mein Denken eigentlich war. Du hast mir Stück für Stück gezeigt, wie falsch meine Ansicht vom Leben war."

Wenn jemand so weit gekommen ist, liegt der nächste Schritt an ihm. Er wird sich die Frage stellen: "Bin ich bereit, vor Gott meine Sünde zu bekennen? Bin ich bereit, mein Denken zu ändern?" Das Verb "Buße tun" im Neuen Testament bedeutet "sein Denken ändern". Indem du genügend Ziegelsteine aus seinem Fundament wegnimmst, kannst du ihm helfen, sich der Frage der Reue zu stellen.

Gott befahl Jeremia, zuerst das Prinzip des Niederreißens anzuwenden und sich dann erst an den Wiederaufbau zu machen. "Siehe, ich bestelle dich an diesem Tag über die Nationen und über die Königreiche, um auszureißen und niederzureißen, zugrunde zu richten und abzubrechen, um zu bauen und zu pflanzen." Vier Wörter für Zerstörung, gefolgt von zwei Wörtern für Aufbauen. Das Zerstören alter Denkweisen erfordert oft mehr Arbeit als das Aufbauen neuer. Warum? Bereitschaft! Wenn die alten einmal zerstört sind, ist ein Mensch offen und bereit, Gottes Sicht der Dinge zu akzeptieren. Sieh dir noch einmal die Tabelle 1 in Kapitel 1 an.

Paulus bezieht sich auf dieselben Prinzipien in 2.Korinther 10,3-5. "Denn obwohl wir im Fleisch wandeln, kämpfen wir nicht nach dem Fleisch; denn die Waffen unseres Kampfes sind nicht fleischlich, sondern mächtig für Gott zur Zerstörung von Festungen; so zerstören wir Vernünfteleien und jede Höhe, die sich gegen die Erkenntnis Gottes erhebt, und nehmen jeden Gedanken gefangen unter den Gehorsam Christi." Wir haben es mit einer geistigen Schlacht zu tun: die Ansichten der Welt und des Teufels gegen die Ansichten Gottes. Wir müssen den Menschen helfen, ihr Denken zu ändern.

Unser Ziel: unsere Freunde so neugierig zu machen, daß sie mit uns die Bibel lesen wollen.

Obwohl eine Evangelisation durch Tür-zu-Tür-Besuche und die Verteilung von Traktaten in manchen Kulturkreisen sehr erfolgreich sein kann, ist die Methode des Herrn, die Menschen neugierig zu machen und sie in sein Wort zu bringen, doch sehr verschieden von unseren früheren Schlag-zu-und-lauf-weg-Methoden, für die wir uns kaum vorbereiten mußten und die wenig Zeit in Anspruch nahmen. Um die Leute neugierig machen zu können, bedarf es einer gewissen Anpassung unseres eigenen Denkens.

In Römer 1-3 sehen wir, wie der Apostel Paulus verschiedene Menschentypen mit verschiedenen Argumenten bearbeitete. Im Umgang mit dem gottlosen, unmoralischen Menschen (Römer 1,18-32) betonte Paulus die Möglichkeit der Erkenntnis Gottes, der sich in seiner Schöpfung offenbart. Er öffnete nicht sofort seine Bibel, um diesen Menschen mit Dutzenden von Bibelversen zu überhäufen. Der Mensch lehnt zuallererst die Bibel ab, und wenn wir das mit unseren gottlosen Freunden tun, hört das Gespräch auf und es gibt keine Fortsetzung.

Der zweite Typ Mensch, der moralisch orientierte und auf gute Taten bedachte Mensch, benötigt eine andere Taktik. Dieser Mensch wird etwa sagen: "Ich bin ein guter, moralischer Mensch, ich bin ebenso gut wie mein Nächster, wenn nicht sogar besser, und ich bin sicher besser als der, den Paulus in Römer 1,18-32 beschreibt. Wenn irgend jemand in den Himmel kommt, dann habe ich sicher auch das Recht darauf."

Paulus spricht nicht vom Himmel oder der Bibel, sondern er

zeigt die Diskrepanz zwischen der Einstellung dieses Menschen zu seinen Mitmenschen ("Ich bin ebenso gut wie alle anderen, Römer 2,1-4) und seinem Leben auf. Paulus sagt, daß dieser Mensch andere wegen ihrer Taten verurteilt, selbst aber das gleiche tut! Paulus zeigt die inneren Widersprüche in ihrem Leben auf und stellt ihnen die Frage, ob sie wirklich glauben, daß Gott die anderen richtet, sie aber laufen läßt. Ich glaube, daß die Mehrheit unserer nicht-christlichen Freunde zu dieser zweiten Kategorie gehört.

Beim dritten Typ, dem religiösen Menschen, nimmt Paulus gleich die Bibel zur Hand und greift ihn mit eben jenem Maßstab an, den er zu besitzen glaubt, dem Wort Gottes.

"Aber ich weiß nicht, wie ich die Leute neugierig machen kann", magst du jetzt sagen. "Ich wüßte nicht, wo ich anfangen soll. Ich weiß nicht, wie man ein Gespräch auf geistliche Themen bringen kann. Und wenn meine Freunde anfangen, von solchen Themen zu reden, habe ich nie die richtigen Antworten zur rechten Zeit auf ihre Fragen oder Einwände parat."

Glaube mir, man kann es lernen, solche Leute neugierig zu machen. Viele Menschen haben es bereits von uns gelernt, und je mehr und je öfter du die Gespräche in den nächsten Kapiteln dieses Buches übst und anwendest, umso besser wirst du werden.

Im nächsten Kapitel werden wir einige Dinge besprechen, die für diesen Lernprozess notwendig sind.

Tu's!

1. Lies Johannes Kapitel 5 und stelle dir folgende Fragen: Warum heilte der Herr nicht alle Menschen am Teich? Was war der Hauptzweck dieses Wunders?
2. Lies Johannes Kapitel 9 und stelle dir folgende Fragen: Warum befahl der Herr dem Mann, zum Teich zu gehen und dort seine Augen zu waschen, obwohl er in Kapitel 5 den Teich nicht verwendet hatte, um den kranken Mann zu heilen? Was wollte der Herr damit erreichen, daß er den Mann zum Teich schickte, anstatt ihn dorthin zu bringen?
3. Welche größeren Sünden siehst du im Leben deines ungläubigen Freundes (Stolz, Morallosigkeit, Lügen, usw.)? Welche Fragen kannst du deinem Freund stellen, die ihm helfen können, diese Dinge als falsch zu erkennen? Würdest du deinen Freund jemals beleidigen, um ihn zum Nachdenken über Gott oder die Bibel zu bringen?
4. Notiere dir fünf verschiedene Fragen, die deinen ungläubigen Freund zum Nachdenken bringen, daß seine Sünden oder seine Ansichten über Gott und die Bibel falsch sein könnten.
5. Stelle ihm diese Fragen, wenn du ihn das nächste Mal triffst.

4: Des Lehrlings Vorbereitung

Unsere Vorbereitung für Freundschaftsevangelisation

Regelmäßiges privates Bibelstudium ist unverzichtbar. Unsere Freunde müssen sehen, daß wir eine Ahnung von dem haben, wovon wir sprechen. Denke über die folgenden kursiv gedruckten Worte in Apostelgeschichte 4,13 nach. "Als sie (die religiösen Führer der Juden) aber die *Freimütigkeit* des Petrus und Johannes sahen und bemerkten, daß es *ungelehrte und ungebildete Leute* seien, verwunderten sie sich; und sie erkannten sie, daß sie *mit Jesus gewesen waren.*" Petrus und Johannes bezogen ihre Freimütigkeit nicht von einem akademischen Grad der Theologie von der Jerusalemer Bibelschule. Sie waren mit dem Herrn Jesus zusammengewesen. Das reichte aus, um die religiösen Führer ihrer Tage in Erstaunen zu versetzen. Es reicht auch aus, unsere Freunde heute in Erstaunen zu versetzen. Wir haben die gleiche Möglichkeit, ihm in seinem Wort zu begegnen. "Jesus antwortete und sprach zu ihm: 'Wenn jemand mich liebt, so wird er mein Wort halten, und mein Vater wird ihn lieben, und wir werden zu ihm kommen und Wohnung bei ihm machen'" (Joh 14,23). Es ist offensichtlich, daß "das Wort des Herrn halten" etwas anderes bedeutet, als es auf das Bücherregal zu stellen, wo es zu Weihnachten und Ostern einmal abgestaubt wird. Unsere Freunde müssen unser eigenes Vertrauen in das Wort Gottes sehen können, wenn sie uns ernst nehmen sollen. Wenn wir, was die Kenntnis des Wortes Gottes anbelangt, ins Schwimmen kommen, dann sollten wir besser heute als morgen daran gehen, diese Situation zu ändern. Die religiösen Führer sahen die "Freimütigkeit" des Petrus und des Johannes und später, in Apostelgeschichte 4,31, verkündeten Petrus und Johannes Gottes Wort mit "Kühnheit". Je mehr und intensiver du das Johannesevangelium studierst, umso größeres Vertrauen wirst du in deinen eigenen Glauben bekommen.

Vergiß bitte nie, daß du das in erster Linie für den Herrn machst, nicht nur für dich oder deine Freunde. 2.Timotheus 2,15 macht das sehr klar: "Strebe danach, dich Gott bewährt zur

Verfügung zu stellen als einen Arbeiter, der sich nicht zu schämen hat, der das Wort der Wahrheit in gerader Richtung schneidet." Wir sind dem Herrn selbst gegenüber verpflichtet. Dieses Buch ist nicht für jene gedacht, die privates Bibelstudium und Evangelisation einfach als Zeitvertreib ansehen.

Aufrichtigkeit

Auf der anderen Seite werden wir nicht auf alle ihre Fragen eine Antwort wissen, aber das ist nicht weiter schlimm. Unser Hauptziel ist es, unsere Freunde davon zu überzeugen, daß wir nicht alle Antworten kennen und daß sie sich daher selbst bemühen müssen, diese zu finden.

Vergiß bitte auch nicht, daß wir niemanden retten können. Der Heilige Geist wird das durch Gottes Wort tun, wie uns Johannes in seinem Evangelium Kapitel 16,8-11 sagt. Hebräer 4,12 kann nicht genug betont werden. "Denn das Wort Gottes ist lebendig und wirksam und schärfer als jedes zweischneidige Schwert und durchdringend bis zur Scheidung von Seele und Geist, sowohl der Gelenke als auch des Markes, und ein Richter der Gedanken und Gesinnungen des Herzens." Nicht "mein Wort" oder "dein Wort" oder "das Wort eines Predigers" ist lebendig und wirksam und schärfer als jedes zweischneidige Schwert. Manchmal sind unsere Worte schärfer als ein Schwert, aber meistens auf die falsche Art. Unsere Aufgabe ist es nur, unsere Freunde zum gemeinsamen Lesen der Bibel zu bringen und sie die Antworten auf ihre Fragen selbst finden zu lassen.

Gib ihnen so wenig Antworten wie möglich. Obwohl du die Bibel besser kennst als sie (du liest sie ja regelmäßig, oder?) und obwohl sie wissen, daß du die Bibel besser kennst als sie, müssen sie erkennen, daß du nicht jene Stelle bist, von der sie ihre Antworten bekommen. Die Antworten sind in der Bibel. Wenn sie diese Antworten wollen, müssen sie selbst die Heilige Schrift lesen, um sie zu finden. Du bist gerne bereit, sie bei ihrer Suche zu führen, aber du bist kein "Klerus". Du wirst immer und immer wieder wiederholen müssen, daß sie die Grundlagen der Gotteserkenntnis ebenso leicht verstehen können wie du oder irgend jemand anderer - wenn sie sie verstehen wollen.

Nicht jeder wird die Bibel mit dir lesen wollen. Jesus sagte in Johannes 7,17: "Wenn jemand seinen Willen tun will, so wird er von der Lehre wissen, ob sie aus Gott ist oder ob ich aus mir selbst rede." Matthäus 7,13-14 ist schreckerregend, aber wahr: "Geht ein durch die enge Pforte; denn weit ist die Pforte und breit der Weg, der zum Verderben führt, und viele sind, die auf ihm hineingehen. Denn eng ist die Pforte und schmal der Weg, der zum Leben führt, und wenige sind, die ihn finden."

Als der reiche junge Oberste zu Jesus kam und ihn fragte, was er tun müsse, um das ewige Leben zu erlangen, verwarf er die Antwort des Herrn. Als er wegging, lief ihm der Herr nicht nach und sagte: "Nein, warte. Komm zurück. Ich werde es dir etwas leichter machen." Auch verlangte er von ihm keine Entscheidung. Der Herr respektiert unseren freien Willen viel zu sehr, als daß er uns gegen unseren Willen in sein Königreich schleppen will.

In der Praxis ist es besser, diese Art der Evangelisation nur zwischen zwei Freunden anzuwenden, zumindest am Anfang. Versuche nicht, deine ganze Nachbarschaft zu erreichen. Als Andreas den Herrn kennenlernte, organisierte er keinen Evangelisationsfeldzug. Er ging und erzählte seinem Bruder davon. Nimm dir einen Freund heraus und lerne ihn besser kennen. Wecke in dir das Interesse für ihn als Mensch und Person. Gib ihm Zeit. Geh' nicht zu weit und nicht zu schnell.

Wenn Leute dich besser kennenlernen, werden sie langsam sehen, daß du anders bist. Sie werden dich schließlich fragen, warum du dich anders benimmst, und dann kannst du 1.Petrus 3,15 anwenden. "... sondern haltet den Herrn, den Christus, in euren Herzen heilig. Seid aber jederzeit bereit zur Verantwortung jedem gegenüber, der Rechenschaft von euch über die Hoffnung in euch fordert." Wenn du Christus als Herrn in deinem Leben aufnimmst und all dein Tun auf ihn hin ausrichtest, wirst du dich umso mehr von deinen Freunden unterscheiden. Dein unterschiedliches Leben wird am meisten dazu beitragen, sie neugierig auf das Evangelium zu machen.

Einer unserer Bekannten bestätigt dieses Prinzip, wenn er davon erzählt, wie er zum Glauben gekommen ist. Eines Abends lernte er auf einer Party eine junge Frau kennen, und ihr Lächeln zog ihn unwiderstehlich an. Als die Gäste aufbrachen, fragte er sie, ob sie die Nacht mit ihm in seiner Wohnung verbringen wolle. Die junge Frau lächelte ihn an, und ohne Empörung in der Stimme sagte sie ihm, daß sie eine solche Beziehung nicht nötig habe. Überrascht darüber, wie sie auf seine Bitte geantwortet hatte, fragte er sie, was sie damit meine. Sie gab zur Antwort, daß sie eine persönliche Beziehung zu Jesus Christus habe und daß er ihr die Beziehung und Bedeutung gebe, die sie brauche. Er fragte sie, ob er am folgenden Tag bei ihr vorbeikommen könne, und sie sagte: "Ich habe dir bereits gesagt, daß ich mit dir nicht schlafen möchte."

"Das weiß ich", antwortete er, "ich möchte etwas von diesem Jesus hören." Sie sagte, es wäre ihr recht, wenn sie auch einige männliche Gläubige einladen könne. Innerhalb weniger Wochen nahm der junge Mann den Herrn als seinen Heiland an.

Am schwierigsten scheint es zu sein, Verwandte für das Evangelium zu gewinnen. Sie kennen dich, seit du auf der Welt bist, und der Versuch, sie durch Reden zum Herrn zu bringen, ist beinahe immer zum Scheitern verurteilt, es sei denn, du vermagst sie zuerst durch dein geändertes Leben zu beeindrukken.

Vor wenigen Jahren kam eine junge Studentin während einer Studenten-Bibelkonferenz zu mir und erzählte mir, daß sie gerade Christ geworden sei. Sie wollte von mir wissen, was sie ihrer Mutter sagen sollte, damit auch sie gläubig werde. Nachdem ich einige Minuten mit ihr geredet hatte, bemerkte ich Bitterkeit in ihrer Stimme, wenn sie von ihrer Mutter sprach. Ich fragte sie, ob sie ihre Mutter liebe, und sie begann zu weinen. Sie sagte, sie wüßte, daß sie sie lieben sollte, und jetzt, da sie Christ geworden sei, würde sie hart daran arbeiten. Dann sagte sie: "Es wäre für mich leichter, wenn meine Mutter auch gläubig wäre."

Ich veranschaulichte ihr die Situation: Sie kommt heim und sagt ihrer Mutter, daß sie (die Mutter) ihr ganzes Leben lang auf dem Holzweg gewesen sei und daß ihre Tochter nun gekommen ist, um sie auf den richtigen Weg zu führen. Sie dachte einige Minuten darüber nach und sagte dann: "Ja, sie kennt mich seit meiner Geburt. Sie wird mich wahrscheinlich fragen, was ich mir denn einbilde, ihr etwas erzählen zu wollen."

Dann fragte ich sie, ob sie ihre Mutter wirklich zum Herrn führen wolle. Als sie mit Ja antwortete, sagte ich: "Welche Arbeit haßt du zu Hause am meisten?"

Ohne zu zögern sagte sie: "Am meisten hasse ich das Geschirrspülen!"

Ich sagte: "Wenn du deine Mutter wirklich zum Herrn führen möchtest, dann geh' heim und spüle in den nächsten sechs Monaten freiwillig das Geschirr. Sag' deiner Mutter aber nicht, daß du Christ geworden bist. Wenn sie dich fragt, wie es auf dieser Konferenz war, dann sag' irgend etwas Unverbindliches. Und vor allem: jammere nicht über das Geschirrspülen, und erzähle ihr nichts vom Evangelium. Tu' nichts weiter, als das Geschirr zu spülen!"

Sie fragte mich, wie das denn dazu beitragen könne, ihre Mutter zum Herrn zu führen, aber ich sagte ihr, daß ich diese Frage erst beantworten würde, wenn sie sechs Monate lang zu Hause das Geschirr gespült hätte. Dann könne sie mich anrufen und mir sagen, was geschehen sei, und dann würde ich ihr auch die Frage beantworten.

Vier Monate später rief sie mich an, um mir zu sagen, daß sie meinen Vorschlag befolgt habe und nun keine Antwort mehr auf ihre Frage brauche. Nach drei Monaten sei ihre Mutter durch das willige Geschirrspülen so gereizt worden, daß sie von ihr eine Erklärung für ihre Veränderung verlangt habe. Ihre Tochter gab ihr zur Antwort: "Ich lese seit einiger Zeit die Bibel, und Jesus hat mein Leben verändert. Möchtest du die Bibel mit mir lesen?"

Die Mutter lehnte ab, aber sie wollte doch wissen, was denn in der Bibel stehe. Die Tochter dachte daran, daß ich gesagt hatte, man solle keine Antworten geben, und so weigerte sie sich, ihrer Mutter zu sagen, was in der Bibel stand. Die junge Studentin wollte mich anrufen, um mir zu sagen, daß sie und ihre Mutter gerade begonnen hatten, gemeinsam das Johannesevangelium zu lesen. Die Mutter wurde schließlich gläubig.

Gebet

Es gibt viele Bücher, die man zum Thema Gebet lesen und viele Seminare, die man besuchen könnte, um sein Gebetsleben zu verbessern. Das beste Mittel gegen ein schwaches Gebetsleben ist einfach, mehr zu beten! Wenn du eine regelmäßige Gebetszeit hast, dann rede mit dem Herrn regelmäßig über deine ungläubigen Freunde (und Verwandten).

Bitte auch andere Gläubige, für deinen Freund zu beten. Je mehr für deinen Freund gebetet wird, umso besser. Wenn er schließlich gerettet ist, werden auch die anderen Gläubigen, die für ihn gebetet haben, ermutigt werden.

Lege dir irgendein System zurecht, um deinem Gedächtnis nachzuhelfen, für deinen Freund einige Male am Tag zu beten. Mehrere kurze Gebete täglich werden dich eher an die Notwendigkeit der Hilfe Gottes und seiner Gnade erinnern als nur ein Gebet bei einer wöchentlichen Gebetsrunde. Durch Gebet kann weit mehr erreicht werden als durch unsere durchdachtesten Pläne und besten Methoden. Bete für deinen Freund jedesmal, wenn du daran denkst.

Tu's!

1. Lies Apostelgeschichte 4,1-13 und stelle dir folgende Fragen: Wie kann ich bei der Verkündigung des Evangeliums freimütiger werden? Wie kann ich meinen ungläubigen Freunden zeigen, daß ich eine Beziehung zum Herrn Jesus habe?
2. Wie kannst du deinen ungläubigen Freunden zeigen, daß du, wie jeder andere, auch deine Probleme hast, aber daß der Herr dir bei der Bewältigung dieser Probleme hilft?
3. Notiere dir drei Dinge, die du für deine ungläubigen Verwandten tun kannst, so daß sie dir schließlich die Frage stellen: "Warum tust du das?" Du möchtest ihnen sagen können, daß du es getan hast, weil du sie liebst.
4. Wie kannst du dich selbst daran erinnern, für deinen Freund wenigstens dreimal am Tag zu beten?

5: Brücken bauen

Wie man ein Gespräch auf geistliche Themen bringt

Ein Gespräch in eine geistliche Richtung zu lenken kann oft der schwierigste Teil bei der Verkündigung des Evangeliums sein.

Wir können mit unseren Freunden ganz ungezwungen über viele verschiedene Dinge reden, aber wenn wir einen Übergang von alltäglichen Dingen hin zu einem Gespräch über den Herrn suchen, stehen wir oft auf verlorenem Posten. Was hat das allmorgendliche Fahren zur Arbeit oder das Golfspielen oder das Abspülen oder Windelwechseln mit dem geistlichen Leben zu tun? Antworten auf diese Fragen können das Sprungbrett zu einer Reihe von Bemerkungen und Fragen sein, die dazu verwendet werden können, das Gespräch auf den geistlichen Bereich zu bringen.

Ich möchte an dieser Stelle betonen, daß die Fähigkeit, ein Gespräch auf geistliche Themen zu lenken, keine "Gabe" ist. An keiner Stelle der Bibel, in der es um Gnadengaben geht (1Kor 12 etc.), wird diese Fähigkeit erwähnt. SIE KANN ERLERNT WERDEN! Die einzige Voraussetzung: Die Errettung deines ungläubigen Freundes muß dir ein so großes Anliegen sein, daß du es dir zur Gewohnheit machst, die Situationen, die dir tagtäglich begegnen können, schon vorher in Gedanken durchzugehen und im voraus planst, was du ihm in den jeweiligen Situationen gerne sagen möchtest.

Im folgenden habe ich einige Ideen gesammelt, wie man durch Fragen und Bemerkungen ein Gespräch auf geistliche Themen lenken kann; verwende solche Fragen und Bemerkungen bei den Leuten, mit denen du selbst täglich zu tun hast. Wichtig ist nur, daß du solche Gespräche stets vorher in Gedanken durchgehst.

Verliere jedoch nie dein unmittelbares Ziel aus den Augen! Du willst deinen Freunden nicht das ganze Evangelium auf einmal erzählen, sondern ihr Interesse an deinem Glauben wekken. Im folgenden habe ich einige Möglichkeiten dargelegt, wie dieses Ziel unserer Erfahrung nach erreicht werden kann.

Lesen: Eine ganz natürliche Möglichkeit ist es, wie ich schon erwähnte, dich beim Lesen der Bibel sehen zu lassen. Damit kannst du die Menschen so neugierig machen, daß sie dich fragen, was du denn da eigentlich liest. Nimm die Taschenbuchausgabe deines Neuen Testamentes überall hin mit. Nimm sie heraus und lies einige Verse, wenn Leute dich beobachten. Du mußt ja nicht gleich die Bibel aus der Tasche reißen, einen Vers lesen, sie dann fallenlassen und rufen: "Ach, jetzt ist mir doch glatt meine Bibel hinuntergefallen!" Lies ein paar Verse zu verschiedenen Tageszeiten: bei der Kaffeepause, beim Mittagessen, im Hörsaal, im Bus, bei der gemeinsamen Fahrt zur Arbeit (aber nicht wenn du fährst - das würde wohl eine Reaktion bei deinen Freunden hervorrufen, die du nicht beabsichtigt hast!). Wenn du einmal zur Antwort gegeben hast: "Die Bibel", kannst du gleich die Frage anhängen: "Hast du sie schon einmal gelesen?" Ganz gleich, welche Antwort du darauf erhältst, du kannst immer sagen: "Ich finde die Bibel sehr interessant und hilfreich." Nach einigen zusätzlichen Bemerkungen kannst du dann leicht die Frage stellen: "Möchtest du die Bibel mit mir lesen?"

Das Lesen an und für sich hat sich als eine der besten Starthilfen erwiesen, die uns zur Verfügung stehen. Es kommt nicht darauf an, was die Leute lesen. Wenn sie gerne lesen, kannst du darüber reden, an welchen Büchern sie Interesse haben oder welchen Lesestoff du selbst bevorzugst.

Beispiel: Ich hatte mich mit einem Studenten angefreundet, mit dem ich zusammen eine Vorlesung besuchte, und nach einer Weile entdeckten wir, daß Lesen unser beider Hobby war. Nachdem wir verglichen hatten, welche Bücher jeder besaß und welche wir noch gerne lesen wollten, fragte ich ihn, ob er nicht Lust hätte, mit einem anderen zusammen ein Buch zu lesen und dann darüber zu diskutieren (oder zu streiten!). Er sagte ja, und so fragte ich ihn, ob er denn je die Bibel gelesen und dann darüber diskutiert hätte, und ob er das wohl mit mir zusammen tun wollte. Er sagte, daß er eigentlich lieber ein anderes Buch nehmen würde, und so schlug ich vor, zwei Bücher zu lesen und jede Woche zwischen diesen beiden zu wechseln. Damit war er einverstanden und wählte ein Buch über Philosophie, das mich beinahe fertig machte! Das Resultat: ich lernte eine Menge über Philosophie - welche mir total unnütz erschien, wie meine Frau sich oft anhören mußte -, und mein Freund fand schließlich zum Herrn! Noch heute lachen mein Freund und ich über die Auswahl, die wir getroffen hatten, und darüber, wie froh er war, daß ich mit seinem Buchvorschlag einverstanden war. Am Anfang verstand er nichts von der Bibel, und ich nichts von Philosophie. Doch mit der Zeit gewann er eine ausgezeichnete Einsicht in das Wort Gottes, und ich lernte, seine Denkweise zu verstehen. Dieser Freund wird mit mir in der Ewigkeit sein.

Arbeit: Konfrontiere deinen Freund mit folgenden Fragen und Bemerkungen: Ist die Arbeit ein bloßer Selbstzweck? Hat meine Arbeit einen tieferen Sinn, als nur den, einen Gehaltszettel dafür zu bekommen? Einige Leute essen, um zu leben, während andere leben, um zu essen. Gilt das in irgendeiner Weise auch für unsere Arbeit? Hast du dir je überlegt, was Gott über die Arbeit zu sagen hat? Glaubst du, daß Gott die Arbeit als Strafe für die Sünden der Menschen geschaffen hat? (Die Antwort ist: nein! Schon bevor Adam gesündigt hatte, hatte Gott ihm Arbeit im Garten gegeben. Allerdings brachte die Arbeit nach dem Sündenfall nur noch unter viel Mühe und Anstrengung Frucht.) In der Bibel gibt es sehr interessante Aussagen über das eine Extrem der Faulheit und das andere des übertriebenen Arbeitseifers. Möchtest du mit mir die Bibel lesen, um herauszufinden, welche Ansichten Gott über das Arbeitsleben hat? Gott sagt sogar einige sehr bemerkenswerte Dinge über die Arbeitgeber. Hast du dir je überlegt, welche Auswirkungen unsere Arbeitsstelle und unsere Arbeit hier auf Erden auf die Ewigkeit haben wird?

Hobbys und Sport: Ob du mit deinem Freund ein Spiel anschaust (live oder im Fernsehen), Tennis spielst, Wandern gehst oder ihr euch auf der Jagd nach einem ach so seltenen Schmetterling gegenseitig die Gärten niedertrampelt - du kannst immer eine Brücke schlagen mit Bemerkungen wie:

"Ich brauche wirklich mal einen freien Tag (zum Ausruhen, für ein Hobby, zum Sport), um aus dem wöchentlichen Trott herauszukommen." Dann kannst du gleich noch einige Fragen anhängen, wie z. B.: "Was meinst du, braucht der Mensch überhaupt Ruhe und Erholung oder nicht? Vielleicht sollten wir sowieso sieben Tage in der Woche arbeiten. Glaubst du, daß Gott uns zum Ruhen oder zum Arbeiten geschaffen hat?"

Vielleicht stellst du die Frage: "Hast du dir jemals überlegt, warum wir alle unterschiedliche Interessen haben? Warum lassen manche Leute gerne Drachen steigen, während andere lieber Körbe flechten? Ist jeder Mensch einzigartig? Wenn ja, warum bzw. warum nicht?"

Oder: "Warum stürzen sich manche Menschen von einer Freizeitbeschäftigung (Arbeitsstelle) in die nächste und scheinen doch nie mit ihrem Leben zufrieden zu sein? Was braucht ein Mensch deiner Meinung nach, um mit dem Leben zufrieden zu sein?" Vielleicht kannst du deinen Freund dazu bringen, dich zu fragen, ob du mit dem Leben zufrieden bist; dann sage ihm, daß es dir Zufriedenheit bereitet zu lesen, was Gott in der Bibel über den Menschen sagt.

Dieses Thema kann zu verschiedenen guten Gesprächen führen. Überlege dir schon vorher, was du zu den jeweiligen Themen sagen möchtest, und denke dabei an deinen Freund, d. h. seine Arbeitssituation, seine Hobbys, seine Zufriedenheit oder Unzufriedenheit mit seinem Leben ... Lege dir dabei auch geeignete Fragen zurecht.

Oder: "Warum investieren manche Leute ihre ganze Kraft und Energie in einen Sport oder ein Hobby? Warum scheinen sie immer gewinnen zu müssen? Warum sind manche Menschen so extrem ehrgeizig und andere gar nicht? Woran liegt es, daß der Mensch über andere Menschen herrschen möchte, sogar in den unteren Gesellschaftsschichten? Könntest du dir jemals eine Welt ganz ohne Wettbewerb vorstellen?" Wenn du sehr mutig bist, könntest du hinzufügen: "Ich schon; denn die Bibel beschreibt eine solche Welt, die Gott in gar nicht so ferner Zukunft hier auf Erden errichten wird." Vergiß nicht: dein Ziel ist es, deinen Freund so neugierig zu machen, daß er die

Bibel mit dir lesen will, und nicht, ihm zwischen Tür und Angel in zwanzig Minuten das Buch der Offenbarung zu erklären.

Geschichte: Eine Diskussion über Krieg und die völlige Unsicherheit in dieser Welt kann fast immer zu einem Gespräch über falsche Hoffnungen führen. Als Anfang 1991 der Golfkrieg ausbrach, wurden wir von vielen Ungläubigen gefragt, was wir über diesen Krieg dachten, und wir antworteten: "Wenn dieser Krieg vorbei ist, wird es an einem anderen Ort auf dieser Welt einen anderen Krieg geben. Auch in Europa wird es eines Tages wieder einen Krieg geben und schließlich wieder einen Weltkrieg." Natürlich fragte uns daraufhin jeder, woher wir *das* wissen wollten! Wir antworteten: "Ganz einfach: Man braucht doch nur die Geschichte und die menschliche Natur zu betrachten. War es nicht Goethe, der einst sagte: 'Die Menschheit hat große Fortschritte gemacht, aber der Mensch selbst hat sich nicht verändert. Die einzige Hoffnung für den Menschen besteht darin, sein Innerstes zu verändern.' Außerdem hat Jesus vor fast 2000 Jahren all dies vorausgesagt, und bis jetzt hat sich noch alles erfüllt, was in der Bibel steht." Hier bietet es sich natürlich an, unsere Freunde zu fragen, ob sie die Bibel je gelesen hätten und ob sie nicht Lust hätten, dies zusammen mit uns zu tun.

Falsche Hoffnungen sind ein weiteres Diskussionsthema. Oft haben wir den Satz gehört: "Ich hoffe, daß es in Europa keinen Krieg mehr geben wird." Daraufhin konnten wir die Leute fragen, worauf sie diese Hoffnung gründeten, was uns wieder zu den Aussagen der Bibel zu diesem Thema zurückführte.

Denke dir eine Reihe verschiedener Beispiele für falsche Hoffnungen innerhalb deines Erfahrungsbereiches aus.

Wissenschaft: Dieses Thema kann man entweder aus der Sicht eines Wissenschaftlers oder eines Laien angehen. Auf alle Fälle müssen wir unseren ungläubigen Freunden zeigen, daß es ein Trugschluß ist zu meinen, man müsse jeder x-beliebigen wissenschaftlichen Theorie glauben (da sie sowieso bald wieder durch eine neue ersetzt wird) und daß Wissenschaftler unfehlbare Götter sind, obwohl viele ihrer "Thesen" auf extrem fadenscheinigen Beweisen beruhen. Ein wahrer Wissenschaftler wird nie behaupten, am Ziel angelangt zu sein, d. h. alles über ein Thema zu wissen, was es zu wissen gibt und somit ernsthaft behaupten zu können, niemals in seinen gegenwärtigen Schlußfolgerungen falsch liegen zu können. Hinter der Wissenschaft stecken oft mehr politische Interessen als der Wunsch, die Wahrheit in Gottes Schöpfung zu erforschen. Ein Buch, das ich in der Schule für einen Biologiekurs lesen mußte, sagte dies sogar über einige Nobelpreisträger.

Hier sind einige Gedanken, über die du dich mit deinen ungläubigen Freunden unterhalten kannst, um sie neugierig zu machen: Wir werden von physikalischen Gesetzen beherrscht, die unsere Freiheit einschränken, und wir gehorchen diesen Gesetzen zu unserem eigenen Wohl. Hat Gott geistliche Gesetze aufgestellt, die wir zu unserem Wohl beachten sollten? Niemand würde von der Golden Gate-Brücke springen und hoffen, daß er aufwärts fällt anstatt abwärts. Die Mißachtung dieses physikalischen Gesetzes hätte unangenehme Folgen. Hat die Mißachtung von Gottes Gesetzen irgendwelche unangenehmen Folgen? Wo können wir eine Antwort auf diese Frage finden? Kann es der Wissenschaft gelingen, die Welt vor sich selbst zu retten? Wird mehr wissenschaftlicher Fortschritt die Menschheit näher zusammenrücken lassen? Warum können uns die Wissenschafter nicht sagen, woher die Materie ursprünglich kam und wie tote Materie zum Leben erwachte? Man kann jedes wissenschaftliche Gebiet als Sprungbrett zum geistlichen Bereich benutzen:

Biologie: - Wie ist das Leben ursprünglich entstanden? Was ist der Sinn von Leben oder Schönheit? Warum haben nur Menschen einen Sinn für Schönheit und Tiere nicht? Wenn ein Mensch ein Gemälde von Rembrandt betrachtet, versucht er, darin eine Bedeutung zu finden; ein Hund würde es höchstens zerbeißen.

Physik und Chemie: - Was hält die Materie zusammen? Wie kann ein so komplexes System aus Atomen und subatomaren Teilchen ein reines Zufallsprodukt sein? Warum entdeckt der Mensch erst jetzt, daß die klassische Mechanik ein spezieller Fall der Quantenmechanik ist und nicht umgekehrt (der Mensch, als Lebensform, ist sehr engen Grenzen unterworfen)? Wie könnten wir es auch nur zu hoffen wagen, Gott außerhalb dieses so begrenzten Systems, in dem der Mensch lebensfähig ist, zu finden? Wir sind offfensichtlich darauf angewiesen, daß Gott selbst in unser irdisches System kommt und sich uns in einer für Menschen verständlichen Art und Weise offenbart.

Sozialwissenschaften, alle Arten von Geisteswissenschaften, Literatur und Sprachen eignen sich ausgezeichnet, um Diskussionen über den Sinn des Lebens zu entfachen, wer oder was der Mensch ist, warum der Mensch seit jeher dieselben Probleme hat usw.

Wenn möglich, lies ein paar Fachbücher von ungläubigen Autoren zu dem ein oder anderen Thema, um Einsicht in deren Denkweise zu gewinnen. Analysiere das Buch kritisch und vergleiche es mit den Aussagen der Bibel. Danach kannst du deinem Freund sagen, daß dir das Buch zwar sehr gefallen hat, aber daß du mit den Aussagen des Autors nicht übereinstimmst. Erkläre ihm, warum du anderer Meinung bist, indem du ihm erklärst, was in der Bibel zu diesem Thema steht.

Politik: Ein heißes Eisen! Vergiß nicht: in erster Linie bist du Christ und danach erst ein Mensch mit politischen Interessen (liberal, konservativ, sozialistisch usw.) Deinen Freund für Christus zu gewinnen, ist unendlich wichtiger, als seine politische Meinung zu ändern.

Hier einige Vorschläge für Fragen und Gedanken, die du in einem Gespräch anbringen kannst: Glaubst du, daß es mit Hilfe der Politik gelingen kann, Verbrechen, Kriege, Armut usw. aus der Welt zu schaffen? Warum oder warum nicht? Warum werden viele Menschen wütend, wenn sie über Politik reden? Warum fällt es manchen Menschen so schwer zuzugeben, daß sie nicht recht haben könnten? Warum setzen sich manche Menschen so kompromißlos für eine Sache ein und ändern später ihre Meinung? Was meinst du, wird ein Mensch, der sein Leben lang sein ganzes Vertrauen auf die Politik gesetzt hat, am Ende enttäuscht oder bestätigt sein? Will ein Politiker akzeptiert oder abgelehnt werden? Aus welchen Gründen? Das Johannesevangelium, Kapitel 7, beschreibt, wie Jesus sich interessanterweise total anders verhält, als man es von jedem Politiker erwarten würde. Er legte keinen Wert darauf, öffentlich bekannt zu werden und konfrontierte die Menschen mit der Wahrheit über sie selbst.

Geld: Hier sind einige mögliche Gesprächseinstiege: Was bedeutet das: "Geld ist die Wurzel allen Übels"? Warum können Geld und materielle Dinge einen Menschen völlig verderben? Warum ist Geld für viele ein so heikles Thema? Weißt du, was die Bibel über Geld sagt (Matthäus 7 und Jakobus 5)? Hindert Geld die Menschen daran, zu Gott zu kommen? Wenn ja, auf welche Weise? Sollten Evangelisten reich oder arm sein? Kann jemand reich sein, und trotzdem Gefallen bei Gott finden? (Ja, Abraham war reich!) Wozu meinst du, hat Gott uns Geld gegeben?

Sex (ein Thema für die Mutigeren): An dieses Thema sollte man mit Vorsicht herangehen. Die ältere Generation kann mit der "Offenheit" der jüngeren Generation meist nicht sehr viel anfangen. Verliere dabei nie dein Ziel aus den Augen: Die Leute sollen neugierig gemacht werden, so daß sie mit dir die Bibel lesen wollen.

Einige Gesichtspunkte, die du mit deinen ungläubigen Freunden diskutieren kannst: Ist Sex bloßer Selbstzweck? Dient Sex nur der Fortpflanzung? Ist es Sünde, Genuß am Sex innerhalb der Ehe zu finden? (Es gibt Religionen, die dies lehren!) Sollten wir nach moralischen Normen leben? Wer sollte diese Normen festlegen? Warum gibt es so viele verschiedene moralische Normen in dieser Welt? Legt Gott an uns einen moralischen Maßstab an? Was geschieht, wenn wir uns nicht nach seinem Maßstab richten? Ist Vergnügen das höchste Ziel im

Leben? Wenn ja, was ist, wenn sich jemand sein Vergnügen auf Kosten eines anderen holt? Sollten wir die Menschen davon abhalten, Dinge zu tun, mit denen sie sich selbst schaden, auch wenn sie behaupten, es würde ihnen Spaß machen?

Studium oder Schule: Dieses Thema eignet sich sowohl für Schüler als auch Studenten gleichermaßen gut. In diesem Alter sind die meisten jungen Leute offen dafür, über den Sinn und das Ziel ihres Lebens nachzudenken. Fordere sie auf, ihr Leben nicht zu verschwenden, indem sie es nur für sich selbst leben, sondern es Jesus zu übergeben und sich von ihm seinem Bild ähnlicher machen zu lassen!

Einige Denkanstöße für deine Freunde: Warum besuchen wir eine Schule? Um einen Arbeitsplatz zu bekommen und Geld zu verdienen und zu heiraten und Kinder zu bekommen und sie in die Schule zu schicken, damit sie aufwachsen und einen Arbeitsplatz bekommen und wir alt werden und sterben? Wozu soll das gut sein? Sagt die Bibel irgend etwas zum Thema Lernen? (Ja, z. B. in Psalm 1, Psalm 119, Philipper 4,8 etc.) Gibt es irgendein Gebiet, welches Gott uns verbietet zu erforschen? Warum sollte er dies tun? Warum wollte Gott nicht, daß Adam und Eva im Garten Eden vom Baum der Erkenntnis von Gut und Böse essen? Warum ausgerechnet von diesem Baum? Was ist gut und böse (richtig und falsch)? Wo kann der Mensch eine Antwort auf diese Frage finden? Sollte er versuchen, diese Frage zu beantworten, indem er einfach manche Dinge ausprobiert und eigene Erfahrungen sammelt (und möglicherweise sein Leben lang die negativen Konsequenzen davon zu tragen hat - wie es bei Adam und Eva der Fall war), oder sollte er Gott um Rat fragen?

Haushalt: Da Hausfrauen und Mütter den größten Teil ihrer Zeit mit Hausarbeit verbringen, sollte man sich überlegen, wie man einen Zusammenhang zwischen Hausarbeit und geistlichen Dingen herstellen kann. Setze deine Ideen in die Tat um, wenn du dich mit anderen Hausfrauen triffst. Wie sagt man doch gleich wieder? "Frauenhände ruhen nie." In der Bibel ist es als etwas sehr Lobenswertes erwähnt, auch solche Aufgaben treu zu erfüllen, die nie ein Ende zu haben scheinen. Auch wenn ein sauberes Haus unsere Familie glücklich macht, so ist dieses Glück doch vergänglich. Eine Hausfrau, die einen Sauberkeitswahn hat, mag durchaus eine glückliche Familie haben, aber auch das Gegenteil kann der Fall sein. So kann auch eine Hausfrau, die es mit der Sauberkeit ganz und gar nicht so genau nimmt, ebensogut eine glückliche Familie haben als auch eine unglückliche. Wer oder was kann wahres Glück schenken? Kann ein Mensch wahrhaftig glücklich sein, wenn er Tag für Tag die gleiche Arbeit tun muß? In der Bibel steht auch viel über Zufriedenheit, die nichts mit unseren jeweiligen äußeren Umständen zu tun hat. Wollen wir zusammen die Bibel lesen, um herauszufinden, worum es hier geht?

Wetter: Wenn wir nicht das Wetter als Geprächsthema hätten, würden wir 90 % der Zeit, die wir mit anderen Leute verbringen, schweigen. Da wir also so viel über das Wetter reden, sollte es uns nicht schwer fallen, Übergänge oder Brücken zu geistlichen Themen zu finden.

Zum Beispiel: Das Wetter ändert sich wirklich ständig. Manchmal habe ich das Gefühl, meine Meinung über das Leben und Gott ist so unsicher wie das Wetter. Geht es dir auch manchmal so? Die meisten Leute wissen nicht, daß in der Bibel einige sehr interessante Dinge über das Wetter stehen, besonders an Stellen, wo die Zeit kurz vor der Wiederkunft Jesu beschrieben wird. (Wenn du so etwas behauptest, solltest du allerdings auch wirklich wissen, was in der Bibel über das Wetter steht! Schlage in deiner Konkordanz Wörter wie "Wind, Wolken, Sturm" usw.) nach. Was oder wer bestimmt letztendlich das Wetter? Warum können wir das Wetter nicht beeinflussen? (Wahrscheinlich, weil irgendein Wahnsinniger diesen Einfluß dazu mißbrauchen würde, die ganze Welt unter seine Herrschaft zu bringen.) Gab es jemals einen Menschen, der das Wetter beherrscht hat (Markus 4,41)? Was könnte so ein Mensch sonst noch tun?

Gesundheit: Bei uns im Westen sind viele Leute extrem gesundheitsbewußt; da sollte es eigentlich nicht so schwer sein, über dieses Thema ins Gepräch zu kommen. Hier sind einige "Brücken":

Warum sind viele Menschen so besorgt um ihre Gesundheit? Wir müssen doch sowieso alle einmal sterben. Warum machen sich die Leute nicht mehr Gedanken über das Leben nach dem Tod, wo letzteres doch bedeutend länger dauern wird als unser jetziges Leben? Was sollte dir wichtiger sein: siebzig Jahre in bester Gesundheit auf dieser Welt oder eine Ewigkeit mit Gott nach diesem Leben? Ist es eine Sünde, zu viel zu essen? Aus der Bibel lernen wir, daß Gott sogar sehr viel dagegen hat, wenn wir unserem Körper schaden. Gott sagt aber auch, daß er denen, die in den Himmel kommen und bei ihm sein werden, einen neuen Körper geben wird. Wenn unser Körper ein Geschenk von Gott ist, sollten wir uns mehr um das Geschenk kümmern als um den Geber? Was würde wohl den Geber glücklicher machen?

Tod: Vom Thema Gesundheit kommt man meist automatisch auf das Thema Tod. Jeder Mensch muß sterben. Gibt es denn gar keinen Ausweg aus diesem Dilemma? Wenn nicht, haben wir uns schon mal Gedanken über das Leben nach dem Tod gemacht? Um zuverlässige Informationen über das Leben nach dem Tod zu liefern, müßte jemand gestorben sein (nicht nur mal kurz im Koma gelegen haben) und von den Toten zurückgekehrt sein; so jemand könnte uns dann genau erzählen, wie es im "Jenseits" war. Gibt es jemand, auf den dies zutrifft? Das Fundament des wahren christlichen Glaubens ist die körperliche Auferstehung Jesu Christi. Ist vielleicht doch etwas Wahres an dem Bericht der Bibel über die Auferstehung Jesu? Zugegeben, es klingt sehr unwahrscheinlich - aber wenn es doch wahr ist ...? Würde die Mehrzahl der Leute auf Jesus hören? Und wenn das alles nicht wahr ist? Welche Auswirkungen würde das auf das heutige Christentum haben?

Viele Leute sterben jung. Woher willst du wissen, ob du alt wirst? Wenn du bis zur letzten Minute warten willst, woher weißt du, wann genau diese letzte Minute ist? Wenn du nun um eine Minute zu spät bist? Der Tod macht weder vor Jungen noch vor Alten halt.

Man sollte man dieses Thema vielleicht nicht gerade dann anschneiden, wenn der Freund um einen geliebten Menschen trauert. Du mußt den Gefühlen deines Freundes gegenüber immer sehr einfühlsam sein. Sei jederzeit für ihn da, um ihm zuzuhören und ihn bei der Beerdigung oder den Wochen danach zu trösten. Wenn der Herr will, wird er euch eine passende Gelegenheit schenken, bei der ihr euch über ihn unterhalten könnt, und darüber, wie er, Jesus Christus, durch das Kreuz und die Auferstehung den Tod überwunden hat.

Philosophie und Religion: Viele Leute diskutieren gerne über Religion, und wenn ihr gerade bei diesem Thema seid, kannst du deine Freunde ganz einfach fragen, ob sie die Bibel gelesen haben und ob sie nicht Lust hätten, dies zusammen mit dir einmal pro Woche bei Kaffee und Kuchen zu tun. Wenn du neben dem Lesen der Bibel - was natürlich immer Vorrang hat - noch Zeit für andere Bücher findest, dann lies z. B. Bücher über andere Religionen, über Philosophie usw., um dich über die Ansichten und Lebenseinstellungen anderer zu informieren. Eine Nachfrage bei guten bibeltreuen Verlagen wird dir helfen, christliche Bücher zu den verschiedenen Welt-Religionen und Philosophien zu finden.

Unserer Erfahrung nach sind Religion, Politik und Geld jene Themen, über die sich die meisten Menschen ereifern. Vergiß nicht, daß man manche Menschen etwas reizen muß, um sie aus ihrer geistlichen Trägheit zu reißen. In manchen Situationen wirst du wohl für deine eigene Tapferkeit beten müssen. Aber da bist du nicht der einzige; auch der Apostel Paulus bat seine Geschwister, für ihn um Mut zum Verkündigen des Evangeliums zu beten (Eph 6,19).

Um deine Phantasie etwas anzuregen, habe ich jede Menge Vorschläge und Ideen gesammelt und an mehreren Stellen in diesem Buch zusammengefaßt. Überlege dir, wie du sie als Einstieg in ein Gespräch mit deinen ungläubigen Freunden benützen willst. Die Möglichkeiten sind endlos. Denke daran: gehe mögliche Gespräche vorher so oft du nur kannst in Gedanken durch. Je öfter du das tust, umso mehr wirst du an Selbstvertrauen gewinnen und umso leichter wird es dir fallen, Brükken zu geistlichen Themen zu schlagen. Ich glaube nicht, daß diese Fähigkeit eine Gabe ist, denn verschiedene Leute mit verschiedenen Charakteren haben es gelernt, den Herrn zu bekennen. *Es kommt nur auf die Übung an.* Schließlich wirst du vielleicht bemerken, wie du selbst nach verschiedenen Brücken suchst, denn die alten werden dir dann schon langweilig geworden sein. Wenn das der Fall ist, dann übersieh nicht die Freude, die es dir nun bereitet, Zeugnis für den Herrn abzulegen.

Tu's!

1. Suche dir ein Diskussionsthema aus, über das du gerne redest. Suche dir jemanden aus, mit dem du gerne über dieses Thema reden würdest. Stelle einen Zeitplan auf, wann du dich mit ihm triffst, zum Beispiel zum Kaffee, in der Mittagspause oder am Abend. Richte es so ein, daß es deinem Freund zeitmäßig so weit wie möglich entgegenkommt. Notiere dir fünf Fragen, die du deinem Freund im Laufe des Gespräches stellen wirst und die ihn dazu bringen können, sich Gedanken zu machen, die tiefer gehen als das zur Diskussion stehende Thema.
2. Gehe deine fünf Fragen noch einmal durch, und frage dich selbst: "Welche Antworten oder Entgegnungen könnten von meinem Freund darauf kommen?" Notiere dir Antworten auf diese Antworten und Entgegnungen. Gehe das Ganze im Kopf so lange durch, bis dein Gehirn schreit: "Ich bin müde!" Ruf deinen Freund an, und verabrede dich mit ihm!
3. Bevor dein Freund kommt, bete, daß der Herr deine Gedanken und Äußerungen lenkt.
4. Übung: Einer der effektivsten Wege, das Zeugnisgeben zu üben ist, dich mit einem gläubigen Freund, der seinen Freunden gegenüber auch Zeugnis ablegen will, zusammenzutun und die verschiedenen Situationen des Zeugnisgebens durchzugehen. Einer von euch schlüpft in die Rolle des Ungläubigen und bringt alle möglichen Einwände, die man gegen das Lesen der Bibel vorbringen kann, warum man der Bibel nicht vertrauen kann, warum Religionsgemeinschaften schlecht sind, also alle Einwände, die deine ungläubigen Freunde gemacht haben oder machen könnten (streng' deine grauen Zellen an!). Der andere versucht dann, mit Fragen auf diese Einwände zu antworten. Vermeide es bloß, Antworten zu geben! Fragen eignen sich viel besser dazu, deine Freunde zum Nachdenken anzuregen.

MACH DAS, SOOFT DU NUR KANNST!

6: WAS SAGE ICH JETZT?

Wie wir das Interesse unserer Freunde daran wecken, mit uns die Bibel zu lesen.

"Wie kann ich meine Freunde so neugierig machen, daß sie mit mir die Bibel lesen wollen?"

Ich möchte diese Frage dadurch beantworten, indem ich zeige, wie wir es gemacht haben. Im folgenden gebe ich zwei theoretische Situationen des Zeugnisgebens wieder, welche gekürzte Versionen von Gesprächen sind, wie ich sie in den letzten Jahren geführt habe. Alle Aussagen in diesen zwei Gesprächen wurden tatsächlich bei vielen verschiedenen Gelegenheiten (meistens bei Kaffee und Kuchen) gemacht (entweder von mir selbst oder dem noch nicht Gläubigen, mit dem ich sprach). Nach den beiden Gesprächen werde ich die Prinzipien anführen, die ich dabei verwendete.

Nun könnte jemand die Frage stellen, wie es denn möglich war, daß mir die richtigen Bemerkungen gerade zur rechten Zeit eingefallen waren. Die Antwort darauf lautet einfach: ÜBUNG! Ich sprach stundenlang mit mir selbst. Ich dachte mir ein Gespräch mit jemandem aus, mit dem ich gerne die Bibel lesen würde. Ich überlegte mir Fragen oder Bemerkungen, mit denen ich einen Freund neugierig machen könnte. Dann stellte ich mir selbst die Frage, welche Antwort er wohl darauf geben würde. Auf diese Antwort suchte ich dann eine passende Erwiderung usw. Viele dieser imaginären Gespräche schrieb ich sogar nieder, um mich später an die 'gescheiteren' Dinge, die mir eingefallen waren, erinnern zu können.

Diese folgenden Gespräche sind nicht inspiriert und sollten nicht wörtlich verwendet werden, so als ob das Festhalten am genauen Wortlaut einen Menschen zu Christus führen könnte. Sie sollen bloß als Beispiel dienen. Diese Gespräche sollen keine Textvorlage darstellen, an die man gebunden ist, obwohl es für deine späteren Gespräche sehr hilfreich sein kann, wenn du mit ihrem Inhalt vertraut bist. Verändere sie so, daß sie zu deiner Persönlichkeit und deinen Freunden passen. Lege die

Betonung nicht genau auf die gleichen Wörter, sondern auf die Bedeutung, die hinter ihnen steht.

Du wirst einige Wiederholungen bemerken. Das hat einen zweifachen Grund. Zum ersten gibt es für einen Ungläubigen nur eine begrenzte Anzahl an Ausreden, die Bibel nicht zu lesen. Zum zweiten liegt das Ziel dieser Methode immer darin, ihn zum LESEN DER BIBEL zu bringen, und nicht wie aus einem Maschinengewehr das ganze Evangelium auf einmal auf ihn abzufeuern. Denke an Hebräer 4,12-13!

Selbstverständlich kannst du alle diese Bemerkungen oder Antworten verwenden, wenn du mit deinen Freunden über den Glauben sprichst. Mit der Zeit wirst du deinen eigenen Stil finden. Ich würde mich über jede Meinung von dir, dem Leser, über dieses Buch freuen oder auch über Berichte von deinen eigenen Erfahrungen bei der persönlichen Evangelisation. So lange wir auf dieser Seite des Himmels leben, lernen wir ständig dazu.

GESPRÄCH MIT EINEM FREUND.

Ich traf Karl zum ersten Mal in einer Deutsch-Englisch Dolmetschübung. Bei Kaffee und Apfelstrudel zwischen den Übungen lernten wir uns näher kennen, und wir versäumten manchmal sogar eine Vorlesung, weil jeder des anderen Gesellschaft so sehr schätzte. Wir redeten über alles Erdenkliche. Er las gerne philosophische Bücher, studierte aber Betriebswirtschaft. Die Berufsaussichten für einen Philosophen waren gleich Null. Er liebte Sprachen und neckte mich gerne damit, ungebildet zu sein. Ich beherrschte ja schließlich nur Englisch und Deutsch.

Wir fuhren gerade zu seiner Wohnung, um dort eine Kaffeepause zwischen zwei Vorlesungen zu machen, als ich mit der Frage herausplatzte: "Karl, was würdest du sagen, wenn jemand behaupten würde, daß er Gott kennt?"

"Ich würde sagen, daß er verrückt ist", antwortete er ohne Zögern.

"Karl, ich kenne Gott", sagte ich ernst.

"Du bist verrückt!" sagte er, wieder ohne Zögern.

"Wirklich?" Ich sah ihn an, als wir vor einer Ampel halten mußten.

Er blickte mich einige Sekunden lang erstaunt an, ehe er zum Sprechen ansetzte. "Nein, du bist nicht verrückt. Du hast manchmal einige sonderbare Ideen, aber du bist nicht verrückt." Er versuchte zu lächeln, unsicher, in welche Richtung das Gespräch wohl führen würde.

Ich erwiderte sein Lächeln. "Ein bißchen sonderbar - ja; verrückt - du weißt, daß ich nicht verrückt bin. Und ich meine es ernst - nämlich daß ich Gott kenne."

Als wir uns seiner Wohnung näherten, deutete er mir, daran vorbeizufahren. "Darüber sollten wir uns ausführlicher unterhalten. Ich zeige dir einen Park, wo wir spazierengehen und reden können."

Noch nie hatte ihn jemand so direkt auf dieses Thema angesprochen, und seine Nervosität zwang ihn zum Angriff. "Niemand kann behaupten, Gott zu kennen", sagte er. "Das alles gibt es doch nur in deiner Phantasie. Es gibt keinen Gott."

"Karl, verfügst du über alle Erfahrungen, die je ein Mensch gemacht hat?"

"Nein", antwortete er langsam, "ich verfüge nur über meine eigenen Erfahrungen."

"Richtig. Ist es also möglich, daß Gott außerhalb deines Erfahrungsbereiches liegt? Du behauptest, es gäbe keinen Gott. Was du aber eigentlich damit meinst, ist, daß du ihn nicht kennst, wenn es ihn doch geben sollte, richtig? Wenn ich dir von jemandem aus einer anderen Stadt erzählen würde, den du nicht kennst, würdest du dann annehmen, daß es diesen Menschen nicht gibt, bloß weil du ihn nicht kennst?"

"Aber mit Gott ist das etwas anderes. Man kann ihn nicht sehen."

"Heißt das, daß es ihn nicht gibt? Nein! Und hier sind wir wieder bei dem, was ich anfangs gesagt habe. Ich kenne Gott. Er liegt innerhalb meines Erfahrungsbereiches."

"Aus welchem Grund kannst du sagen, daß du Gott kennst?" fragte er schließlich.

"Hast du jemals die Bibel gelesen?"

"Ich habe im Gymnasium aufgehört, mich mit Religion zu beschäftigen. Die Religionslehrer und Priester waren alle Heuchler, und ich habe sie durchschaut. Sie haben einfach ihre Arbeit erledigt und waren nicht an den Menschen interessiert. Ich konnte nie glauben, daß sie Gott vertreten."

"Das war schon immer so mit der Religion. Im Namen der Religion und im Namen 'Gottes' haben sich Menschen über Tausende von Jahren hindurch gegenseitig umgebracht."

Karl sah mich von der Seite her an. "Aber du hast gerade gesagt, daß du Gott kennst, und du hast die Bibel erwähnt. Du wirst jetzt doch wohl nicht religiös, oder?"

"Ich weiß nicht genau, was du mit religiös meinst."

"Du weißt schon, so ein Gottesfanatiker zu sein und so."

"Warum nimmst du an, daß ich ein Gottesfanatiker bin, bloß weil ich die Bibel erwähnt habe?" fragte ich. "Wenn ich den Koran erwähnt hätte, würdest du dann glauben, daß ich ein Moslem bin?"

"Nein", antwortete er, "ich meine nur, weil heute niemand die Bibel liest, außer Priestern und Verrückten." Er lachte leise.

Ich lachte mit ihm und fragte: "Und was von beiden bin ich?"

"Ich bin mir noch nicht sicher." Sein Witz kam zum Vorschein. "Ich muß erst darüber nachdenken."

"Sag's mir, wenn du zu einem Ergebnis gekommen bist. Ich weiß, daß ich kein Priester bin, aber ich möchte gerne wissen, ob ich verrückt bin oder nicht." Unsere Freundschaft war stark genug, um ungezwungen über den anderen lachen zu können. "Hast du das Neue Testament gelesen?" fragte ich ihn.

"Nein", antwortete er, "ich bin ja kein Theologe."

"Warum mußt du ein Theologe sein, um die Bibel zu lesen?"

"Die Bibel ist doch viel zu kompliziert, als daß sie ein Laie verstehen könnte. Man muß jahrelang studieren, um die Bibel verstehen zu können."

"Da spricht ein wahrer Theologe", gab ich zurück.

"Was meinst du damit?" fragte er mich etwas verunsichert.

"Ist es nicht verständlich, daß die Theologen uns glauben

machen wollen, nur Theologen könnten die Bibel verstehen? Wenn einfach jeder die Bibel selbst lesen und verstehen könnte, wären die Theologen arbeitslos!"

Karl blies die Luft durch die Nase aus. "Was hast du gegen die Theologen?"

"Karl, denke bitte nicht, daß ich die Theologen kritisiere oder ablehne. Es ist aber einfach so, daß ich noch niemanden gefunden habe, der mir meine Frage hätte beantworten können: warum muß ich Theologe sein, um die Bibel lesen zu können? Wenn du ein Baptist oder Methodist wärst oder ein Angehöriger irgendeiner anderen Denomination, würde ich dir trotzdem die gleiche Frage stellen."

"Verstehst du alles, was du in der Bibel liest?" fragte er mich.

"Natürlich nicht! Aber ich sage dir ein kleines Geheimnis, Karl. Seitdem ich die Bibel lese, habe ich zwei Dinge entdeckt. Erstens, daß ich nicht alles verstehe, was ich lese, aber zweitens, daß ich die wichtigsten Dinge sehr wohl verstehe. Mark Twain sagte einmal, daß er nicht alles verstehen könne, was er in der Bibel liest, aber daß ihn das nicht beunruhigen würde. Vielmehr, so fügte er hinzu, würden ihn jene Dinge zu Tode erschrecken, die er versteht."

Karl schien nicht genau zu wissen, ob er darüber lachen sollte oder nicht. Es war offensichtlich, daß er nicht wußte, was in der Bibel steht, und es schien ihn zu beunruhigen, daß die Aussagen der Bibel jemanden erschrecken können. Ich wollte nun meinen Standpunkt durch ein Beispiel aus seinem Studium untermauern. "Du studierst Sprachen. Verstehst du alles, wenn du das erste Mal in deinem neuen Lehrbuch liest?"

"Mit meinem Verstand?" fragte er. "Machst du Witze? Wenn ich nicht mindestens ein paar Monate lernen kann, gehe ich am besten gar nicht erst zu einer Prüfung."

Ich lachte mit ihm. "Wirfst du dein Lehrbuch weg, nur weil du beim ersten Lesen nicht alles verstehst?" Ich schüttelte den Kopf. "Natürlich nicht, denn sonst würdest du nicht mehr Sprachen studieren. Aber so behandeln die meisten Leute die Bibel." Ich schlug mein Neues Testament auf und tat so, als würde ich darin lesen. "Sie lesen ein paar Verse, stolpern über etwas, das sie nicht verstehen, schließen das Buch" - ich schlug es laut zu - "und rühren es nie wieder an. Aber sie werden später behaupten, daß sie die Bibel gelesen hätten und daß man sie nicht verstehen könne." Ich legte eine Pause ein, um das eben Gesagte einwirken zu lassen.

Dann fuhr ich fort: "Wenn die Leute glauben wollen, daß sie die Bibel nicht verstehen können, dann ist das ihr Problem. Ich bin sicher nicht der Klügste auf der Welt, aber ich kann die Bibel verstehen. Und wenn du genug Verstand hast, um Sprachen zu studieren, dann kannst du auch die Bibel verstehen."

Er legte die Stirn in Falten. Ich wußte, welche Frage nun kommen würde. "Aber warum studieren die Leute dann Theologie? Braucht man das nicht, um die Bibel richtig auslegen zu können?"

"Wenn das so wäre, würde dann nicht jeder nach jahrelangem Theologiestudium zu denselben Anschauungen kommen?"

Er lachte leise. "Das ist ganz offensichtlich nicht der Fall", sagte er. "Das war auch der Hauptgrund, warum ich aufgehört habe, mich mit Religion zu beschäftigen. Sie haben immer nur darüber gestritten, wieviele Engel auf einer Nadelspitze Platz haben." Sein Humor lockerte unser ernstes Gespräch auf.

"Nun", sagte ich, "wenn sich die Theologen innerhalb ihrer eigenen Theologie uneinig sind, dann nehme ich an, daß sie nicht unfehlbar sind; sie können Fehler machen."

"Natürlich", gab er zur Antwort, "niemand ist vollkommen."

"Dann möchte ich aber wissen, wie ich entscheiden kann, wann sie einen Fehler gemacht haben und wann sie Recht haben. Ich kann sie nicht fragen, denn sie werden mir sagen, daß sie immer Recht haben. Ich glaube, daß Gott mir ein Gehirn gegeben hat, um es zu benutzen, aber nicht, um es auszuschalten, wenn ich anfange, über ihn nachzudenken." Die beiden letzten Sätze hatte ich in einem betont lockeren Tonfall gesagt, um mich seinem Humor anzupassen. "Ich finde die Bibel außerordentlich interessant. In ihr erfahre ich, warum ich nicht irgend jemandem glauben sollte, bloß weil er Theologie studiert hat. Selbst wenn dieser Theologe recht hätte: die einzige

Möglichkeit, das herauszufinden, wäre, die Bibel selbst zu lesen."

Karl machte den Einwand, den ich erwartet hatte: "Aber wie kann jemand, der so intelligent ist wie du, die Bibel ernst nehmen? Sie wurde ja doch nur von Menschen geschrieben. Sie ist völlig veraltet, und wir können überhaupt nicht wissen, ob uns das, was vor 2000 Jahren passiert ist, richtig überliefert wurde." Sein zufriedenes Lächeln verriet sein Triumphgefühl.

"Karl, du enttäuschst mich. Du hast Philosophie, Sprachen und Betriebswirtschaft studiert, und du wärest intelligent genug, um Physik zu studieren, wenn du wolltest. Hältst du dich für einen wissenschaftlich denkenden Menschen?"

Er hatte erwartet, daß ich mich geschlagen geben würde und war nun verwirrt, weil er noch eine Frage zu beantworten hatte. "Ja. Ich glaube nichts, was ich nicht mit meinen eigenen fünf Sinnen erforschen kann."

"Genau! Ich werde dir ein Beispiel geben. Sagen wir, du hast ein Buch über das Licht geschrieben. Ein anderer Student kommt zu dir und möchte von dir ein paar Informationen über das Licht haben. Du gibst ihm dein Buch und sagst ihm, daß er alles, was er wissen will, in deinem Buch finden wird. Eine Woche später kommt er zurück, wirft das Buch in deinen Papierkorb und sagt, daß das Buch ja nur deine Meinung wiedergibt, daß es veraltet ist und daß die Fakten nicht zutreffend sind. Was würdest du ihm sagen?"

"Ich wäre wohl verärgert über seine Unverschämtheit und Arroganz."

"Richtig! Und wenn du ihn fragen würdest, ob er das Buch überhaupt gelesen hat, und er darauf nein sagen würde? Dann würdest du wohl denken, daß bei ihm eine Schraube locker ist."

Sein verstohlenes Lächeln gab mir zu erkennen, daß er verstand, worauf ich abzielte. "Karl, du hast zugegeben, daß du das Neue Testament nicht gelesen hast. Kann man das als wissenschaftliche Denkweise bezeichnen, wenn man ein Buch als wertlos, veraltet und ungenau verurteilt, noch bevor man es gelesen hat?" Ich mußte seine Antwort nicht abwarten; wir kannten sie beide, und so fuhr ich fort.

"Und außerdem ist das Neue Testament unglaublich interessant. Möchtest du es mit mir lesen? Ich würde deine Meinung über einige Dinge, die ich gelesen habe, sehr schätzen."

"Du bringst da ja ein sehr überzeugendes Argument vor, aber ich halte mich überhaupt nicht für religiös", antwortete er. "Ich glaube nicht einmal, daß Gott überhaupt existiert."

"Was hat Religion mit Gott zu tun?" fragte ich ihn.

Er sah mich mit einem sonderbar verdutzten Ausdruck an. "Alle Religionen behaupten doch, Gott zu vertreten."

"Bedeutet das, daß alle Religionen Gott vertreten? Wäre es nicht möglich, daß Gott mit diesen verschiedenen Arten von Vertretung gar nichts zu tun haben möchte?" Er gab keine Antwort, aber ich sah, daß er tief in Gedanken versunken war.

"Ich werde dir ein Beispiel geben", fuhr ich fort. "Nehmen wir an, ich behaupte, einer deiner besten Freunde zu sein. Eines Tages wird dir jemand vorgestellt und er sagt: 'Oh ja, ich kenne einen Ihrer besten Freunde.' Du fragst, wer das wohl sei, und er nennt meinen Namen, Floyd. Du schaust ihn an und sagst: 'Ich kenne keinen Floyd. Wer ist das?' Wenn du mich nicht kennst, bin ich dann einer deiner besten Freunde?"

Er gab keine Antwort, sondern schüttelte nur den Kopf. Er stimmte mir zu.

"Wie können wir also wissen, wer Gott wirklich vertritt?" fragte ich.

Er lachte und sagte: "Da müssen wir wohl Gott fragen!"

"Genau!" Sein Lachen verstummte. "Ich hab' ja gewußt, daß du verrückt bist!"

"Das ist durchaus möglich, aber nicht so verrückt, um irgendeiner dieser vielen christlichen Splittergruppen zu glauben. Dazu bin ich viel zu skeptisch. Die Kernfrage, die wir uns stellen müssen, ist: wie können wir erfahren, wie Gott wirklich ist? Wenn wir alle organisierten Religionen der Welt genau untersuchen, so kommen wir nur zu zwei möglichen Schlüssen: entweder ist Gott eine Mischung aus allem und jedem, oder die Religionen sind auf dem falschen Weg."

"Aber die Bibel ist doch nichts anderes als ein religiöses Buch, wie eben andere religiöse Bücher auch", sagte er und wischte die Verläßlichkeit der Bibel gleichsam mit einer Handbewegung weg.

"Das könnte schon sein", gab ich ihm Recht, "aber wenn du dich näher mit dem Islam oder irgendeiner anderen Weltreligion befassen wolltest - z. B. Buddhismus, Hinduismus etc. - wie würdest du das angehen? Würdest du die vielen verschiedenen Splitterparteien unter den Arabern genau untersuchen, um herauszufinden, welche Gruppe wirklich von Allah kommt? Jede dieser Gruppen behauptet, die einzig wahre Verfechterin des Islam zu sein. Wie würdest du herausfinden, welche tatsächlich die richtige ist?"

"Ich kann mir nicht vorstellen, wie das möglich ist. Aber bei unserem sogenannten Christentum ist es doch auch nicht anders."

"Ganz genau! Auf Grund welchen Wahrheitsmaßstabes stellen diese Gruppen ihren Anspruch?"

"Nun, die Moslems haben den Koran. Die Christen, die Bibel."

"Und wer sind die ursprünglichen Repräsentanten dieser Religionen?"

Er dachte ein Weile nach. "Du meinst Mohammed und Jesus?"

"Richtig! Alle Christen behaupten, Jesus nachzufolgen, aber wie können wir wissen, ob sie das tatsächlich tun?"

Er lächelte, als ob er erkannt hätte, daß er in eine Falle gelaufen war. "Die Bibel."

"Hast du sie gelesen?"

"Nein."

"Wäre es nicht sinnvoll, sie zu lesen, um herauszufinden, was Jesus tatsächlich über Gott und seine Nachfolge gesagt hat?"

"Aber wie können wir sicher sein, daß die Bibel wirklich das wiedergibt, was Jesus vor mehr als 2000 Jahren gesagt hat?"

"Diese Frage könnten wir ebensogut über den Koran wie über jedes andere religiöse Buch stellen. Der erste Schritt ist es, die Bibel oder irgendein anderes religiöses Buch" - meine

Stimme wurde lauter, und ich schrie das Wort fast heraus - "zu LESEN, bevor wir es als unzuverlässig abtun."

"Warum sollte ich der Bibel mehr glauben als einem anderen Buch, dem Koran zum Beispiel?"

"Das solltest du nicht, bevor du nicht beide miteinander verglichen hast. Hast du jemals das Leben und die Lehren Jesu, so wie sie in der Bibel geschildert werden, mit dem Leben und den Lehren Mohammeds im Koran verglichen?"

"Okay, ich warte auf das dicke Ende. In welche Sekte willst du mich jetzt reinziehen?"

Ich lachte laut auf. "Junge, du bist gut. Ja, ich hab' deine Freundschaft gewonnen, und jetzt werde ich dir all dein Geld rauben."

Er lachte: "Ich habe kein Geld."

"Oh, dann habe ich mir wohl das falsche Opfer ausgesucht."

"Das kannst du laut sagen!", nickte er.

"Ich habe überhaupt nichts mit irgendeiner religiösen Sekte zu tun, aber ich möchte mit dir das Neue Testament lesen."

"Du hast die Bibel doch schon gelesen. Warum sagst du mir nicht einfach, was drinsteht?"

"Nein, wenn du wirklich wissen willst, was die Bibel lehrt, dann mußt du sie schon selbst lesen."

"Warum? Ich vertraue dir!"

"Dann bist du ganz schön dumm! Ich wüßte keinen vernünftigen Grund, warum du das glauben solltest, was ich dir über die Bibel sage. Alle Religionen und Sekten würden dir nur zu gerne sagen, was du zu glauben hast. Wenn du nicht selbst denken willst, dann geh zu irgendeiner der Kirchen oder zu einer Sekte und bitte sie, dir irgend etwas zu geben, was du glauben kannst. Sie werden das mit Freuden tun. Von mir jedoch kannst du das nicht erwarten!"

Er sah mich etwas erstaunt an.

"Weißt du, was ich interessant finde?" fuhr ich fort.

"Was?"

"Auf die eine oder andere Art glauben die meisten Leute, daß Gott den Menschen erschaffen hat. Gleichzeitig aber nehmen sie an, daß der Glaube den Verstand ausschließt, wenn sie über Gott und Glauben sprechen. Wenn das der Fall wäre, wozu hat uns Gott dann den Verstand gegeben? Ich finde, das ist ein sehr interessanter Widerspruch. Nun, ich bin nicht bereit, meinen Verstand auf Eis zu legen. Gott hat ihn mir gegeben, um ihn zu gebrauchen."

Er nickte langsam und bekundete so seine Zustimmung.

"Kannst du dich noch an unser Gespräch über Skepsis erinnern?"

Er riß überrascht die Augen auf. "Ja, du hast mir gesagt, du seist der größte Skeptiker der Welt, und daß blindes Vertrauen der sicherste Weg sei, innerhalb kürzester Zeit enttäuscht zu werden."

Ich nickte zustimmend. "Ich bin wirklich ein Skeptiker, aber ich habe auch die Bibel gelesen, und ich weiß, was ich dort gefunden habe. Ich möchte dich fragen, ob du mit mir die Bibel lesen willst, aber unter zwei Bedingungen."

Er hörte gespannt zu.

"Erstens, daß du nichts von dem glaubst, was ich sage. Ich habe die Bibel nicht geschrieben, und niemand wird je zu Gott finden durch das, was ich glaube. Ich gebe offen zu, daß meine Meinung falsch sein könnte, und wenn das zutrifft, dann wäre es wirklich dumm von dir, mir zu glauben. Es spielt keine Rolle, was ich glaube; nur das zählt, was in der Bibel steht und ob es wahr ist oder nicht. Also, Bedingung Nummer eins: Glaub' nichts von dem, was ich über die Bibel zu sagen habe."

"Und die zweite Bedingung?" fragte er interessiert.

"Die zweite Bedingung: ich werde die Bibel nicht für dich auslegen. Wir werden die Bibel gemeinsam lesen, und du wirst mir sagen, was in der Bibel steht."

"Na, das ist einmal etwas anderes", meinte Karl. "Alle Sektenführer, von denen ich gehört habe, wollen dir am liebsten alles hineinstecken. Aber wie kann ich sicher sein, daß du die Bibel nicht auslegen wirst?"

"Da gibt es nur einen Weg, das herauszufinden", sagte ich.

"Richtig", sagte er, und rollte die Augen. "Wir lesen gemeinsam und dann werde ich es ja sehen. Aber selbst wenn du mich allein die Bibel auslegen läßt, wie kann ich wissen, ob es richtig ist?"

Ich lächelte. "Eine gute Frage. Viele Leute geben zu bedenken, daß jeder die Bibel so auslegt, wie er will. Ist es nicht interessant, daß wir diese Bedenken nicht auch bei anderen Büchern haben? Wenn wir Hesse oder Kafka miteinander lesen, würden wir beide mit dem Grundtenor ihrer Aussage übereinstimmen. Wir hätten vielleicht verschiedene Auffassungen über die Anwendung oder die aus ihren Werken resultierenden Schlußfolgerungen, aber das ist wieder ganz etwas anderes. Wenn die Leute die Bibel so wie jedes andere Buch lesen würden, käme es gar nicht zu all den sogenannten Auslegungen."

Karl nickte bedächtig. "Du willst also damit sagen, daß wir die Bibel lesen werden, um herauszufinden, was drinsteht" - er betonte dieses Wort, - "und dann sage ich dir, was es bedeutet."

"Ganz genau! Und ich glaube, du wirst eine Überraschung erleben."

"Ich nehme an, du wirst mir nicht sagen, welche, oder?" fragte er mit einem wissenden Lächeln. Er hatte schon verstanden, daß ich solche Fragen normalerweise nicht beantworte, zumindest nicht sofort.

Ich schüttelte den Kopf und sagte: "Nein, aber ich kann dir sagen, daß ich die Bibel gelesen habe und daß ich herausgefunden habe, daß die Bibel keiner Auslegung bedarf, sondern daß sie nur gelesen werden muß. Wenn jemand ehrlich an den Text herangeht und nicht irgendetwas hineinliest, dann legt sich die Bibel selbst aus. Du wirst schon sehen. Wir werden die Bibel nicht so behandeln, als hätte sie irgendeinen Heiligenschein rundherum und als ob Gott dir gleich eine auf die Nase geben würde, wenn du sie verkehrt aufschlägst."

Er lachte und klopfte mir auf die Schulter. Er mochte meinen Humor.

"Wir werden sie genauso lesen wie irgendein anderes Buch. Wir werden keine Textstellen aus ihrem Zusammenhang nehmen, sondern wir werden ein Evangelium vom Anfang bis zum Ende lesen." Ich sah ihn an und wartete auf eine Antwort.

"Ich bin vielleicht genauso verrückt wie du, aber was du sagst, gibt einen Sinn."

"Wann fangen wir an?"

Noch am selben Tag begannen wir, die Bibel gemeinsam zu lesen, und taten dies viele Wochen lang. Eines Tages fragte ich ihn, ob seine Freundin Brigitta an Gott glaube.

"Früher ja, aber jetzt nicht mehr", gab er zur Antwort.

"Was war der Grund für diese Meinungsänderung?"

Er zögerte einen Moment. Ich wußte nicht genau, ob er es mir sagen wollte oder nicht. "Sie war früher eine gute Katholikin, aber als wir zusammenzogen, hat sie ihren Glauben aufgegeben. Vielleicht weil sie mich liebt - und ich sie liebe - und weil ich eben niemals ein Bedürfnis nach Gott gehabt habe. Zumindest nicht bis vor kurzem." Er klopfte auf das Neue Testament, das ich ihm gegeben hatte.

"Weiß sie, daß du mit einem verrückten amerikanischen Sektierer die Bibel liest?" fragte ich ihn ironisch.

"Natürlich", sagte er und lachte, "ich habe ihr alles erzählt von der ersten Woche an, als wir uns bei der Übersetzungsübung kennenlernten. Wir möchten gerne diesen Sommer eine Reise nach Kanada machen, und sie war froh, daß ich jemanden gefunden hatte, mit dem ich ein paar Monate lang Englisch sprechen kann, bevor wir abfliegen." Solch offene Türen kann ich nicht jeden Tag einrennen. "Hätte sie Interesse daran, mit dir und mir die Bibel zu lesen, vielleicht in Englisch, wenn sie möchte?"

"Ja, ich glaube schon", sagte er ohne Zögern.

"Warum kommt ihr zwei nicht nächste Woche zu uns?"

"Wir wollten dich gerade fragen, ob du und Christine und eure Buben nicht diese Woche einmal zum Mittagessen kommen möchtet."

Als meine Frau und ich Brigitta in dieser Woche kennenlernten, entdeckten wir, daß sie genauso freundlich war wie Karl, und wir wurden sofort gute Freunde. Brigitta zum Lesen der Bibel zu bringen war jedoch nicht ganz so leicht, wie Karl es sich vorgestellt hatte. Als ich schließlich mit ihr über geistliche Dinge sprechen konnte, entdeckte ich, daß sie Angst vor der Bibel hatte, genauso wie viele unserer ungläubigen Freunde, wie wir herausfinden sollten. Letzten Endes jedoch vertraute sie darauf, daß Karls Intellekt sie davor bewahren würde, auf eine Sekte hereinzufallen.

Eine ihrer ersten Fragen war, warum wir der Meinung waren, die Bibel auch ohne Theologiestudium verstehen zu können (das Studium der Theologie an österreichischen Universitäten dauert mindestens sechs Jahre). Ich gab ihr eine andere Antwort, als ich sie Karl zuvor gegeben hatte. Ich verwendete das folgende Beispiel:

"Wenn Gott sich den Menschen mitteilen wollte, wie würde er das unserer Meinung nach tun können? Sitzt er im Himmel, schaut auf uns herab und schüttelt angewidert den Kopf wegen unserer Dummheit und Hirnlosigkeit? Hat er beschlossen, einige der weniger Dummen von uns auszuwählen, die wir Theologen nennen, um uns durch sie seine Informationen zukommen zu lassen? Kannst du dir vorstellen, daß Gott denkt: 'Ich muß einfach dem Schicksal vertrauen, daß die wenigen ausgebildeten Dummköpfe es richtig verstehen und es richtig weitergeben, was ich sage!'?"

Sie lachte und sagte, daß sie eigentlich nie darüber nachgedacht hätte.

"Ist Gott wirklich so unfähig und hilflos?" fragte ich sie. - Sie schüttelte den Kopf. - "Wir sind wohl intelligenter als die Tiere", fuhr ich fort, "obwohl ich da manchmal so meine Zweifel habe. Aber der Unterschied zwischen uns und Gott ist sicherlich millionenfach größer als der Unterschied zwischen den Tieren und uns. Wenn Gott sich uns offenbaren möchte, müßte er es dann nicht unwahrscheinlich einfach machen? Würde er sich dann nicht in solch einer Weise verständlich machen müssen, daß wir ihn auch verstehen können, vorausgesetzt wir wollen es?"

Sie stimmte zu.

"Wenn eine Ameise zu mir reden wollte, was müßte sie tun? Sie könnte zu mir kommen und zu mir in Ameisensprache reden, und ich könnte sie vielleicht verstehen, aber sie könnte mich sicher nicht verstehen. Zum ersten müßte ich also überhaupt einmal mit ihr reden wollen. Diese Frage müssen wir uns auch über Gott stellen. Will er uns überhaupt von sich erzählen? Warum sollte er das tun? Sind wir es 'wert', dieses Wissen zu bekommen?

Zum zweiten müßte ich mit der Ameise in einer Sprache sprechen, die sie verstehen kann. Am besten wäre es da wohl, eine Ameise zu werden. Aber was, wenn mich die anderen Ameisen nicht mögen? Was, wenn sie mich kreuzigen - äh, ich meine töten? Ich weiß nicht, ob mir das gefallen würde."

Ich versuchte, ihr dieses Beispiel sehr lustig zu erzählen, und sie erlangte so viel Vertrauen in ihre eigenen intellektuellen Fähigkeiten, die Bibel zu verstehen, daß sie beschloß, mit uns zu lesen.

Schon nach wenigen Wochen des gemeinsamen Lesens begannen sie, andere Teile des Neuen Testamentes alleine zu lesen. Sehr bald merkten beide, daß sie mich nicht als ihre "Antwortstelle" brauchten. Sie begannen, die Bibel ohne meine Fragen, die ihnen anfänglich beim Denken geholfen hatten, zu verstehen. Eineinhalb Jahre später nahmen sie Christus als ihren Erlöser an.

Tu's

1. Stelle dir vor, welche Freude es dir machen würde, solch eine Unterhaltung mit einem deiner eigenen Freunde zu führen.
2. Lese dieses Kapitel nochmals zusammen mit dem folgenden Kapitel.

7: Prinzipien für Gespräche mit Freunden

Ich möchte das "Gespräch mit einem Freund" verwenden, um zehn Prinzipien der Evangelisation darzulegen. Die meisten dieser Prinzipien können bei jedem Gespräch mit einem ungläubigen Freund angewandt werden. Fertigkeit im Zeugnisgeben erreicht man durch das Erlernen dieser Prinzipien und durch das Bemühen, diese in die eigenen Gespräche einzubauen, d. h. indem du imaginäre Gespräche zwischen dir und deinem Freund übst. Je mehr du mit dir selbst sprichst, umso leichter wird es!

Prinzip Nr. 1: *Werde ein Freund, bevor du ein Prediger wirst.*

Karl und ich waren schon seit einigen Wochen Freunde gewesen, bevor wir auf Gott zu sprechen kamen. Nicht alle Freundschaften erlangen gleich schnell die notwendige Tiefe. Das hängt normalerweise davon ab, wie leicht es dir fällt, über geistliche Dinge zu sprechen, aber auch von der Offenheit deines Freundes. Es gibt in diesem Zusammenhang keine Regel oder irgendeine zeitliche Grenze. Jede Beziehung ist anders. In jedem Fall jedoch sollten unsere ungläubigen Freunde erkennen, daß wir ihre Freunde sein wollen, weil wir sie so annehmen, wie sie sind.

Das mag vielleicht einige Tage oder Monate dauern, aber unsere Freunde müssen erkennen, daß sie uns als Menschen wichtig sind und sie für uns nicht Nummern darstellen, die unserer Gemeindeliste hinzugefügt werden könnten. Wenn wir vermeiden wollen, daß uns unsere Freunde automatisch ablehnen, wenn wir mit ihnen über die Bibel sprechen, dann müssen wir zuvor ein zuverlässiges Fundament des Vertrauens zwischen ihnen und uns gelegt haben. Dieses Vertrauen wird es ihnen schwer machen, uns als Freunde fallenzulassen, wenn sich der Herr für sie als Stolperstein erweisen sollte.

Dieses Prinzip ist anwendbar auf deine Nachbarn, auf Verwandte, die du regelmäßig siehst, auf Arbeitskollegen, auf Studenten, mit denen du dieselben Vorlesungen besuchst. Nicht anwendbar ist dieses Prinzip natürlich auf Leute, mit denen du keinen regelmäßigen Kontakt hast, wie z. B. Leute im Bus oder Zug, Leute, die du im Urlaub oder auf Geschäftsreisen triffst usw. Im nächsten Kapitel werden zwei andere Prinzipien für Gespräche mit Menschen besprochen werden, die wir nur flüchtig kennenlernen.

Prinzip Nr. 2: *Verurteile deinen Freund nicht!*

Das gemeinsame Bibellesen mit Karl und Brigitta verhalf Christine und mir zu einigen wichtigen Erkenntnissen auf dem Gebiet der Freundschaft mit Ungläubigen. Karl und seine Freundin waren dahingehend erzogen worden, ihre Religion in Ehren zu halten, das heißt, die äußere Form der Religion zu wahren, wie z. B. regelmäßig in die Kirche zu gehen, ihre Kirchensteuer zu zahlen, hin und wieder eine gute Tat zu tun und kein größeres Verbrechen gegen die Gesellschaft zu begehen. Ihre Religion hatte weder mit ihrer Lebensphilosophie noch mit ihrem privaten Leben etwas zu tun. Was sie unter moralischem Leben verstanden, berührte die Religion in keiner Weise, solange sie nicht öffentlich Ehebruch begingen. Außerehelicher Geschlechtsverkehr jedoch war aus zahlreichen Gründen durchaus vertretbar.

Zum ersten, weil es alle so taten. Wenn ein junger Mensch sein Elternhaus verläßt und entweder die Universität besucht oder zu arbeiten beginnt, so wird es von ihm mehr oder weniger erwartet, daß er oder sie einen geeigneten Partner fürs Leben findet und mit ihm eine Zeitlang zusammenlebt, bis sich beide sicher sind, daß sie zueinander passen. Eine "Ehe auf Probe" ist nicht nur die gängige Praxis, sondern die jungen Leute werden auch noch von vielen Eltern und Priestern dazu ermutigt. In deren Augen ist Scheidung eine große Sünde; außerehelicher Geschlechtsverkehr hingegen, sofern er "in Liebe" geschieht, nicht.

Dann, ungefähr drei bis fünf Jahre später, heiraten sie. Während dieser Zeit vor der Hochzeit bekommen sie ein oder zwei Kinder. Von der österreichischen Regierung erhalten sie mehr

Wohnbeihilfe, wenn sie unehelich zusammenleben, und die Frau bekommt obendrein noch eine zusätzliche Summe für ihre außerehelichen Kinder. Darüber hinaus kommen die beiden in den Genuß der Kinderbeihilfe, die der Staat ihren Eltern gewährt, solange sie "Kinder" unter 26 Jahren sind - das heißt, "nicht verheiratet". Ein Paar kann also in finanzieller Hinsicht nur davon profitieren, während der ersten Jahre unverheiratet zusammenzuleben.

Karl und seine Freundin paßten genau in dieses Schema. Als wir uns kennenlernten und ich diesen Sachverhalt entdeckte, war ich schockiert, aber ich versuchte, mir diesen Schock nicht anmerken zu lassen. Statt dessen begann ich, ihnen Fragen zu stellen, und es wurde mir schließlich bewußt, für wie "normal" sie sich selbst hielten. Auch wurde mir klar, wie "abnormal" meine biblischen Ansichten im Gegensatz zu den gesellschaftlichen und religiösen Normen waren.

Als ich an diesem Punkt angelangt war, traf ich eine Entscheidung. Ich konnte nicht ihr gesamtes unmoralisches System auf einmal bekämpfen. Ich mußte es schrittweise versuchen. Ich stellte mir die Frage, wie der Herr Jesus Zugang zu unmoralischen, aber "guten, religiösen" Menschen gefunden hatte. Ich las noch einmal das Johannesevangelium, und als ich zum 4. Kapitel kam, hatte ich die Antwort. Der Herr weckte die Neugier der Samariterin dadurch, daß er sich ihr gegenüber zuerst freundlich verhielt und dann ihre Sünden aufzeigte. Diese Reihenfolge schien mir sehr wichtig zu sein, und so wollte ich es in jeder unserer wöchentlichen Bibelstunden versuchen.

Ich legte den Schwerpunkt mit allem Nachdruck auf die Person Jesu Christi. Während unserer ersten gemeinsamen Bibelrunden muß ich wohl an die hundert Mal die Frage gestellt haben: "Wer ist das eigentlich, dieser Jesus?"

Wir kamen zu Johannes 1,29, und ich hatte noch immer nicht auf ihren unmoralischen Lebenswandel hingewiesen. Ich stellte ihnen einfach folgende Fragen:

"Was ist 'Sünde'?"

Sie antworteten: "Jeder definiert Sünde entsprechend seinen eigenen Ansichten."

"Richtig. Hat Gott eine eigene Ansicht von Sünde, und wenn ja, unterscheidet sich seine Ansicht von der des Menschen?"

Darüber hatten sie noch nie nachgedacht. Sie wußten keine Antwort.

"Wenn Gott seine eigene Ansicht hat, sollten wir dann diese Ansicht als wichtiger erachten als die unsere oder die irgendeines anderen Menschen?"

"Ja, das wäre logisch", gaben sie zur Antwort.

"Dann müssen wir uns mit zwei grundsätzlichen Fragen beschäftigen. Zum einen: wie können wir Gottes Ansicht über Sünde in Erfahrung bringen? Sollten wir bei der Regierung um Gottes Ansicht anfragen?" An dieser Stelle diskutierten wir über Politik, und auf die Vorstellung hin, Politiker mit Gottes Maßstab von Gerechtigkeit gleichzusetzen, bogen sie sich vor Lachen.

"Sollten wir uns an die Kirche wenden?" Nun wurden sie unsicher. Sie wußten, daß die Kirchen nicht immer Recht hatten, aber sie wußten auch, daß sie die Richtigkeit der kirchlichen Meinungen nicht beurteilen konnten, es sei denn anhand ihrer eigenen Ansichten und Gefühle.

"Wenn die Bibel von Gott ist, wäre es dann nicht logisch, sie zu lesen, um Gottes Maßstab von Richtig und Falsch zu erkennen?" - Volle Zustimmung. - "Da gibt es aber noch eine zweite Frage. Was ist, wenn wir die Bibel lesen und entdecken müssen, daß wir nicht mit Gottes Ansichten übereinstimmen? Was ist, wenn wir entdecken, daß wir Gottes Ansicht nach in Sünde leben?"

Ich sagte ihnen nicht, daß sie in Sünde lebten. Ich sagte nicht: "Meiner Meinung nach lebt ihr in Sünde." Meine Meinung wäre zu dieser Zeit wertlos gewesen. Ihre ganze Kultur sprach gegen "meine" Meinung, und es gab überhaupt keinen Grund, warum sie meine Meinung annehmen sollten verglichen mit all dem, was zu glauben sie erzogen waren.

Nachdem wir Johannes Kapitel 4 beendet hatten, konnte ich sagen: "Die Bibel lehrt, daß es eine Sünde ist, wenn Mann und Frau zusammenleben, ohne verheiratet zu sein." Noch immer sagte ich ihnen meine Meinung nicht. In einem Punkt kritisierten sie mich wegen dieser Ansicht, und ich gab ihnen einfach zur Antwort, daß sie mit Jesus darüber streiten müßten, denn ich hätte die Bibel ja nicht geschrieben und könne Jesus auch nicht vorschreiben, was er als richtig und falsch akzeptieren müsse. Dann fragte ich sie: "Habt ihr das Recht, Jesus zu sagen, was richtig und was falsch ist? Wenn er wirklich Gott ist, wie er behauptet und demonstriert, hat er dann nicht das Recht, euch vorzuschreiben, wie ihr leben sollt? Ich werde euch sicher nicht vorschreiben, wir ihr leben sollt! Ich bin nicht Gott. Aber wie ist das mit Jesus? Ist er Gott oder nicht?"

Ich wollte dieses Gespräch erzählen, um dadurch einen wichtigen Aspekt des Prinzips der Freundschaft herauszustreichen. Wenn du mit jemandem, der den Herrn nicht kennt, Freundschaft schließt, so reagiere nicht zu heftig auf seine Sünden. Verurteile ihn nicht auf der Stelle wegen seines unmoralischen Lebens! Überlaß das dem Wirken des Heiligen Geistes durch das Lesen der Bibel. Wenn du ihn verurteilst, so wird man dich als prüde abstempeln, und deine Freunde werden nicht mehr auf dich hören. Das könnte das Ende deiner Evangelisationsgespräche bedeuten.

Einige unserer Freunde wollten nicht mehr mit uns die Bibel lesen, als sie der Heilige Geist von der Sünde in ihrem Leben überführte. Obwohl wir mit tiefem Bedauern diese Reaktion zur Kenntnis nehmen mußten, glauben wir dennoch nicht, daß wir sie vertrieben haben. Von manchen Menschen erwarten wir nun sogar, daß sie die Überführung durch den Heiligen Geist zurückweisen. Wir hören nicht auf, ihnen unsere Freundschaft anzubieten. Wir weisen sie nicht zurück. Sie waren es, die unsere Gemeinschaft nicht mehr wollten.

Denke daran, daß der Herr Jesus niemals die Menschheit hätte erreichen können, wenn er von uns ein moralisches Leben verlangt hätte, bevor wir zu ihm um Vergebung kommen dürfen. Er nahm einen Menschen so an wie er war, und dann zeigte er ihm den Weg in den Himmel.

Wenn wir in einem sehr moralischen Elternhaus groß geworden sind, mag es uns schwerfallen, in der Gesellschaft unmoralischer Menschen zu sein. Wir könnten das Gefühl haben, durch ihre Anwesenheit irgendwie verunreinigt zu werden.

Wir müssen jedoch zwei Dinge ganz klar voneinander trennen: den Sünder und die Sünde. Der Herr Jesus liebte den Sünder und haßte die Sünde.

Wir müssen unsere Freunde so annehmen, wie sie sind, bevor sie bereit werden, unsere Botschaft zu hören. Nimm sie so an, wie der Herr dich angenommen hat, und überlaß es dem Heiligen Geist, ihnen ihre Sünde durch das Lesen der Bibel bewußt zu machen und zu verurteilen.

Innerhalb eines Jahres erkannten Karl und Brigitta, daß wahre Reue die Abkehr von ihrem unmoralischen Leben bedingte, wenn sie sich als echte Christen bezeichnen wollten, und das hieß in ihrem Fall: entweder sich trennen oder heiraten. Sie entschieden sich für das letztere, und heute sind sie auf dem besten Weg, starke junge Säulen in unserer Gemeinde zu werden.

Prinzip Nr. 3: *Nimm dir Zeit, um andere kennenzulernen, und verwende ihre Bedürfnisse als Ausgangspunkt für ein Gespräch.*

Als ich Karl kennenlernte, versuchte ich, so viel wie möglich über ihn zu erfahren, indem ich ihm viele Fragen zu seiner Person stellte. Ich wollte so viel wie nur möglich über sein Leben und seine Ansichten zu den verschiedensten Themen herausfinden.

Die Anwendung dieses Prinzips nimmt normalerweise mehr Zeit in Anspruch, da es zum Aufbau einer Freundschaft einer gewissen Zeit bedarf und sich die Menschen anderen gegenüber meistens nicht so schnell öffnen.

Einige leiden vielleicht an Einsamkeit, wieder andere an einer Leere und Sinnlosigkeit ihres Lebens. Der eine mag vielleicht mit einem Mangel an Selbstkontrolle in irgendeinem Bereich der Moral zu kämpfen haben. Welchen Bereich das auch immer betreffen mag, die Bibel hat ein Rezept für sein Problem. Verschiedene Bedürfnisse erfordern verschiedene Methoden und auch verschiedene Antworten. Jeder jedoch braucht den Herrn als seinen Retter, aber der Weg hin zu dieser Entscheidung kann für jeden Menschen verschieden sein.

Prinzip Nr. 4: *Wecke die Neugier anderer!*

Durch meine zahlreichen Gespräche mit Karl über viele verschiedene Themen hatte ich erkannt, daß er die Dinge sehr analytisch zu betrachten pflegte. Daher machte ich auch die Bemerkung "Ich kenne Gott", weil ich wußte, daß er dann wissen wollte, was genau ich damit meinte. Er hielt mich für sehr arrogant, aber das vergrößerte nur seine Neugier.

Eine Frage oder eine Aussage, die dein Freund nicht verstehen kann, vermag diesen Zweck zu erfüllen. In einem der folgenden Kapitel werde ich mehr Beispiele dafür geben, wie man ein Gespräch beginnen kann.

Wenn es dir schwerfällt, ein Gespräch über die Bibel oder Gott oder über Religion zu beginnen, dann provoziere andere, das Gespräch zu beginnen. Sei anders! Du mußt es ja nicht gleich übertreiben und dir Jesus-Bilder auf die Stirn tätowieren lassen oder einen Hustenanfall bekommen, wenn sich dein Freund eine Zigarette anzündet, um ihm dann zu sagen, daß du nicht rauchst, weil du Christ bist. Das Lesen der Bibel in der Öffentlichkeit ist, wie ich bereits in Kapitel 4 erwähnte, eine ganz natürliche Methode, die Menschen neugierig zu machen.

Prinzip Nr. 5: *Stelle Fragen!*

Der beste Weg, um am Beginn der Freundschaft viel über deine ungläubigen Freunde herauszufinden und sie später neugierig auf das Evangelium zu machen, ist das fünfte Prinzip. Übe gleich jetzt, verschiedene Arten von Fragen zu stellen.

Stelle Fragen, die die Menschen veranlassen, an ihren eigenen Ansichten zu zweifeln, z. B.: "Woher weißt du das? Weißt du auch ganz sicher, wovon du redest?"

Stelle Fragen, die Zweifel an ihrer Moral hochkommen lassen: Warum sollte ich so leben wie alle anderen? Warum kann ich nicht mein ganzes Leben lang einem einzigen Partner treu sein? Warum sollte ich Drogen nehmen, nur weil alle anderen Drogen nehmen? Warum sollte ich bei Prüfungen schwindeln oder bei der Arbeit stehlen, bloß weil das so oft getan wird? Habe ich nicht das Recht, mir meinen eigenen Maßstab für mein Leben auszuwählen? Warum sollte ich Wert darauf legen, mit allen anderen konform zu sein?

Stelle Fragen, auf die es keine "guten" Antworten gibt: Was ist daran falsch, die Bibel zu lesen?

Die richtigen Fragen kannst du nur dann stellen, wenn du dir vorher überlegst, welche Fragen du stellen wirst, bevor du in der Situation bist.

Prinzip Nr. 6: *Verteidige dich nicht!*

Dieses Prinzip, das auch im Gespräch mit Karl vorkommt, ist vielleicht am schwierigsten zu lernen. Es steht in krassem Gegensatz zu unserer Natur und kann nur dann angewandt werden, wenn wir mögliche Gespräche mit unseren Freunden im voraus durchdenken.

Wie wir im 2. und 3. Kapitel des Johannesevangeliums sahen, verteidigte sich der Herr niemals, aber er griff die falschen Voraussetzungen der Pharisäer aufs heftigste an und ging nicht gerade höflich mit ihnen um. Freundlicher behandelte er jene, die auf der Suche nach ihm waren. Die Streitsüchtigen wurden von ihm wieder anders behandelt.

Als Karl mich fragte, ob ich "religiös werde", hätte ich in einer ersten Reaktion wohl versucht, vor seinem Angriff zu fliehen oder mein Bibellesen zu verteidigen. Meine Gefühle sagten mir, daß ich die Bibel beiseite legen und ihm sagen sollte, nein, ich werde ganz und gar nicht religiös und daß ich dann so schnell wie möglich das Thema wechseln sollte. Oder ich wäre versucht worden, mein "Religiös-Werden" (was immer das auch heißen mag) irgendwie zu verteidigen.

Wir sollten daran denken, daß der Gläubige ruhig eingestehen kann, nicht alles zu wissen und Fehler zu machen. Das bedeutet jedoch nicht, daß die Bibel falsch ist oder daß Jesus nicht mehr Gott ist einzig und allein wegen unserer Fehler.

Im Gespräch mit Karl siegte ich über mein ursprüngliches Verlangen, mich selbst zu verteidigen, indem ich das Prinzip Nr. 5 anwandte: Ich stellte ihm eine Frage. Wenn er gesagt hätte: "Hast du dieses Problem schon sehr lange?", dann hätte ich doch verstanden, was er mit dieser Bemerkung eigentlich zum Ausdruck bringen wollte: nämlich daß er mein Bibellesen angreift. Meine Antwort? Eine Frage: "Welches Problem?" Nun muß er seine Frage erklären, und damit ist ihr die Spitze genommen.

Ich hätte ihm auch Fragen stellen können, die ihn in die Defensive gedrängt und ihm zu erkennen gegeben hätten, daß er keine Antworten auf meine Fragen hat: "Warum sollte ich nicht religiös sein? Bist du es nicht? Warum nicht? Was hält Gott wohl von dir, wenn du nicht religiös bist?" Wie auch immer, ich vermied es, mich selbst zu verteidigen.

Wenn dich Menschen nach dem Grund der Hoffnung, die in dir ist, fragen (1Petr 3,15), so nenne ihnen entweder den Grund oder biete ihnen an, mit dir die Bibel zu lesen, damit sie die Antwort auf diese Frage selbst finden und vielleicht selbst die gleiche Hoffnung erlangen können. Wenn sie dich jedoch angreifen, dann verteidige dich nicht, sondern stelle ihnen statt dessen eine Frage! Es ist schwierig, sich auf der Stelle die richtigen Fragen auszudenken, und es ist kein Vergnügen, sprachlos eine Beschuldigung hinnehmen zu müssen. Plane die Fragen, die du stellen willst, vorher. Nicht immer wird dir gerade zur rechten Zeit die richtige Frage einfallen, aber je mehr du die verschiedenen Möglichkeiten im Geiste durchgehst, um so besser wirst du werden.

Prinzip Nr. 7: *Versuche nicht zu beweisen, daß die Bibel wahr ist oder daß deine Ansichten richtig sind.*

Zu Beginn glaubte Karl nicht, daß die Bibel von Gott inspiriert ist. Der Gläubige weiß, daß die Bibel nicht einfach irgendein religiöses Buch ist. Hebräer 4,12 stellt ganz klar fest, daß das Wort Gottes das Leben von Menschen verändern kann. Dies geschieht jedoch nicht dadurch, daß dieser Mensch in ein religiöses System gepreßt oder ihm religiöse Gesetze auferlegt werden oder auch nicht dadurch, daß er gezwungen wird, sich eine religiöse Maske vor das Gesicht zu halten. Gottes Wort verändert Männer und Frauen von innen heraus. Die Macht, ein Leben zu verändern, kommt aus dem Wort, nicht aus unseren Kommentaren zum Wort. Wir müssen einfach danach trachten, die Menschen selbst zum Lesen des Wortes zu bringen, und dann dem Herrn die Arbeit des Überführens überlassen.

Hebräer 11,6 spricht auch davon, daß, wenn ein Mensch von Gott angenommen werden und ihm gefallen will, er glauben muß, daß Gott existiert und daß Gott diejenigen belohnt, die zu ihm kommen. Dies ist eine Vorbedingung, nicht das Ziel auf dem Weg eines Menschen zu Gott.

Die meisten Menschen übersehen jedoch, daß Glaube oder Unglaube nichts an den Tatsachen ändert. Wenn man uns sagt, daß es morgen an dem Ort, an dem wir leben, ein Erdbeben geben wird und wir dieser Warnung keinen Glauben schenken, so wird das nichts am Eintreffen des Erdbebens ändern, und wir werden wahrscheinlich an den Folgen unseres Unglaubens sterben. Wenn es auf der anderen Seite jedoch keinerlei Anzeichen oder Hinweise auf ein bevorstehendes Erdbeben gibt und wir aber glauben, daß ein solches am nächsten Tag eintreten wird, dann kann unser Glaube so groß sein, wie er will, er wird dennoch das Erdbeben nicht verursachen können. Glaube ohne Fakten ist Blindheit; Fakten ohne Glaube ist Dummheit.

Wenn die Bibel nicht Gottes Wort ist, dann ist deine Ansicht (und meine!) nicht die Luft wert, mit der wir unseren Glauben zum Ausdruck bringen. Wenn die Bibel jedoch das ist, was zu sein sie behauptet, dann wird der Unglaube dieser Welt nichts an der Tatsache ändern, daß die Bibel wahr und echt ist. Sogar wenn wir die Echtheit der Bibel beweisen könnten, würden die meisten Menschen sie dennoch ablehnen.

Versuche auf keinen Fall, auch nur irgend etwas zu beweisen ("Beweise doch, daß es Gott gibt! Beweise doch, daß die Bibel wahr ist!")

Viele Leute werden versuchen, dich in Verlegenheit zu

bringen, indem sie von dir verlangen, irgend etwas zu beweisen. Jesus versuchte niemals, Gottes Existenz oder die Echtheit der Bibel zu beweisen. Er setzte es als gegeben voraus.

Ich forderte einmal einen Burschen auf, mir zu beweisen, daß Gott nicht gerade über seine Schulter schaute und über seine Gründe für eine Nichtexistenz Gottes lachte. Dann fragte ich ihn, ob Gott nicht vielleicht zornig darüber sein würde, von meinem atheistischen Freund abgelehnt zu werden. Merke dir Prinzip Nr.5: stelle Fragen!

Wenn ein Ungläubiger behauptete, daß doch die meisten Menschen der Bibel nicht glauben, dann würde ich ihm zustimmen und ihm die Frage stellen, ob die Mehrheit denn immer recht hat? Diese Frage führte zu einigen interessanten Gesprächen über Politik. (Irgendwann in den Achtziger Jahren des vorigen Jahrhunderts wechselte die französische Regierung siebenmal innerhalb eines Jahres. Jedesmal regierte die Mehrheit. Wenn die Mehrheit immer recht hatte, dann änderte sie ihre Meinung wohl sehr oft!)

In diesem Sinne pflege ich oft Menschen zu fragen: "Auf welcher Seite würdest du lieber stehen: auf der der gesamten Menschheit oder auf der Seite Gottes?" Meistens erhalte ich darauf keine Antwort.

Wenn mein Freund ehrliche Fragen in bezug auf die Gültigkeit oder Echtheit der Bibel hat, dann verweise ich ihn auf das Buch "Die Glaubwürdigkeit der Schriften des Neuen Testamentes" von F.F.- Bruce oder auf Josh McDowells "Bibel im Test - Tatsachen und Argumente für die Wahrheit der Bibel" . Diese Fragen sind sehr wichtig, und wenn er wirklich Antworten auf diese wichtigen Fragen erhalten will, dann wird er diese Bücher auch lesen.

Als Karl sagte, daß ich verrückt sei, lachte ich. Warum? Dafür gibt es zwei Gründe. Das Gespräch verlief gut, aber es drohte hitzig zu werden, daher mußte ich es ein wenig auflokkern. Diese Anspielung weckte keine Sorge in mir, daß etwas mit meinem Gehirn nicht in Ordnung sei. Vielleicht stimmt ja tatsächlich etwas nicht! Nimm dich nur selbst nicht zu wichtig, und nimm vor allem die Bemerkungen deiner Freunde nicht zu persönlich. Noch einmal: durch Verteidigung (denke an Prinzip Nr. 6!) kann ein Gespräch sehr schnell sein Ende finden, was unsere Absicht zunichte macht.

Prinzip Nr. 8: *Zeige deinen Freunden, daß ihre Denkweise und ihre Anschauungen falsch sein könnten!*

Ich fragte Karl einmal: "Ist es vielleicht möglich, daß du nicht recht hast? Niemand ist vollkommen. Niemand denkt zu jeder Zeit über alles das Richtige. Und doch glaubt jeder von uns - oder möchte jeder von uns glauben -, daß alle unsere Ansichten richtig sind, andernfalls würden wir wohl unseren Glauben ändern! Vielleicht ist die Bibel von Gott, und deine Ansicht über die Bibel ist die ganze Zeit falsch gewesen."

Gestehe ein, daß auch du unrecht haben könntest und daß du deshalb bereit bist, deine eigenen Ansichten und Ideen ihren Herausforderungen zu stellen. Wenn sie auf die Bibel negativ reagieren, dann frage sie: "Was ist an der Bibel so anders als an anderer religiöser Literatur? Wenn es keinen Unterschied gibt, warum bist du ihr gegenüber dann so negativ eingestellt?"

Dieses Prinzip ist in allen Gesprächen zu finden (s. Kapitel 3: 2Kor 10,3-5; Jeremia 1,10). Um Menschen für Christus gewinnen zu können, müssen wir ihnen zeigen, daß sie eine falsche Ansicht von Gott und sich selbst haben. Bevor sie ihre Sünde als solche erkennen und dadurch zur Erlösung gelangen, müssen sie eine ganz einfache Tatsache eingestehen: Ihr Denken war falsch. Verwende Fragen, um das hervorzuheben. Sage deinen Freunden auf keinen Fall: "Mann, bist du ein Idiot! Das ist der größte Blödsinn, den ich je gehört habe!" Solche Aussagen schlagen Türen zu!

Das erste Ziel im Evangelisieren hat direkt mit diesem Prinzip in 2. Korinther 10,3-5 und Jeremia 1,10 zu tun. Wir sind dabei, falsche Gedankenmuster zu zerstören. Unsere Freunde müssen soweit kommen, daß sie ihre eigenen Ansichten in Frage stellen. "Wie kann ich wissen, ob ich recht habe?"

Ein wichtiger Punkt im falschen Denken unserer ungläubigen Freunde ist ihre Meinung von der Bibel. Ich wollte von

Karl wissen, ob er das Neue Testament gelesen hätte. Das ist eine schwerwiegende Frage. Er hatte eine negative Einstellung zum Lesen der Bibel, aber er war sich der Tatsache nicht bewußt, daß er anderen religiösen Büchern nicht mit derselben negativen Einstellung gegenüberstand. Wenn die Bibel nur eines von vielen religiösen Büchern war, warum reagierte er dann so negativ darauf, daß ich sie las?

Den meisten Menschen ist es gar nicht bewußt, daß ihre negative Haltung zur Bibel nicht auf direkter Erfahrung aus erster Hand gegründet ist. Ein wichtiger Schritt dahin, deinen Freund zum gemeinsamen Lesen der Bibel zu bringen, ist das Aufzeigen der Möglichkeit, daß er vielleicht gar nicht wirklich weiß, was die Bibel lehrt (mangelnde Kenntnis der Tatsachen führt zu einem falschen Denken!), besonders wenn er sie noch nicht selbst gelesen hat.

Auch eine Diskussion über Theologie und Theologen mag sich als notwendig erweisen. Ich brachte meine Meinung über Theologen zum Ausdruck, damit er sich die folgenden Fragen stellte: "Kann ich mich wirklich auf das verlassen, was sie über die Bibel sagen? Mein Freund behauptet, die Bibel verstehen zu können, obwohl er kein Theologe ist. Vielleicht kann auch ich sie verstehen, ohne auf die Erklärung eines "religiösen Fachmannes" angewiesen zu sein. Mag sein, daß ich nicht alles auf einmal verstehe, aber sicher so viel wie mein Freund."

Auch hielt sich Karl für einen intellektuell konsequenten Menschen, was jedoch tatsächlich nur wenige Ungläubige sind. Indem ich Karls Argument dafür, ein intellektueller Mensch zu sein, zerstörte, griff ich ihn genau in dem Punkt an, den er für seine Stärke hielt: seinem logischen und wissenschaftlichen Geist. Ich warf ihm vor, nicht einmal seinem eigenen Maßstab als Student gerecht zu werden. Wenn er mich abwies, würde ihn ewig die Frage plagen: "Wie kann ich behaupten, ein wissenschaftlich denkender Mensch zu sein und gleichzeitig ein Buch ablehnen, das zu lesen ich mir noch nicht einmal die Zeit genommen habe?"

Die meisten Menschen verwechseln Religion mit der Bibel. Und weil das so ist, lehnen sie die Bibel zugleich mit all den schlechten Erfahrungen, die sie mit Religion gemacht haben, ab. Auch Karl reagierte so, als ich die Bibel erwähnte. Darum bemühte ich mich auch, seinen Mangel an logischem Denken auf diesem Gebiet aufzuzeigen. Ich teilte seine Einstellung zur Religion. Das bewirkte zwei Dinge. Es zeigte ihm zum einen, daß wir in unserem Denken nicht sehr weit voneinander entfernt waren, zum anderen aber machte es ihm auch klar, daß er mein Denken doch noch nicht ganz verstand. Das machte ihn noch neugieriger.

Ein anderer Grund für den Unterschied zwischen Religion und echter Beziehung ist in der Kirchengeschichte zu suchen. Es kann nicht geleugnet werden, daß "Religion" die Ursache für viele Probleme in dieser Welt ist. Ein großer Teil der Verbrechen gegen die Menschheit durch die Jahrhunderte hindurch wurde im Namen der Religion verübt. Die Kreuzzüge und die Inquisition im Mittelalter geschahen im Namen Christi. Der Islam ermordete Tausende Menschen im Namen Allahs. In Johannes 16,1-3 sagt Jesus, daß jeder, der einen Gläubigen im Namen Gottes tötet, nicht den wahren, lebendigen Gott kennt. Jesus verurteilte die organisierten Religionen seiner Zeit. Dein Freund dürfte sehr verblüfft sein, wenn er entdeckt, daß du "Religion" ebenso widerlich findest wie er. Das wird ihn neugierig machen.

Ich glaube, daß man von Natur aus sehr skeptisch sein soll, da wir Menschen nun einmal falsch denken können und es so viele falsche Religionen gibt, die uns von dem einen, wahren Gott ablenken. Das überrascht viele unserer ungläubigen Freunde, da sie uns für "dumm" halten, für Menschen, die blind glauben, was zu glauben sie gelehrt worden sind. Wahres Christentum widerspricht nicht dem Intellekt. Sage deinem Freund: "Du mußt deinen Verstand benutzen, nicht deine Gefühle, wenn du die Bibel liest." Der Apostel Paulus mit seiner ungeheuren Bildung, die er als Pharisäer genossen hatte, ist ein glänzendes Beispiel dafür.

In unserem ganzen Gespräch machte ich Karl keine unfreundlichen Vorhaltungen. Im Laufe unserer Diskussion blieb ich liebenswürdig, aber dennoch unbeirrt in meiner Argumentation. Aus einer meiner letzten Bemerkungen konnte Karl entnehmen, daß die Bibel interessant ist. Zu diesem Zeitpunkt wußte ich, daß er nicht fragen würde, "warum" die Bibel interessant sei, sondern daß er sich höchstwahrscheinlich fragen würde, was ich denn damit meinte.

Im folgenden sind die wichtigsten - wenn auch nicht die einzigen - Bereiche zusammengefaßt, mit denen du dich beschäftigen mußt, wenn du das falsche Denken deiner Freunde aufdecken willst: eine negative Einstellung gegenüber der Bibel, nicht jedoch gegenüber anderen religiösen Büchern; das Ablehnen der Bibel, ohne daß sie selbst gelesen worden wäre; das Vertrauen zu einigen Theologen, die selbst auf dem falschen Weg sein könnten; falsche intellektuelle (oder emotionelle!) Maßstäbe; und schließlich das Verwechseln von Religion mit einer echten Beziehung.

Wie geht man nun vor, wenn man einem ungläubigen Freund klarmachen will, daß sein Denken falsch ist? Wir sprachen in Kapitel 3 von einem Mann, der ein Stück Land besitzt, auf dem ein altes Haus steht. Es wäre für ihn wahrscheinlich schwierig, ein zweites Haus auf das Grundstück zu stellen, solange das erste noch steht. Zuerst muß er das alte Haus niederreißen und die Trümmer wegräumen.

Wie kann man ein altes Haus am schnellsten abreißen? Ganz einfach. Man nimmt einige Steine aus dem Fundament weg, und schon stürzt das Haus in sich zusammen. Wir dürfen auf unsere Freunde - bildlich gesprochen - nicht mit der Kanone oder der Maschinenpistole losgehen. Wir müssen nur ihre ganz persönlichen Fundamentsteine finden und diese dann mit einigen wenigen beunruhigenden Fragen entfernen.

Prinzip Nr. 9: *Beantworte nicht alle Fragen deiner Freunde und gib ihnen keine endgültigen Antworten.*

Oder anders gesagt: hüte dich davor, für sie zu einer Autorität zu werden, zu dem, der den richtigen Glauben hat. Stelle die Bibel in den Mittelpunkt.

In all unseren Gesprächen über Gott, Religion, die Bibel und über das gemeinsame Lesen des Neuen Testamentes vermied ich es soweit wie möglich, Karls Fragen zu beantworten. Manchmal wurde er darüber zornig, aber ich beharrte darauf, daß das, was ich glaubte, keine Rolle spielte. Wenn es einen Himmel gab, konnte er in diesen nicht durch meinen Glauben gelangen. Er würde schon selbst seine eigenen Antworten finden müssen.

Führe deine Freunde dahin, daß sie selbst ihre eigenen Antworten aus dem Bibeltext finden. Dieses Prinzip gilt jetzt ebenso wie für die Zeit, wenn du mit ihnen die Bibel zu lesen beginnst. Es ist von grundlegender Wichtigkeit, daß du die Bibel zur obersten Autorität erklärst und nicht deine Meinung über die Bibel. Die Anwendung dieses Prinzips werden wir später im Kommentar-Teil dieses Buches sehen.

Ich ließ Karl erkennen, daß ich mich selbst nicht für unfehlbar hielt. Ich wollte, daß er mich als das sah, was ich tatsächlich bin, nämlich nur als einen Menschen, genau wie er. Ich kann Fehler machen, aber ich habe keine Angst davor, diese auch zuzugeben. Ich werde immer von ihm lernen können, selbst wenn ich die Dinge richtig sehe und er nicht. Und ob ich recht habe oder nicht, wird für seine Beziehung mit dem lebendigen Gott keine Rolle spielen. Denn das hängt einzig und allein davon ab, ob sein Denken richtig oder falsch ist.

Zur selben Zeit jedoch forderte ich seine Behauptung heraus, daß es keinen Gott gäbe. Ich zwang ihn, seine eigene Unfehlbarkeit in Frage zu stellen. Seine Ansichten und Meinungen waren auf seiner begrenzten Erfahrung gegründet. Weder kannte er einen wahren Christen noch hatte er sich ernsthaft mit der Bibel beschäftigt. Wie die meisten anderen Menschen, so hatte auch Karl niemals seine eigenen Voraussetzungen in Frage gestellt und automatisch angenommen, daß seine Ansichten in jeder Beziehung richtig waren. Bei Karl ging ich gleich zu Beginn auf diesen Denkmangel ein.

Prinzip Nr. 10: *Frage deinen ungläubigen Freund, ob er mit dir die Bibel lesen möchte.*

Die Prinzipien 1 bis 9 sollten dich schließlich zu dem Ziel führen, daß dein ungläubiger Freund die Bibel mit dir lesen will. Der Herr Jesus verlieh dem Wort Gottes höchste Priorität. Auch den Sadduzäern befahl er, mehr Zeit mit dem Studium der Schriften zu verbringen (Johannes 5,39).

Wenn dein Freund ein gemeinsames Lesen der Bibel ablehnt, dann frage ihn nach dem Grund, und führe das Gespräch weiter. Wenn sein "Nein!" endgültig ist, kündige ihm nicht die Freundschaft, sondern suche jemand anderen und frage ihn, ob er mit dir das Johannesevangelium lesen möchte. Der Schlüssel zum Erfolg ist die Ausdauer. Gib nicht auf!

Tu's!

Denke an deine letzten Erfahrungen beim Zeugnisgeben. Beantworte die folgenden Fragen.

1. Habe ich für meinen Freund vorher gebetet? Konnte ich dem Menschen, vor dem ich Zeugnis ablegte, wirklich das Gefühl geben, sein Freund zu sein? Wurde ich zu bald zu persönlich? Kannte ich ihn gut genug, um über seine Bedürfnisse Bescheid zu wissen? Konnte ich ihm zeigen, daß ich ihn akzeptierte, bevor ich ihn auf seine Sünden ansprach? Kann ich mit diesem Menschen einen neuen Anfang machen? ("Es tut mir sehr leid. Ich wollte dich nicht verletzen mit dem, was ich gesagt habe.")
2. Konnte ich ihn neugierig machen, oder habe ich ihn mit dem ganzen Evangelium auf einmal überfallen? Wie hätte ich es besser machen können?
3. Stellte ich ihm Fragen, oder gab ich ihm die Antworten? Erkannte und verstand er die Fragen hinter meinen Antworten?
4. Wie reagierte ich auf seine Fragen: Gestand ich meine Fehler ein, oder verteidigte ich mich? Versuchte ich, seinen Forderungen zu entsprechen, indem ich irgend etwas beweisen wollte? Kann ich zu ihm gehen und sagen: "Freund, können wir die Bibel miteinander lesen und dann über Beweise sprechen?"
5. Konnte ich sein falsches Denken aufzeigen, ohne ihn persönlich zu verurteilen?
6. Versuchte ich, alle seine Fragen zu beantworten? Wenn ja, wies er meine Antworten zurück, weil es "meine" Antworten waren?
7. Könnte ich jetzt zu ihm gehen und ihn fragen, ob er mit mir die Bibel lesen möchte? Wenn er "Nein" sagt, kann ich ihn dann nach dem Grund fragen und dann die Prinzipien dieses Kapitels anwenden, um ihn zu einer Änderung seiner Haltung zu bewegen?
8. Wenn alles andere nichts nützt, kann ich einen anderen Freund fragen, ob er mit mir die Bibel lesen will?

8: Gespräch mit einem Fremden

Wenn du einem Fremden gegenüber Zeugnis ablegst, kannst du mehr Aussagen machen, anstatt nur Fragen zu stellen. Da du diesen Menschen wahrscheinlich nie wieder sehen wirst, kannst du ihn entweder unglaublich neugierig machen oder ihm soviel an Information geben, wie er deiner Meinung nach verkraften kann. In der folgenden Situation tat ich beides.

Ich nahm einmal mit einigen Ungläubigen an einer Segelregatta teil, weil ich meine Segelkenntnisse verbessern wollte. Ich kannte diese Leute überhaupt nicht, aber ich wußte, daß es sich bei ihnen wohl um Segelfanatiker handeln mußte, die nicht an Gesprächen über den Glauben, sondern nur über das Segeln interessiert sein würden. Aus diesem Grund hatte ich auch meine Evangelisierungsantenne eingefahren, obwohl ich die ganze Regatta hindurch für eine Gelegenheit zu einem Gespräch über den Herrn mit einem Mitglied der Mannschaft gebetet hatte. Ich hatte nicht erwartet, daß der Herr die Tür zu einem solchen Gespräch öffnen und mir während des Heimsegelns eine wichtige Lektion über das Evangelisieren von Fremden geben würde.

Der Mond schien hell auf das Großsegel; ein leichter Wind trieb das Boot auf unserem Kurs vor sich her. Wir hatten die Regatta nicht gewonnen, aber doch wertvolle Erfahrungen für das nächste Rennen sammeln können, und wir waren gute Freunde geworden während dieser vier Tage des Wettsegelns. Die Siegesfeier hatte bis elf Uhr nachts gedauert, aber wir hatten uns anschließend keinen Schlaf gegönnt. Einige Mitglieder unserer Mannschaft mußten schon am nächsten Vormittag zu Hause sein, und so waren wir nun also mitten in der Nacht unterwegs zu unserem Heimathafen, der sechs Stunden entfernt war. Obwohl Wolfgang und ich die erste Wache zwischen Mitternacht und zwei Uhr morgens übernommen hatten, genossen Gerhard, unser Philosoph, und Max, unser Botaniker, die Fahrt auf offener See. Wolfgang war am Ruder.

Das Gespräch begann, als Wolfgang von einem Boot erzählte, das durch die Bora untergegangen war. Die Bora ist ein heftiger, kalter Wind, der, von den Bergen Russlands kommend, durch die tiefe, zerklüftete Landschaft des ehemaligen Jugoslawiens fegt und plötzlich und unerwartet über die ahnungslosen Boote vor der Küste herfällt, die dann wie Korken von den Wogen hin- und hergeworfen werden. Wenn die Bora weht, sterben Menschen. Ich brachte das Gespräch auf den plötzlichen Tod und entdeckte, daß Wolfgang große Angst vor dem Tod hatte. Die anderen hörten schweigend zu.

"Niemand möchte gerne sterben", sagte ich, "aber früher oder später werden wir alle sterben. Unser ganzes Leben lang versuchen wir, wenigstens ein klein wenig länger zu leben, oder wir malen uns ängstlich aus, wie wir wohl sterben werden. Mir scheint, daß wir die falschen Fragen stellen."

Ich machte eine Pause, so daß sie darüber nachdenken konnten, welche Fragen sie nun wohl stellen sollten. Sie waren noch nicht neugierig genug.

"Wir leben durchschnittlich nur siebzig Jahre lang, und dann sind wir eine Ewigkeit lang tot. Warum fragen wir uns nie: 'Was geschieht mit uns, nachdem wir gestorben sind?'"

Wolfgang antwortete: "Niemand kann das wissen."

"Es sei denn, jemand stirbt und kommt von den Toten zurück, um uns davon zu erzählen", sagte ich.

Wolfgang antwortete, daß schon einige Menschen auf dem Operationstisch 'klinisch' tot gewesen seien.

"Sie alle hatten das gleiche Erlebnis: Sie sahen ein helles Licht am Ende eines Tunnels, und keiner von ihnen war länger als ein paar Sekunden oder ein, zwei Minuten tot", wandte ich ein. "Ich meine aber jemanden, der einen ganzen Tag oder noch länger tot gewesen ist."

Gerhard konnte sich nicht länger zurückhalten. "Du meinst doch nicht Jesus Christus, oder?" meinte er spöttisch.

"Ich habe keine Namen erwähnt", gab ich zur Antwort. "Ist Jesus Christus von den Toten auferstanden?"

"Natürlich nicht", erwiderte Gerhard scharf.

"Wie kannst du das wissen?" fragte ich ihn. "Warst du dabei, und hast du das Grab überprüft?"

"Du willst mir doch nicht erzählen, daß du an die Auferstehung glaubst", sagte er.

"Gerhard, was ich glaube, hat keine Bedeutung. Wenn Jesus nicht von den Toten auferstanden ist, dann können wir ihn vergessen, denn dann war er kein bißchen anders als alle anderen. Wenn er aber von den Toten auferstanden ist, dann wären wir absolute Idioten, wenn wir nicht hören wollten, was er uns über seine Erfahrungen zu sagen hat."

Wolfgang nickte zustimmend, aber Gerhard antwortete: "Das einzige Zeugnis, das wir von Jesus haben, ist die Bibel. Du bist vielleicht ein guter Segler, aber du kannst mir nicht erzählen, daß du an die Bibel glaubst! Die Bibel ist doch nicht glaubwürdig."

Ich schenkte Gerhard ein Lächeln, und er legte die Stirn in Falten, wohl weil er darüber nachdachte, was ich denn so lustig fand. Die meisten Leute sind so. Sie wenden Fragen ein, von denen sie der festen Meinung sind, daß es darauf keine Antworten gibt. Sie scheinen zu denken, daß es die Antworten nicht geben kann, weil sie sie nicht kennen. "Gerhard, hast du die Bibel gelesen?"

"Nein, ich arbeite gerade an meinem Doktorat für Philosophie und habe keine Zeit."

"Wie kannst du also wissen, daß die Bibel nicht glaubwürdig ist, wenn du sie nicht einmal gelesen hast?"

"Ich habe einmal irgendwo einen Vers gelesen", verteidigte sich Gerhard, "wo Jesus sagt, daß die Christen Blut trinken müssen. Was meinst denn du dazu?" Offensichtlich wollte er nicht die Wahrheit wissen. Er wollte mich nur in die Enge treiben. Mit der höflichen Art würde ich wohl nicht mehr weit kommen. Wenn er sich wie ein Pharisäer benimmt, soll er auch wie ein solcher behandelt werden, dachte ich.

"Du hast gesagt, daß du an deinem Doktorat arbeitest." - Er nickte. - "Ich nehme an, du hast da auch Forschungsarbeit zu leisten."

Er nickte wieder.

"Ich möchte gerne wissen, wie deine Dissertation aussehen wird, wenn sie fertig ist. Wenn du die Quellen, die du zu deiner Arbeit heranziehst, so behandelst wie die Bibel, dann wird deine Dissertation bloß ein Haufen zusammengestoppelter Zitate sein, die alle aus ihrem Zusammenhang gerissen und dann gerade so zusammengesetzt wurden, um das auszusagen, was du behaupten willst, ohne einen Gedanken daran zu verschwenden, was die verschiedenen Autoren wirklich aussagen wollten."

Gerhards Gesichtsausdruck zeigte mir, daß es noch nie jemand gewagt hatte, auf seine Angriffe derart respektlos zu reagieren und ihn selbst anzugreifen.

"Niemand", fuhr ich fort, "liest auch nur irgend etwas auf eine solche Art und Weise, wie du es mit der Bibel getan hast, nämlich einfach einen Teil eines Verses herzunehmen und ihn falsch zu zitieren. Du schnappst dir ein Buch, das du niemals zuvor gelesen hast, öffnest es auf Seite 167, fährst mit dem Finger zur Mitte der Seite, nimmst einen halben Satz heraus, zitierst diesen halben Satz falsch, und behauptest dann, daß du das Buch nicht verstehen kannst! Das ist wirklich intelligent! Und du arbeitest an deiner Doktorarbeit! Gerhard, ich schäme mich für dich!"

Ich hatte diese Sätze sehr schnell gesprochen, und den letzten Satz unterstrich ich mit einer Handbewegung, um anzudeuten, wie nutzlos meiner Meinung nach seine Dissertation unter den eben angeführten Bedingungen sein würde. Gerhards Gesicht verzerrte sich vor Wut. Max stand auf und überprüfte die Fock, wohl um seine Verlegenheit zu verbergen. Wolfgang hatte Gerhards Gefühle nicht wahrgenommen, oder vielleicht kümmerte er sich auch nicht darum: er lachte.

"Ich habe nie eine höhere Schule besucht", sagte er zu mir, "aber es kommt mir ganz logisch vor, was du gerade gesagt hast."

Max setzte sich wieder in seine gemütliche Ecke und tauschte mit Gerhard Blicke.

"Ich glaube, Gott ist in den Sternen", sagte Max fromm, als er seinen Blick gegen den klaren Nachthimmel hob, und sein Arm beschrieb einen weiten Bogen, der auf die Millionen von Sternen über ihm hinwies. "Wenn ich an Gott denke, dann denke ich an die Bäume und die Natur." Die Entschlossenheit in seiner Stimme ließ erahnen, mit welch noblem und unerschütterlichen Glauben wir es hier zu tun hatten.

"Das ist eine sehr interessante Weise, Gott zu betrachten", sagte ich. "Diesen Gesichtspunkt gibt es schon seit Tausenden von Jahren. Der Glaube, daß Gott identisch mit der Natur sei, reicht zurück bis zu den alten Ägyptern. Ich habe damit aber einige Probleme. Ich kann das am besten mit einem Beispiel erklären. Sagen wir, ich sei ein Tischler - was ich natürlich nicht bin - und nehmen wir an, daß ich eines Tages ein wunderschönes Boot baue. Du kommst mit einem Freund des Weges und siehst das Boot, aber ich bin nicht da, und ihr könnt nur das Boot sehen. Wenn du das Boot siehst, nimmst du ganz von selbst gewisse Dinge an, ohne viel darüber nachzudenken. Du nimmst an, daß jemand dieses Boot gebaut hat. Du glaubst nicht, daß es von selbst entstanden ist."

Max hörte aufmerksam zu. Vielleicht sucht er wirklich Gott, dachte ich, aber der Druck von Gerhard ist möglicherweise zu groß, als daß er sein Interesse zu offen zeigen würde. "Du bist so beeindruckt von dem Boot", fuhr ich fort, "daß du den, der es gebaut hat, kennenlernen möchtest. Gerade als du dich umdrehst, um wegzugehen, sagt dein Freund, daß er noch eine Weile bei dem Boot bleiben will. Du gehst weg und kommst nach ein paar Minuten zurück und siehst, wie dein Freund zu dem Boot redet. Du fragst ihn, was er da tut, und er sagt: 'Ich lerne den Menschen kennen, der dieses wunderbare Boot gemacht hat.' Was würdest du über deinen Freund denken?"

Max wußte, was ich damit sagen wollte, aber er lächelte nur, und so fuhr ich fort: "Zugegeben, als ich das Boot gemacht habe, habe ich einen Teil von mir selbst hineingelegt, aber niemand würde annehmen, daß das Boot mit mir identisch ist. Ich bin ein lebendiger Mensch, aber das Boot, wie schön es auch immer sein mag, ist nur ein lebloses Boot. Wenn du mich kennenlernen wolltest, würdest du nicht zu meinem Boot reden! Und wenn dieses leblose Boot unbeschreiblich schön ist, dann muß die lebendige Person, die es gemacht hat, weit erstaunlicher und interessanter sein als irgend etwas, das von dieser Person gemacht worden ist. Ich kann nicht ganz verstehen, wie jemand diese Sterne beobachten kann, ihre unermeßliche Vielzahl, ihre Ordnung, ihre verborgenen Geheimnisse, die uns herausfordern, sie zu erforschen, und dennoch nicht herausfinden will, welcher Art jenes Wesen ist, das sie geschaffen und dort hingestellt hat."

Für kurze Zeit war es still, und dann sagte Wolfgang: "So habe ich das eigentlich noch nie gesehen."

Max schwieg.

Gerhards Stimme triefte vor Sarkasmus: "Hast du die Sterne studiert?"

Wieder lächelte ich - ein Lächeln kann andere sehr leicht aus der Fassung bringen - und sprach ihn direkt an: "Sterne senden Licht aus. Hast du dich jemals gefragt, was Licht ist?"

Keine Antwort. Sie hatten offenbar nicht Physik studiert.

"Ich habe einmal mit einem Physikprofessor gesprochen und ihn gefragt, ob er definieren könne, was Licht ist", sagte ich. "Er begann, die Merkmale des Lichts zu beschreiben, aber ich unterbrach ihn und sagte, daß ich nicht wissen wollte, wie das Licht ist, sondern was Licht ist. Er dachte einen Moment nach und sagte dann: 'Wir wissen es nicht; wir können es nur beschreiben.' Ich fragte ihn, ob er jemals über Gott nachgedacht hätte, und er gab mir zur Antwort, daß er kein Interesse für Gott hätte. Er war ein Mann, der durch sein Studium eine winzig kleine Ahnung vom Wunder des Lichts bekommen hatte mit all seinen Geheimnissen. Er war völlig fasziniert vom Licht und all seiner Kompliziertheit. Ich war erstaunt. Es besteht die Möglichkeit, daß es einen Gott gibt, der nicht nur das Licht gemacht hat, sondern der sich auch den Begriff 'Licht' ausgedacht und der ersonnen hat, wie Licht funktionieren könnte. Der Physiker konnte mir nicht einmal sagen, was Licht ist; er konnte nur ungefähr einige seiner verschiedenen Merkmale beschreiben. Und er hatte nicht das geringste Interesse an dem unendlich komplizierteren Gott, der hinter dem Licht steht."

Ich schüttelte enttäuscht den Kopf und sagte: "Zu den Sternen oder zu der Sonne zu reden, ist nichts anderes, als zu einem Boot oder einer Glühbirne zu sprechen. Was würdest du von einem Menschen denken, der seine Zeit damit verbringt, mit einer Glühbirne zu sprechen?"

Max schien nicht beleidigt zu sein, und Wolfgang lachte leise. Gerhard reagierte nicht.

Ich fuhr fort: "Etwas anderes, das ich nicht verstehe, ist etwas, das weit über bloßes Wissen oder Neugier hinausgeht. Alle Menschen haben Probleme, und viele Menschen finden keine Lösungen für ihre Probleme. Wenn ein Mensch vor einem solchen Problem steht und keinen Ausweg sieht, wie kann er dann Trost oder Hilfe darin finden, zu einem Stern zu sprechen? Zu welchem Baum sollte ich gehen, wenn meine Frau mit einem anderen Mann wegläuft? Zu welchem Stern sollte ich sprechen, wenn mein Kind stirbt? Wie kann mir die Natur Antworten auf meine Fragen über Tod und Leiden und Schmerz geben? Wenn es nur die Natur gibt, dann gibt es keine Antworten auf diese Fragen, und die ganze Geschichte der menschlichen Rasse ist nur ein einziger großer Zufall. Niemand ist schuld daran, daß Jahr für Jahr Tausende von Menschen an Hunger oder Krebs oder AIDS sterben." Ich sah Max direkt an, und fragte dann rhetorisch: "Genügt dir das? Wozu ist ein unpersönlicher Gott nütze? Es ist doch wohl sinnvoller, an einen persönlichen Gott zu glauben, den wir für alles verantwortlich machen können!"

Gerhard blieb ungerührt: "Der Glaube an einen persönlichen Gott ist eine Hilfe. Wir alle wissen, daß Wahrheit relativ ist. Jede Nation und jedes Volk hat seine eigenen Gesetze, die oft willkürlich angewandt werden. Wo ist der Beweis dafür, daß es einen absoluten Gott gibt, der absolute Wahrheit verkündet?"

"Wenn es nur relative Wahrheit gibt, dann sind meine Gesetze so gut wie alle anderen", gab ich zu bedenken.

"Richtig!" sagte Gerhard.

"Und wenn ich in meinem eigenen Gesetz festlege, daß es gut ist, andere Menschen zu töten, dann habe ich das Recht dazu innerhalb meines Gesetzessystems."

"Das ist lächerlich!" protestierte Gerhard. "Die Gesellschaft sagt, daß es falsch ist, andere zu töten."

"Welche Gesellschaft?" erwiderte ich scharf. "Und warum sollte ich auf die Gesellschaft hören? Verschiedene Gesellschaften haben verschiedene Normen von falschem und richtigem Verhalten. Die Kopfjäger in Südamerika glauben nicht, daß es falsch ist, andere Menschen zu töten. Wenn jede Wahrheit nur relativ ist, dann haben diese Kopfjäger genauso viel Recht, ihrer Überzeugung nach zu handeln, wie du. Wenn ich glauben würde, daß jede Wahrheit nur relativ ist, dann könnte ich deine Freundin nehmen, ob du es nun wolltest oder nicht, und ob sie wollte oder nicht und die einzig offene Frage wäre: 'Wer ist stärker?'. 'Das Überleben des Tüchtigsten' wird zu unserer letztgültigen Lebensregel."

Wolfgang fügte hinzu: "Wenn man an all die Kriege denkt, die die Menschen selbst verschuldet haben, dann sieht es fast so aus, als ob die meisten Menschen an diese letztgültige Regel glauben."

Max nickte.

Ich fuhr fort: "Aber wenn es einen Gott gibt, dann hängt alles davon ab, wie dieser Gott ist. Wenn er nur ein Übermensch ist, wie sich das die Griechen vorgestellt haben, dann ist er nicht anders als die Menschen, bloß gefährlicher. Wir kämen nie auf den Gedanken, einen tyrannischen Gott zu lieben; wir würden nur flüsternd davon sprechen, daß wir ihn fürchten und wie wir ihn besänftigen können. Ein solcher Gott wird immer 'überleben' und gewinnen, weil er der Stärkere ist. Wenn Gott aber absolut ist, hat er dann nicht das Recht, seine eigenen absoluten Gesetze zu erlassen? Er hat sicherlich die Macht, sie auch durchzusetzen!"

Gerhards heftige Reaktion unterbrach die ruhige Brise, die in unsere Segel blies: "Ich lehne einen solchen Gott vollkommen ab, der mich zu irgend etwas zwingen kann! Ich glaube nicht an ein solches Wesen, und wenn es doch existieren sollte, dann will ich nichts mit ihm zu tun haben! Ich habe die Freiheit, das zu tun, was ich will. Ich habe einen freien Willen, und kein Gott wird mir irgend etwas vorschreiben!"

"Gerhard, danke, daß du das so frei heraus gesagt hast", antwortete ich ihm. "Wenn du versprichst, mich nicht über Bord zu werfen, würde ich gerne zwei Dinge anführen, die du übersehen hast." Ich sagte das mehr im Tonfall einer Frage als einer Feststellung.

Gerhard wurde nun bewußt, wie bösartig er geredet hatte und lachte jetzt, um seine Reaktion abzuschwächen. "Sicher, das ist ja nur eine Diskussion. Es hat überhaupt keine Bedeutung", meinte er achselzuckend.

"Wenn ich mich an einem Freitag um 6 Uhr abends auf eine Stadtautobahn stelle und zu mir sage: 'Ich glaube nicht, daß mich Tausende Autos überrollen werden. Ich glaube nicht' - bumm!" Ich schlug laut mit der Hand aufs Deck.

Alle drei schraken auf und starrten mich überrascht an.

"Es spielt keine Rolle, was ich glaube; ich wäre tot. Mein Unglaube würde weder an der Existenz dieser Autos etwas ändern noch mich davor bewahren, von ihnen überrollt zu werden. Wenn es einen Gott gibt, dann kann ich ihn nicht dadurch zum Verschwinden bringen, indem ich einfach nicht an ihn glaube. Nur Kinder glauben, daß sie sich etwas wegwünschen können."

Gerhards Blick gab mir zu der Vermutung Anlaß, daß er mich am liebsten jeden Augenblick über Bord werfen wollte. Mit einem Auge schätzte ich, daß die Küste ungefähr acht Kilometer entfernt war.

"Und zweitens", fuhr ich fort, "hast du recht: Jeder Mensch hat den freien Willen, Gott anzunehmen oder ihn abzulehnen. Ob diese Annahme oder Ablehnung nun gut oder schlecht ist, hängt von dem Gott ab, der angenommen oder abgelehnt wird. Es fällt mir nicht schwer, einen hassenswerten Gott abzulehnen, dem es gefällt, Menschen weh zu tun. Aber laß mich dir einen anderen Gott schildern. Was, wenn dieser Gott ein Gott der Liebe ist, und wenn er mich so sieht, wie ich bin, mit all meinen Fehlern? Und was, wenn er mich so annimmt, wie ich bin? Was, wenn er sich mir mitteilen möchte und selbst ein Mensch wird, um das möglich zu machen? Was, wenn er mich besser machen, ja sogar sich selbst gleich machen möchte? Was, wenn er bereit ist, mir das ganze Universum zu geben? Was, wenn er ein makelloser Gott ist und wenn die einzige Möglichkeit, mich makellos zu machen, darin besteht, für mich zu sterben, selbst Mensch zu werden und für mich sein Leben hinzugeben?"

Ich sah jeden von ihnen an, als ich die nächste Frage stellte.

"Ist schon einmal jemand für dich gestorben? Stell dir vor, du sitzt mit einem Freund auf einer Eisenbahnschiene, und ein Zug nähert sich, und dein Freund sieht den Zug, aber du nicht. Dein Freund hat gerade noch Zeit, entweder selbst wegzuspringen oder dich wegzustoßen. Er entscheidet sich dafür, dich wegzustoßen und wird selbst vom Zug erfaßt. Sein Körper wird zerstückelt und über einen Kilometer weit zerstreut. Was würdest du von diesem Freund halten?" Ich gab ihnen ein wenig Zeit, um sich das Beispiel bildlich vorzustellen.

Gerhards Blick war sehr nachdenklich.

"Du würdest ihn wahrscheinlich nicht sehr bald vergessen, oder?" fragte ich. "Aber wir dürfen eine andere wichtige Frage nicht außer acht lassen. Was hat dein Freund von dir gehalten? Für ihn war dein Leben offensichtlich wertvoller als sein eigenes. Würdest du herumgehen und überall behaupten, daß es deinen Freund gar nicht gegeben hat? Würdest du jedem erzählen, daß dein Freund ein böser, gemeiner Mensch war? Wenn du das tun würdest, was für ein Mensch wärest du wohl? Nun stell dir einen Gott vor, der dich so sehr liebt, daß er all das für dich getan hat. Er ist sogar soweit gegangen, seinen Sohn zu senden, damit er am Kreuz stirbt und du dadurch in den Himmel gelangen und für immer mit ihm leben kannst. Das einzige, was er von dir verlangt, ist, daß du ihn auch liebst. Habt ihr jemals daran gedacht, Gott zu lieben?"

Ganz offensichtlich war ihnen dieser Gedanke noch niemals gekommen.

"Ich weiß", sagte ich und hob meine Arme so, als ob ich einen offensichtlichen Einwand abwehren wollte, "die meisten Leute stellen sich vor, daß Gott im Himmel sitzt, auf die Menschen herabblickt und sich alle Arten von verrückten Gesetzen ausdenkt, die er den Menschen auferlegen kann, nur um ihnen das Leben schwer zu machen. Aber was ist, wenn Gott nicht so ist? Was ist, wenn er von dir und mir geliebt werden möchte? Wenn er ein liebender Gott ist, wenn er seinen Sohn hingegeben hat, wenn er uns das Universum geben will, wenn er will, daß wir mit ihm für immer in einer Beziehung voll Liebe leben: Hat er da nicht das Recht, selbst geliebt zu werden?"

'Gib acht, daß du jetzt den Schluß deiner Predigt nicht verdirbst', dachte ich bei mir.

"Und dann spucken wir in sein Gesicht und weisen ihn zurück, aber nichtsdestoweniger atmen wir ständig die Luft, die er für uns gemacht hat, damit wir leben können, ohne ihm dafür zu danken. Und mit genau derselben Luft stoßen wir Drohungen gegen ihn aus und sagen ihm, daß wir ihn ablehnen."

Ich sah Gerhard direkt an, als ich fortfuhr: "Und das alles tun wir im Namen des Verstandes. Hat Gott nicht das Recht, zornig zu werden wegen unserer Überheblichkeit und unserer Hartherzigkeit?"

Ich fragte mich schon, ob ich die acht Kilometer zur Küste schwimmen könnte. Gerhard würde mich wohl mit Freuden an die Haie verfüttern. Ich hatte sein Bollwerk angegriffen - seinen Verstand. Eine unverzeihliche Sünde in akademischen Kreisen. Nun war er an der Reihe.

"Die meisten Christen, die ich kenne, laufen doch nur mit einem Heiligenschein herum", sagte er. "Und sie sind nicht unbedingt intelligenter als jeder andere." Er zeigte auf mich, als er diese Kommentare abgab. "Sie tun so, als wären sie vollkommen und hätten keine Probleme. Wenn du mich fragst: Ich glaube, daß sie alle bloß Heuchler sind!"

Ich lachte laut über diese letzte Bemerkung. "Gerhard, ich habe in meinem ganzen Leben noch niemanden getroffen, der nicht auf irgendeinem Gebiet ein Heuchler gewesen wäre, mich eingeschlossen! Kein wahrer Christ würde jemals behaupten, vollkommen zu sein."

Gerhard war sprachlos.

"Vielleicht waren alle diese Leute, die du kennengelernt hast, keine wahren Christen", sagte ich, noch immer verhalten lachend. "Wenn wir miteinander die Bibel lesen würden, um herauszufinden, wie Jesus sich einen Christen vorstellt, dann würden wir vielleicht entdecken, daß da gar nicht so viele Christen um uns herum sind, wie wir gedacht haben."

Gerhards Stolz war zwar empfindlich verletzt worden, aber

er war immer noch da. Er vermied es, die beiden anderen Männer anzusehen. Sein grimmiger Blick wollte sich nicht aufhellen. Ein wahrer Pharisäer bis zum bitteren Ende. Sein Stolz würde ihn noch verzehren. Mir blieben nur noch ein paar Minuten, um ihm in einem letzten Versuch zu helfen, sich selbst so zu erkennen, wie er wirklich war - eine hohle Schale, die sich hinter einer Maske aus frommem Intellektualismus versteckt.

Wir näherten uns dem Hafen, und Gerhard wollte das letzte Wort haben. "Das klingt ja alles ganz gut, aber ist das nicht ein bißchen zu einfach? Du brauchst nur zu glauben, und dann wird alles gut! Das ist doch viel zu leicht. Es muß einfach schwerer sein!"

Es war mir bewußt, unter welch gewaltigem Druck Gerhard stand. Er hatte keine weiteren Argumente oder Fragen, um das, was ich gesagt hatte, in Zweifel zu ziehen, und Max und Wolfgang begannen bereits, seine Fassade zu durchschauen. Es wäre sehr rücksichtsvoll gewesen, jetzt einfach zu sagen: 'Vielleicht hast du recht. Reden wir ein andermal darüber.' Doch Gerhard brauchte etwas, das direkter war.

"Gerhard, du magst recht haben", sagte ich. "Aber wenn du nicht recht hast, dann hast du dein ganzes Leben auf Sand gebaut - auf deinem Stolz und deinem eigenen Verstand. Und wenn du stirbst, wirst du vor Gott stehen, nackt und mit leeren Händen. Mit deinem Doktorat wirst du Gott nicht beeindrucken können. Und wenn du ihm sagst, er soll dich in den Himmel lassen, dann wird er sagen: 'Warum sollte ich? Du hast mich auch nicht in dein Leben auf Erden gelassen!'"

Die Hafenlichter kamen in Sicht. In ein oder zwei Minuten würden wir die Segel einholen müssen. Jetzt mußte das Finale meiner Kurzpredigt kommen. "Triff deine Wahl, Gerhard. Vergeude dein Leben mit dir selbst, oder sei eine Ewigkeit lang bei dem lebendigen Gott. Wenn du Gott ablehnst, dann genieße das Leben in vollen Zügen. Eine Ewigkeit ist lang, um es zu bedauern. Laß mich wissen, wie du dich entschieden hast. Es würde mich sehr interessieren."

Das Boot glitt an der letzten Bake vorbei, und wir machten die Jacht zum Anlegen bereit.

Gerhard und ich trafen uns später einmal zum Essen, und er begann, mit mir das Johannesevangelium zu lesen. Nach drei Monaten gemeinsamen Lesens beendete er unsere Treffen. Bei unserem letzten Zusammenkommen in einem überfüllten Restaurant schrie er: "Es ist nicht menschlich, einen Herrn zu haben!"

"Genau!" erwiderte ich ihm. "Das ist genau das, was Jesus sein möchte - dein Herr, nicht mehr und nicht weniger."

Während ich das schreibe, treffe ich mich noch gelegentlich mit Wolfgang, um mit ihm über das Segeln und die Bibel zu reden. Er hat noch immer Angst davor, sie zu lesen.

Prinzipien für Gespräche mit einem Fremden:

Im Gespräch mit einem Fremden kann der Gläubige die meisten der zehn bereits angeführten Prinzipien verwenden, aber es gibt noch zwei weitere Prinzipien, die für diese Situation Gültigkeit haben.

Prinzip Nr. 11: *Sei immer bereit für ein Gespräch über deinen Glauben.*

Wenn du einem Fremden gegenüber Zeugnis ablegst, so hast du nicht viel Zeit und siehst ihn wahrscheinlich nie wieder. Obwohl du also keine Zeit hast, mit ihm Freundschaft zu schließen, ändert sich dennoch nichts am Prinzip der Freundlichkeit.

Der Herr benutzte Wolfgangs Offenheit, um mir zu zeigen, daß ich ihm gegenüber Zeugnis ablegen sollte. Hätte ich geschwiegen und nur über das Segeln geredet, dann hätte ich damit dem Herrn gleichsam zu verstehen gegeben: "Nein, ich habe für heute etwas Besseres vor. Du mußt dir schon einen anderen suchen, der das für dich erledigt."

Der Herr kann auch von dir verlangen, um zwei Uhr morgens mit jemandem über ihn zu sprechen, einfach um zu sehen, ob die Verkündigung seines Evangeliums eine vorrangige Stellung in deinem Denken einnimmt.

Um dazu ständig bereit zu sein, bedarf es einiger Vorbereitung. Trage Dinge mit dir, die dir helfen können, ein Gespräch zu beginnen. Ich verwende oft Bücher als Starthilfen. Vielleicht kannst du das Stricken verwenden und über die verflochtenen Fäden des Lebens sprechen, um schließlich die Frage stellen zu können: "Was ist eigentlich das Leben?" (War ja nur ein Vorschlag!)

Ein anderes Prinzip wird bereits am Beginn des Gespräches ersichtlich. Wolfgang brachte das Thema Tod aufs Tapet, und ich verwendete dieses Thema als Starthilfe. Zu diesem Zeitpunkt erwähnte ich jedoch weder Gott noch irgend etwas, das mit Religion zu tun hat. Das überließ ich Wolfgang und den anderen.

Prinzip Nr. 12: *Wenn du das Gespräch beginnst, erwähne Gott oder die Bibel nicht, es sei denn, deine Gesprächspartner tun dies.*

Versuche, etwas zu finden, mit dem sie sich identifizieren können. Suche nach gemeinsamen Interessen und vermeide es, allzu hastig das Gespräch in eine Richtung zu drängen. Lerne sie näher kennen, indem du ihnen Fragen über sie und eure gemeinsamen Interessen stellst. Versuche, einen Anknüpfungspunkt zwischen euren gemeinsamen Interessen und etwas anderem zu finden, das zu einem Gespräch über geistliche Dinge führen könnte. In diesem Gespräch benützte ich das Thema "Tod". Dieses Thema wird immer aktuell sein. Du kannst sehr leicht ein Gespräch über die vielen Todesursachen beginnen. Jeder ist um seine Gesundheit besorgt. Wenn du mit jemandem über seine oder deine Gesundheit sprichst, kannst du zum Beispiel den Satz einstreuen: "Es ist irgendwie verrückt. Unser ganzes Leben lang versuchen wir, gesund zu bleiben, und am Ende müssen wir dennoch sterben!" Oder: "Es gibt so viele Bücher über die Gesundheit, und trotzdem können sie nicht verhindern, daß wir sterben. Warum hat eigentlich noch nie jemand ein Buch darüber geschrieben, wie man stirbt?"

Wie auch immer du das Gespräch beginnen magst, dies sind die Fragen, auf die du abzielst: "Was geschieht mit uns nach dem Tod?", "Gibt es ein Leben nach dem Tod?", "Wie können wir etwas darüber erfahren?", "Ist schon einmal jemand gestorben und wieder auferstanden, so daß er uns etwas darüber sagen könnte?", "Warum muß der Mensch sterben?", "Warum gibt es den Tod?"

Alle diese Fragen führen zum Lesen der Bibel mit dem Ziel herauszufinden, was in ihr über das Thema Tod geschrieben steht. Auch wenn du diese Menschen vielleicht nie wieder sehen wirst, so konntest du möglicherweise doch ein Samenkorn pflanzen und ein wenig vom falschen Fundament dieser Menschen abgraben.

Weitere Beispiele dafür, wie man Gespräche beginnen oder auf geistliche Themen bringen kann, findest du in den vorangegangenen Kapiteln.

Sehr oft kam es vor, daß das Gespräch zu versanden drohte. Meine Gesprächspartner hätten nur zu gern das Thema fallengelassen, aber ich spürte, daß ich keine andere Gelegenheit bekommen würde, sie in solch kurzer Zeit so neugierig wie möglich zu machen. Aus diesem Grund versuchte ich, das Gespräch dadurch in Gang zu halten, indem ich eine Frage stellte, eine Bemerkung machte oder eine Illustration dessen versuchte, was ich gerade gesagt hatte. Wenn du mit einem Fremden sprichst und das Gefühl bekommst, daß er sich langweilt oder ihm das Gespäch zu unbequem wird, so stelle ihm eine Frage oder erzähle ihm ein Beispiel, um seine Neugierde wieder zu wecken. Fragen bringen Menschen zum Nachdenken, und wenn ein Beispiel interessant ist, hören sie für gewöhnlich auch gut zu. Denke dir im voraus Beispiele für verschiedene Teile des Evangeliums aus.

Viele der Prinzipien, die du bei deinen Freunden anwendest, können und sollen auch im Umgang mit Fremden angewandt werden.

Nummer drei: Versuche, etwas über die Bedürfnisse deines Gesprächpartners zu erfahren und sie als Ausgangspunkt für ein Gespräch zu verwenden, so wie ich es bei Wolfgang mit dem Thema Tod gemacht habe.

Nummer vier: Es ist unbedingt notwendig, sie neugierig zu machen.

Nummer fünf: Stelle viele Fragen!

Nummer sechs und sieben: Verteidige dich nicht und versuche nicht, irgend etwas zu beweisen. Selbst wenn du wolltest, hättest du nicht genügend Zeit, alles zu besprechen.

Nummer acht: Du hast bereits viel erreicht, wenn ein Fremder nach einem Gespräch seine eigenen Ansichten in Frage stellt.

Natürlich kannst du Prinzip Nr. 1 (nämlich Freundschaft zu schließen) nicht anwenden, weil dir die Zeit dazu fehlt und du die Menschen wahrscheinlich nie wieder sehen wirst. Es liegt an dir, Prinzip Nr. 2 (verurteile sie nicht) und 9 (gib ihnen keine Antworten auf ihre Fragen; überlaß das der Bibel) anzuwenden. Das hängt vor allem von der Situation ab.

Wenn du das Gefühl hast, daß es doch zu einem weiteren Kontakt kommen könnte und du eine gewisse Offenheit von seiten des Fremden ortest, dann wende Prinzip Nr. 10 an. Wir wissen nie, wie der Herr im Herzen eines Menschen wirkt. Stelle ihm die Frage: "Möchten Sie mit mir die Bibel lesen?" Du könntest leicht überrascht sein, eine positive Antwort zu bekommen.

Tu's!

1. Denke darüber nach, was du in dieser Woche tun könntest, damit dich ein Fremder nach deinem Glauben fragt.
2. Denke dir ein Beispiel aus, mit dem du einen Fremden neugierig auf deine Ansichten vom Leben oder der Bibel usw. machen kannst.

9: ZUSAMMENFASSUNG DER ZWÖLF PRINZIPIEN

Für Glaubensgespräche mit Freunden

1. Werde ein Freund, bevor du ein Prediger wirst. Wenn du einen Menschen anpredigst, ohne vorher sein Vertrauen und seine Freundschaft gewonnen zu haben, wird er dich wahrscheinlich für einen selbstgerechten Snob halten, der glaubt, besser zu sein als alle anderen. Wenn er dir jedoch zuerst vertraut, wird er wissen, daß du dich um ihn sorgst.

2. Verurteile deinen Freund nicht. Der Herr nahm uns als Sünder an, bevor er unsere Sünde verurteilte. Unsere Freunde müssen nicht zuerst "in ihrem Leben aufräumen", bevor sie den Herrn annehmen. Das entspräche der Denkweise der "guten Taten".

3. Versuche, die Bedürfnisse des anderen zu erkunden und sie als Ausgangspunkt für ein Gespräch zu verwenden. Die meisten Menschen verspüren kein Bedürfnis nach Gott, aber sie verspüren Nöte in irgenwelchen Bereichen ihres Lebens. Immer wieder reichte der Herr den Menschen die Hand und linderte ihre physische Not (er heilte sie, stillte ihren Hunger, hörte ihnen zu), bevor er ihnen die Frohe Botschaft verkündete. Wenn wir seine Methode anwenden, so werden wir dadurch unseren ungläubigen Freunden zeigen, daß sie für uns nicht potentielle Nummern in unserer Gemeinde darstellen, sondern daß wir wirklich um sie als Menschen besorgt sind.

4. Mache andere neugierig. Sage etwas, das dein Freund nicht verstehen kann oder das aus seiner Sicht der Dinge keinen Sinn ergibt. Mache ein paar unbestimmte Bemerkungen über deinen Glauben, über die Bibel, Gott, die Welt - irgend etwas, das ihn zwingt, sich die Frage zu stellen: "Was hat er eigentlich damit gemeint?"

5. Stelle Fragen. Fragen bringen unsere Freunde dazu zu denken. Wenn wir Antworten geben, führt das meistens dazu, daß das Gespräch zu einem Ende kommt, und unsere Freunde sagen dann oft, daß "unsere" Antworten nichts für sie sind. Durch Fragen können wir die Verwendung christlicher Kli-

schees und christlichen Vokabulars vermeiden.

6. Verteidige dich nicht. Ein Christ ist nicht perfekt, und wir werden wesentlich erfolgreicher in unserer Evangelisation sein, wenn wir unsere Unvollkommenheit eingestehen. Wir versuchen ja nicht, die Leute zu uns selbst zu ziehen (nicht wahr?), sondern zum Herrn Jesus Christus. Er hat keine Verteidigung nötig. Er ist vollkommen.

7. Versuche nicht zu beweisen, daß die Bibel wahr ist oder deine Ansichten richtig sind. Die Echtheit der Bibel muß nicht bewiesen werden. Der Bibel muß geglaubt und gehorcht werden. Gott kann sein Wort weit besser verteidigen als wir.

8. Mache deinen Freunden klar, daß ihre Denkweise und ihre Anschauungen falsch sein könnten! Das kann am besten dadurch geschehen, indem man die inneren Widersprüche ihres Denkens aufzeigt. Wenn du eine Aussage machst, dann stelle ihre falsche Ansicht einfach als eine Tatsache hin; hüte dich vor einem anklagenden Ton in deiner Stimme. Wenn sie sagen, daß du dich irren könntest, so gib ihnen recht! Deine Antwort darauf: ihr solltet beide die Bibel lesen. Warum nicht miteinander?

9. Beantworte nicht alle Fragen deines Freundes, und gib ihm keine endgültigen Antworten. Oder anders ausgedrückt: Hüte dich davor, für ihn zu einer Autorität zu werden, zu dem, der den richtigen Glauben hat. Stelle die Bibel in den Mittelpunkt. Lerne Hebräer 4,12-13 auswendig. Vergiß nicht, daß der Heilige Geist an der Arbeit ist und deinen ungläubigen Freund überführt (Johannes 16,8-11).

10. Frage deinen Freund, ob er mit dir die Bibel lesen möchte. Das ist dein Ziel. Wenn du deinen Freund dazu bringen kannst, die Bibel mit dir zu lesen, wird der Heilige Geist den Rest erledigen.

Für Glaubensgespräche mit Fremden

11. Wenn du dich mit Fremden unterhältst, sei jederzeit für ein Gespräch über deinen Glauben bereit. Übe immer und überall imaginäre Gespräche: bei der Arbeit, in der Schule, bei der

Ausübung deines Hobbys gemeinsam mit einem Freund, im Auto mit Freunden, bei Ausflügen. Bete täglich, daß dir der Herr offene Augen schenkt, damit du jede besondere Gelegenheit erkennst.

12. Wenn du ein Gespräch beginnst, erwähne nichts über Gott oder die Bibel, es sei denn, dein Gesprächpartner tut dies. Zeige ihm, daß du ein ganz normaler Mensch bist mit ganz normalen Interessen. Du kannst dich an dieser Welt freuen, weil Gott sie gemacht hat. Du willst ganz und gar nicht das Christentum als geistlich und alles andere als weltlich abstempeln.

"Wir haben gerade festgestellt, daß unsere Nachbarn in eine Sekte gehen! Wie sollen wir vor ihnen Zeugnis geben?"

Diese Unterhaltung könnte heutzutage jederzeit und überall stattfinden. Die Sekten haben sich wucherartig ausgebreitet. Sie gebrauchen den christlichen Wortschatz, wobei Sie den Wörtern neue Bedeutungen gegeben haben, mischen das Ganze mit einer Spur Bibelwissen und werden durch die Tatsache, daß sich viele Christen leicht von ihren Irrlehren verwirren lassen, ermutigt. Wer ein echter Christ ist, wird zugeben müssen, daß er in seiner persönlichen Evangelisation zwei fundamentale Prinzipien vernachlässigt hat.

Lehre. Zum ersten scheint der durchschnittliche Christ die Fähigkeit verloren zu haben, die Lehren, welche er für wahr hält, rational und vernünftig zu verteidigen. Die Christen von heute sind zu sehr von den "Geistlichen" abhängig geworden, die alle notwendigen Pflichten der Christen übernommen haben. Viele Christen (oder solche, die vorgeben, welche zu sein) gehen nur in die Kirche, um sich unterhalten zu lassen. Hedonismus gang und gäbe.

Das A und O ist es, DAS EVANGELIUM ZU KENNEN. Der Gläubige muß 2Tim 2,15 viel ernster nehmen: "Strebe danach, dich Gott bewährt zur Verfügung zu stellen als einen Arbeiter, der sich nicht zu schämen hat, *der das Wort der Wahrheit in gerader Richtung schneidet.*" Ein Christ soll nicht nur wissen, welche Lehren er glaubt, sondern auch *warum* er diese Lehren glaubt. Es ist eine Schande, wenn ein Christ zum Telefon rennen muß, um einen sowieso schon überlasteten Prediger oder Ältesten anzurufen, wenn an der Tür ein paar Zeugen Jehovas oder Mormonen stehen. Ein konsequentes Bibelstudium, auch wenn es nur ein paar Verse pro Tag sind, würde ihm alle Antworten liefern, die er braucht; außerdem würde er ein ungeheures Vetrauen in das Wort schöpfen und in seine eigene Fähigkeit "die Widersprechenden zu überführen" (Tit 1,9). Vielleicht kann er sogar den Christus verkündigen, d. h. diese Sektenmitglieder evangelisieren.

Bei der U.S.-Münzanstalt soll es ein Trainingsprogramm geben, bei dem Agenten dazu ausgebildet werden, Falschgeld zu erkennen. Die neuen Agenten müssen sich ganz genau einprägen, wie echtes Geld aussieht, bevor sie mit Falschgeld in Berührung kommen dürfen. Nachdem sie sich wochenlang mit echtem Geld beschäftigt und es genau studiert haben, fällt es ihnen nicht mehr schwer, Falschgeld zu identifizieren.

Das gleiche Prinzip gilt auch für den Umgang mit Sektenangehörigen. Je besser du die Schrift oder zumindest die grundlegende Botschaft des Evangeliums kennst, desto leichter und schneller wirst du es lernen, eine Fälschung zu erkennen und dagegen anzugehen.

Liebe. Das zweite wichtige Prinzip ist Liebe. Unsere Liebe muß in zwei Richtungen strömen: zu unseren Geschwistern im Glauben und zu den Sektenangehörigen. Wir haben erlebt, daß scheinbar starke Christen einer Sekte zum Opfer gefallen sind, weil ihnen dort Liebe und Akzeptanz entgegengebracht wurden, während sie in ihrer eigenen Gemeinde keine engeren Freunde hatten. Bei echten Christen sollten Wahrheit und Liebe gleich betont werden; es ist nicht gut, wenn eines von beiden überwiegt.

Die Sekten erwarten nichts anderes, als von den Christen abgelehnt zu werden. Viele Sekten blühen erst richtig auf, wenn sie verfolgt werden. Es schmeichelt ihrem Ego, daß sie für ihren Glauben leiden. Die meisten Sekten glauben, daß sie über das historische Christentum hinausgehend selbst die endgültige Wahrheit gefunden haben. Diese Einstellung wird an der Überheblichkeit und Verärgerung deutlich, mit der viele Sektenangehörige reagieren, wenn ihnen jemand vom Evangelium erzählen will. Oft sind sie gekränkt, wenn ein Christ versucht, sie zu bekehren. Ein evangelistischer Christ wird von den Sekten oft als Feind betrachtet. Sie haben ihre Feindseligkeit gegenüber dem Evangelium auf den Überbringer des Evangeliums übertragen und meinen, jede Person, die mit ihren Ansichten nicht übereinstimmt, ablehnen zu müssen. Die entsprechende Reaktion eines durchschnittlichen Christen besteht darin, sich zu verteidigen, anstatt den Sektenangehörigen zu beruhigen und nett zu ihm zu sein und ihn dadurch zu entwaffnen. Natürlich ist es alles andere als leicht, unter Beschuß freundlich zu bleiben, aber es ist notwendig, um die psychologische Abhängigkeit des Sektenmitglieds zu zerstören.

Weitere Tips: Nachdem nun die Voraussetzungen stimmen (Lehre und Liebe wird gebührende Bedeutung beigemessen), braucht der Christ einige Hinweise, wie er sich in tatsächlichen Situationen verhalten soll. Als Ausgangspunkt benötigt man das, was Walter Martin in seinem Buch "Kingdom of the Cults" *gemeinsame Grundlage* nennt. Wenn du dich auf ein Gespräch mit einem Sektenangehörigen einläßt, mußt du darauf bestehen, daß ihr euch auf eine gemeinsame, endgültige Autorität einigt. Im Fall eines Christen kann dies nur das inspirierte Wort Gottes, die Bibel, sein. Lasse nicht zu, daß neben der Bibel noch andere Literatur, die der Sektenangehörige mitgebracht hat, verwendet wird. Wenn du dies nicht beachtest, wird die Diskussion ziemlich sicher in einen Streit ausarten und die Chance, noch weitere Unterhaltungen mit deinem "Freund" zu haben, ist möglicherweise vertan.

Zweitens solltest du (und nur du) mit einem 2-3minütigen Gebet beginnen, in dem dem du Gott für das Evangelium dankst. Das kannst du tun, indem du Bibelstellen zitierst, in denen es um die Sünden der Menschen geht, warum die Menschen Vergebung brauchen, um die Gottheit und das Werk Jesu Christi und das Heil, das er uns gebracht hat. Laß das Ganze aber nicht zu einer Gebetsstunde werden! Soviel Zeit ist nicht vorhanden. Hier geht es lediglich darum, dem Sektenangehörigen durch dein Gebet das Wort Gottes nahezubringen. Es wird nicht "leer zurückkehren" (Jes 55,11).

Drittens wäre es gut, aber leider kaum machbar, die Lehren aller Sekten zu kennen. Es ist allerdings schon hilfreich, wenn der Gläubige weiß, auf welcher Grundlage alle Sekten ihre Lehren aufbauen. Gute Werke und Selbstaufopferung sind bei den Sekten Voraussetzung, um in ihren Himmel zu kommen.

Sie gehen von einer Selbst-Errettung aus, bei der sie sich durch ihre eigenen menschlichen Anstrengungen selbst von der Sünde erlösen müssen mit der Hilfe Gottes. Die beste Verteidigung gegen solche falschen Behauptungen ist ein klares Verständnis der biblischen Lehre in bezug auf die Person und das Werk Jesu Christi und der Errettung durch ihn. Während der Diskussion muß der Christ die *historische Bedeutung* dieser Begriffe *definieren* und entsprechend *verwenden*, damit eine verständliche Unterhaltung zwischen ihm und dem Sektenmitglied zustande kommen kann. Ansonsten wird der Christ ständig frustriert sein, weil das Sektenmitglied zwar dieselben Wörter verwendet, aber etwas völlig anderes damit meint. Wer von einer Sekte gut ausgebildet ist, kann die Schrift leicht verdrehen, indem er die Begriffe neu definiert, etwas in den Text hineininterpretiert oder eine komische Auslegung eines bestimmten Bibelverses bringt.

Er kann durch die Schrift selbst entwaffnet werden.

Beachte: Wenn dein Freund dich mit einer völlig neuen Interpretation eines Verses überrascht, muß *er* beweisen, daß er recht hat, nicht du. Es ist nicht deine Aufgabe, jede falsche Auslegung, die dir begegnet, zu "widerlegen". Sage dem Sektenangehörigen, daß er dafür verantwortlich ist, zu beweisen, daß seine Meinung die richtige ist, und zwar auf der Grundlage der Schrift. Die Sekten haben festgestellt, daß man Christen mit folgender Argumentation einschüchtern kann: "Wenn du meine Aussage nicht widerlegen kannst, stimmt sie." In Mt. 24,4 sagt Jesus: "Seht zu, daß euch niemand verführe." Die Sekten gründen ihre Lehre fast immer auf unklaren Versen. Nur weil du einen unklaren Vers in der Bibel nicht verstehst, heißt das noch lange nicht, daß die Auslegung des Sektenangehörigen richtig ist. Selbst wenn zehn verschiedene Sekten dieselbe Auslegung eines bestimmten Bibelverses haben, können sie allesamt falsch liegen. Weise deinen Freund aus der Sekte darauf hin, daß ein Mensch, der die Wahrheit sucht, seine theologische Meinung nie auf unklare Verse gründen sollte, weil damit die Gefahr, zu einer falschen Interpretation zu gelangen, viel größer ist (wie man an der Vielzahl der verschiedenen Sekten sieht). Hier könnte man vielleicht 2Petr 3,16 gut anbringen. Die Beweislast trägt nicht der Christ, sondern der Sektenangehörige.

Dies trifft auch auf die sogenannten "Wunder" zu. Ein Christ sollte die Worte Jesu über das nun angebrochene Ende der Zeit sehr ernst nehmen: "Denn es werden falsche Christi und falsche Propheten aufstehen und werden *große Zeichen und Wunder* tun, um so, wenn möglich, auch die Auserwählten zu *verführen*" (Mt 24,24).

Zusammenfassung der 7 Schritte:

1. Kenne die Grundlagen des christlichen Glaubens gut.
2. Sei freundlich.
3. Erkläre das Evangelium, indem du mit einem Gebet beginnst.
4. Bestimme deine endgültige Autorität als "gemeinsame Grundlage".
5. Definiere die biblischen Begriffe, und lasse den Sektenangehörigen seine Begriffe definieren.
6. Wende die biblischen Begriffe auf dich selbst und auf deinen Freund an.
7. Wiederhole Schritte 2-6 so oft du nur kannst.

Tu's

1. Hast du die theologische Meinung, die du gelehrt worden bist, einfach so hingenommen, konntest sie aber vor einem Sektenmitglied nicht verteidigen? Nimm dir eine Konkordanz und schlage alle Bibelstellen zu jeder fundamentalen Lehre nach und schreibe dir deine eigene Theologie zu diesen Grundfragen auf. Die Grundlagen des Evangeliums findest du in 1Kor 3.4: die Gottheit Christi, sein stellvetretendes Sühneopfer am Kreuz und seine körperliche Auferstehung aus dem Grab.
2. Besorge dir Walter Martins Buch "Kingdom of the Cults", und studiere Kapitel 2, 3 und 19 sehr genau. Dann lies das Kapitel, das sich mit der Sekte beschäftigt, in die dein Freund hineingeraten ist. Es sind noch viele andere gute Bücher über bestimmte Sekten erhältlich, von denen einige viel mehr ins Detail gehen als Martins Buch. Der durchschnittliche Christ hat jedoch neben dem Lesen der Bibel nur begrenzt Zeit für andere Bücher, und wenn jemand das Buch von Martin ganz durchgelesen hat, ist er ausreichend gegen sämtliche aktuellen Sekten gewappnet. Der Autor kann Martins Buch wärmstens empfehlen.
3. Bete für deinen Freund aus der Sekte.
4. Lade deinen Freund ein, gemeinsam mit dir etwas zu unternehmen, und zwar *als Freund*, nicht als Feind. Wenn ihr auf das Thema Religion zu sprechen kommt, dann verderbt euch eure gemeinsame Zeit nicht, sondern setzt einen anderen Termin fest, an dem ihr euch eigens dazu trefft, "eine Schlacht auszufechten". Behalte auf alle Fälle deinen Sinn für Humor, und zeige deinem Freund, daß du ihn als menschliches Wesen akzeptierst, das nach dem Abbild Gottes geschaffen ist, unabhängig davon, welchen Glauben dein Freund hat.

Jeder Gläubige wird eine ganze Reihe verschiedener Situationen des Zeugnisgebens erleben, und jedesmal scheinen unsere ungläubigen Freunde neue Einwände oder Gründe gegen das Lesen der Bibel vorzubringen.

Wir fanden jedoch heraus, daß der durchschnittliche Ungläubige in seinem Denken sehr eingeschränkt ist und daß es tatsächlich nur eine geringe Anzahl von Einwänden gibt, die immer wieder vorgebracht werden.

Vor einigen Jahren nahm ich Christine, meine Frau, mit zu einem evangelistischen Bibelkreis. Wir hatten gerade mit dem Johannes-Evangelium begonnen, und sie wollte die neuen Leute kennenlernen. Der Abend verlief wie geplant, und alle freuten sich darauf, in der nächsten Woche wieder zusammenzukommen, selbst diejenigen, die die meisten Einwände vorgebracht hatten. Auf dem Nachhauseweg fragte mich Christine, ob ich die Leute vorprogrammiert hätte, diese Fragen zu stellen oder diese Einwände vorzubringen. Ich lachte und fragte sie, was sie denn damit meine.

"Ich war erstaunt", antwortete sie, "jedesmal, wenn du von einem evangelistischen Bibelkreis nach Hause kommst, erzählst du mir, wie es gelaufen ist, d. h. welche Fragen gestellt und welche Einwände vorgebracht wurden. Heute abend habe ich genau dieselben Fragen und Einwände gehört, als ob all die Leute bei einem deiner früheren Bibelkreise gewesen wären oder als ob sie den Text eines Theaterstückes auswendig gelernt hätten."

Zu diesem Zeitpunkt begann ich, die verschiedenen Einwände gegen das Evangelium oder gegen das Lesen der Bibel zu zählen. Ich war überrascht, daß es nur so wenige gab! Wenn es auch viele verschiedene Variationen gibt, so ist die Zahl der grundlegenden Kategorien von Fragen und Einwänden doch sehr gering.

Beim Zeugnisgeben wirst du bemerken, daß du die Menschen in drei Gruppen einteilen kannst: die Gleichgültigen, die Feindlichen und die Offenen. Die Gleichgültigen machen wohl den größten Teil aus: Es handelt sich dabei oft um moralisch gute Menschen, die sich aber für geistliche Dinge nicht interessieren. Die Feindlichen sind für gewöhnlich in der Minderzahl. Sie möchten dir meistens ein Bein stellen und dich lächerlich machen. Der Herr ging mit diesen beiden Typen sehr hart um - man könnte es die "Pharisäerbehandlung" nennen.

Die Offenen suchen wirklich den Herrn, und sie werden das, was du zu sagen hast, auch von Herzen annehmen, wenn auch manchmal mit etwas Skepsis. Der Herr gab solchen Menschen direkte Antworten auf ihre suchenden Fragen. Deine jeweilige Methode des Zeugnisgebens wirst du danach ausrichten müssen, mit welchem Typ du es gerade zu tun hast. Es kann eine kleine Weile dauern, bis man herausgefunden hat, welche Einstellung ein Mensch zu geistlichen Dingen hat, aber wenn du es herausgefunden hast, dann versuche, dich daran zu erinnern, wie der Herr mit Leuten dieser jeweiligen Einstellung umging. Wenn du dich an seine Methoden hältst, wirst du den größten Erfolg haben.

Ich habe Gespräche, die ich mit vielen meiner ungläubigen Freunde führte, in schriftlicher Form festgehalten. Einige davon sind in Gesprächsform geschrieben, um einen Eindruck von der gegebenen Situation zu vermitteln. In anderen Fällen wiederum notierte ich einfach meine Fragen und Antworten, so als ob ich mit jemandem sprechen würde. Weiter erstellte ich auch Listen von Möglichkeiten, wie man das Gespräch leicht in eine geistliche Richtung lenken kann, abhängig davon, wo man begonnen hat (siehe "Hoffnung"). Diese Gespräche habe ich in fünf Gruppen einander nahestehender Themen unterteilt.

In den meisten dieser Gespräche habe ich nur das niedergeschrieben, was ich sage, nicht jedoch die Antwort meines Gesprächpartners. Weiter habe ich versucht, diese Gespräche sehr knapp und konzentriert zu halten. Du wirst wahrscheinlich nie ein ganzes Gespräch auf einmal verwenden. Auf der anderen Seite habe ich in keinem dieser Gespräche das jeweilige Thema voll ausgeschöpft.

Benutze davon soviel du willst für deine eigenen evangelistischen Gespräche. Lies einen Abschnitt von diesem Kapitel und versuche dich dann selbst in einem imaginären Gespräch mit einem ungläubigen Freund.

Deine Gespräche können in eine andere Richtung führen als jene, die ich hier niedergeschrieben habe. Ich würde mich freuen, wenn du mir von jeder neuen Methode, jedem neuen Argument oder den verschiedenen Einwänden gegen das Evangelium (gegen das Lesen der Bibel, gegen Gott usw.), die dir in Gesprächen mit deinen ungläubigen Freunden unterkommen, berichten würdest. Ich wünsche dir viel Freude bei deinen evangelistischen Bemühungen.

Gott ist mir nicht wichtig

In einem Büro sagte mir einmal ein Mann, er hätte keine Zeit für Gott. Ich fragte ihn, was ihm das Wichtigste im Leben wäre: seine Arbeit, seine Familie, Geld, Karriere ... Folgendes Gespräch fand statt:

"Mir sind verschiedene Dinge zu verschiedenen Zeiten wichtig", antwortete er.

"Haben Sie einmal versucht, die Dinge vom Gesichtspunkt eines anderen zu sehen?" fragte ich.

"Natürlich", gab er zur Antwort, "das muß man, wenn man mit den Leuten auskommen will."

"Haben sie einmal daran gedacht, die Dinge aus Gottes Sicht zu sehen?"

"Nein", sagte er ohne Zögern, "ich habe noch nie mit Gott auskommen müssen." Er lachte über seinen eigenen Witz.

"Die meisten Menschen haben so ihre Meinung von Gott" fuhr ich fort. "Aber es scheint so, als stellten sich nicht viele Menschen die Frage: 'Was denkt Gott über mich?'" Sein Gesichtsausdruck verriet mir, daß auch ihm dieser Gedanke noch niemals gekommen war. Ich gab ihm keine Zeit, über eine Entgegnung nachzudenken.

"Wenn es einen Gott gibt", sagte ich, "und er niemals stirbt, dann lebt er weiter, auch nachdem wir schon längst gestorben sind. Wir alle haben verschiedene Vorstellungen vom Himmel, und die meisten Menschen 'hoffen', daß sie dorthin kommen, obwohl Gott ihnen überhaupt nicht wichtig ist. Es kommt mir vor, als wollten die Leute in den Himmel, solange nur Gott nicht dort ist. Sie möchten, daß der Himmel perfekt und schön ist - für sie, aber sie interessieren sich nicht für den Gott, der auch dort sein könnte. Sie möchten wohl seine Geschenke und all das, was er zu geben hat, aber ihn selbst wollen sie nicht."

Dem Mann wurde es sichtlich ungemütlich, aber er hatte frech behauptet, daß Gott ihm nicht wichtig sei, und so wollte ich ihn nun in seinen Schuldgefühlen schwitzen lassen. Ich würde ihn möglicherweise nie wieder sehen. Ich wollte sicher sein, daß er zumindest einmal die Dinge aus Gottes Sicht sieht, bevor er in die Ewigkeit eingeht.

"Es ist wie mit einem kleinen Kind zu Weihnachten", fuhr ich fort. Ich versuchte, mich so zu verhalten, als ob ich eine angenehme Unterhaltung mit einem guten Freund führen würde. "Das Kind nimmt von seinem Vater Geschenke an, aber wenn der Vater sagt: 'Wollen wir miteinander spielen?' dann stößt das Kind seinen Vater zurück und sagt: 'Ich werde dich liebhaben und mit dir spielen, wenn du mir mehr Spielsachen gibst.'" Ich machte eine kurze Pause und fragte ihn dann: "Haben Sie Kinder?"

"Ja ...", sagte er langsam.

"Und wahrscheinlich spüren Sie, daß Sie das Recht haben, von ihnen geliebt zu werden." Ich nickte nachdrücklich und gab ihm keine Zeit, das Thema zu wechseln. "Hat Gott nicht das Recht, von uns geliebt zu werden? Wenn wir uns fragen: 'Ist uns Gott wichtig?', dann müssen wir uns vor Augen halten, daß wir in Wirklichkeit die Frage stellen: 'Will ich Gott oder will ich nur seine Geschenke?' Wie dieses kleine Kind. Wenn Gott uns die Luft zum Atmen gibt und wir diese Luft nehmen alle paar Sekunden, aber wir Gott nicht dafür danken und wir nichts mit Gott zu tun haben wollen, warum sollte Gott uns dann noch Luft zum Atmen geben? Welches Recht haben wir, von Gott zu verlangen, daß er uns atmen läßt? Wenn er uns geschaffen hat, hat er dann nicht das Recht, mit seinem Eigentum zu tun, was ihm gefällt?" Ich hörte, wie die Tür aufging. Mir blieben nur noch wenige Sekunden für den Gnadenstoß. Er stand auf, um zu gehen. "Einen schönen Tag noch. Und ich hoffe, daß Ihre Kinder Sie mehr lieben als die meisten Menschen Gott lieben."

Sprachlos verließ er den Raum. Unsere Wege haben sich seither nicht gekreuzt. Vielleicht einmal im Himmel.

Es gibt keinen Gott

Roland, einem Bekannten, gegenüber machte ich einmal die Bemerkung, daß ich an Gott glaube. Seine Reaktion war heftig. Er schrie: "Du bist intolerant. Völlig intolerant!" Er sprang auf und marschierte hin und her. "Du glaubst an Gott. Man kann mit dir überhaupt keine vernünftigen Gespräche führen, weil du so intolerant bist! Der Glaube an Gott führt immer zur Tyrannei!"

Ganz ruhig fragte ich ihn: "Roland, bist du mir gegenüber nicht intolerant? Lehnst du mich ab, weil ich an Gott glaube? Habe ich nicht das Recht zu glauben, was ich will, solange ich nicht meinen Glauben anderen aufzwinge? Wenn du die Macht dazu hättest, würdest du den Glauben an Gott verbieten? Wärest du so tyrannisch?"

Um meine Fragen nicht beantworten zu müssen, wechselte er das Thema: "Warum läßt Gott all das Elend in der Welt zu?"

"Roland, wenn es Gott gar nicht gibt, wie kann er dann für all das Böse und das Leid in der Welt verantwortlich sein?"

Auf Rolands Gesicht wurde langsam die innere Spannung sichtbar.

"Du magst ja ganz gut darin sein, Leute dazu zu bringen, daß sie an Gott glauben, aber bei mir bist du an der falschen Adresse!" schrie er. "Ich bestreite, daß es einen Gott gibt!"

Möglicherweise war es nicht eben die passende Zeit zum Lachen, aber ich konnte nicht anders. Er hatte seine Hände vor der Brust verschränkt, und sein Kinn war vorgeschoben wie bei einem Kind, das seinen Spinat nicht essen will. Ich lachte leise und sagte dann: "Roland, nehmen wir an, daß hier mitten im Zimmer ein Baum steht. Wir beide kommen herein, und ich sage: 'Roland, ich bestreite, daß dieser Baum existiert.'" Ich ahmte ihn nach und verschränkte meine Arme vor der Brust.

"Was würdest du von mir denken? Wenn wir gute Freunde wären, könntest du mich fragen, wie ich das meine. Du könntest mich fragen, wie ich die Existenz von etwas leugnen kann, das unbestreitbar existiert. Es wäre wohl eine ziemlich lächerliche Aussage. Wenn es aber keinen Baum in dem Zimmer gäbe und ich rufen würde: 'Ich bestreite, daß dieser Baum existiert!', dann würdest du dich wahrscheinlich erst umsehen und mich dann fragen, wovon ich spreche. Du könntest zu mir sagen: 'Mach dich nicht lächerlich! Wie kannst du die Existenz von etwas leugnen, das gar nicht existiert?' Der einzige Grund für eine glatte Leugnung der Existenz dieses Baumes könnte wohl nur ein unbeschreiblicher Haß auf Bäume sein. Entweder gibt es einen Gott, oder es gibt ihn nicht, aber die Tatsache, daß ich seine Existenz bestreite, ändert weder an der einen noch an der anderen der beiden Möglichkeiten etwas. Wenn jemand Gott nicht kennt, dann kann er - solange er nicht geistigen Selbstmord begeht - allerhöchstens sagen, daß er nicht sicher ist, ob Gott existiert oder nicht. Wenn du aber nicht weißt, ob Gott existiert oder nicht und fortfährst, seine Existenz zu leugnen, dann stelle ich dir nur eine Frage: Haßt du Gott?"

Er explodierte. "Ja! Ja, ich hasse Gott! Gott verlangt Gehorsam. Er nimmt den Menschen ihre Freiheit. Ich bin mein eigener Gott. Ich brauche Gott nicht. Und wenn ich sterbe, dann verlange ich, daß er sich vor mich hinstellt und mir gegenüber Rechenschaft ablegt für alles Schlechte, das mir widerfahren ist. Ich werde verlangen, daß er meinen Erwartungen gerecht wird. Ich werde nicht zulassen, daß Gott mir meine Freiheit wegnimmt."

Wir waren bei seinem Hauptproblem angekommen, und ich brachte das Gespräch auf das Thema Freiheit.

Ein anderes Gespräch entwickelte sich, als Gerhard sagte: "Es fällt mir nicht schwer, an den Zufall zu glauben. Es ist möglich, daß Gott existiert, aber es ist auch genauso möglich, daß er nicht existiert."

"Das stimmt," gab ich zur Antwort, "und du hast das richtige Wort verwendet, als du gesagt hast, daß du an den Zufall 'glaubst'. Es spielt keine Rolle, von welcher Voraussetzung du ausgehst - ob es einen Gott gibt oder ob es keinen Gott gibt - beide Überzeugungen basieren auf Glauben. Wenn sich jemand das Universum ansieht und fragt: 'Woher kommt das alles?', dann spricht der Augenschein dafür zu glauben, daß es einen Gott gibt. Wenn natürlich jemand die Wahrheit nicht sucht, muß er sich diese Frage nicht stellen, sondern er kann blind durchs Leben gehen in der Hoffnung, daß am Ende, wenn er stirbt, doch alles gut ausgehen wird, wenn er auch vielleicht nicht genau zu sagen weiß, was er mit 'gut' meint. Wenn es Gott gibt, dann könnten wir nur dadurch etwas über ihn erfahren, indem er Kontakt mit uns aufnimmt. Möchtest du mit mir die Bibel lesen, um herauszufinden, was sie über die Existenz Gottes sagt und über sein Verlangen, mit uns Kontakt aufzunehmen?"

Ein Suchender

Als Büchernarr verbrachte ich viel Zeit in der örtlichen Bücherei und schloß Freundschaft mit Peter, dem Bibliothekar. Auf meine Frage, was er in den Ferien denn so mache, sagte er: "Ich fahre nach Findhorn in Schottland. Es gibt dort Leute, die Kontakt mit der Geisterwelt zu finden versuchen und auch finden."

"Warum möchtest du Kontakt mit dieser Welt haben?" fragte ich.

Er lächelte. Offensichtlich freute er sich, einmal Gelegenheit zu haben, über das zu reden, woran er glaubte. "Ich halte mich für einen Suchenden", war seine Antwort.

Ich gratulierte ihm zu seiner Offenheit und fragte ihn dann, ob er an einigen Beobachtungen interessiert sei, die ich in den wenigen Erfahrungen meines kurzen Lebens so gemacht hatte. Es war gerade niemand in der Bibliothek. Er legte seine Arbeit beiseite, und ich legte los.

"Ich glaube, daß es im Grunde genommen nur drei verschiedene Arten von Menschen gibt", begann ich. "Einige wollen überhaupt nichts mit Gott zu tun haben. Sie interessieren sich für nichts, was ihre fünf Sinne übersteigt. Sie wollen

Leuten wie dir und mir, die über Erfahrungen verfügen, welche den engen Horizont ihres Bewußtseins übersteigen, gar nicht zuhören."

Peter bekundete durch heftiges Nicken seine Zustimmung.

"Die zweite Art von Menschen behauptet (ich betonte dieses Wort), Gott zu suchen, aber wenn man sie fragt, welche Art von Gott sie suchen, dann stellt sich heraus, daß sie nur einen Gott wollen, der sich mit ihren Lebensanschauungen in Übereinstimmung bringen läßt. Sie wollen einen Gott, den sie manipulieren und kontrollieren können. Sie wollen auf keinen Fall einen Gott, der auch nur irgend etwas von ihnen verlangt. Viele dieser Menschen möchten so eine Art Geben-und-Nehmen-Verhältnis mit ihrem Gott. Sie wollen einmal in der Woche in die Kirche gehen und ein paar gute Werke verrichten; sie wollen versuchen, so gut wie ihr 'Nächster' zu sein, wobei aber sie bestimmen, wer ihr Nächster ist. Dafür erwarten sie von ihrem Gott, daß er sie in den Himmel läßt. Diese Leute werden ihre Vorstellung von Gott niemals ändern; sie verlangen von Gott, daß er sich ändert und sich ihren Vorstellungen anpaßt."

Diesmal nickte Peter etwas langsamer. Er schien meine Beschreibung der Leute, die behaupten, Suchende zu sein, nicht besonders zu mögen.

"Der Mensch, der zur dritten Art gehört, sucht Gott, und er ist bereit, seine Ansichten zu ändern, um den wahren Gott zu finden. Er gibt zu, daß er Fehler machen kann, und angesichts so vieler Religionen in der ganzen Welt weiß er, daß nicht alle die Richtigen sein können. Sein Lebensziel ist es, den einen, wahren, lebendigen Gott zu finden und ihn anzubeten, so wie er ist." Ich wartete kurz, dann sagte ich: "Sind dir vielleicht auch andere Arten von Menschen untergekommen?"

"Ich habe eigentlich noch nicht so viel darüber nachgedacht", sagte er.

Ich wußte nicht, wie er auf meine Aussagen reagieren würde, aber ich wollte ihm etwas viel Wichtigeres klarmachen.

"Wenn es nur drei Arten von Menschen gibt, was glaubst du, welche Art von Menschen sucht Gott?" Ich wartete, bis diese Frage in seine Gehirnwindungen eingedrungen war und fügte dann hinzu: "Pascal, der französische Philosoph und Mathematiker, sagte einmal, daß Gott sich denen offenbart, die ihn mit ihrem ganzen Herzen suchen, und daß er sich vor denen verbirgt, die das nicht tun. Glaubst du nicht auch, daß Gott das Recht hat, das zu tun?"

Wenn jemand mit mir das Johannesevangelium liest, dann wird er in Johannes 4,23 entdecken, daß Gott die Menschen will, die ihn "in Geist und Wahrheit" suchen.

Allein oder einsam?

Barbara, eine ungläubige Studentin, hatte alles, was die Welt zu bieten hat: Schönheit, finanzielle Sicherheit, Intelligenz und Dutzende von Freunden. Als sie eines Tages mit meiner Frau und mir zu Mittag aß, fragte sie mich, ob ich mit dem Alleinsein zurecht käme. Sie wollte nicht wissen, ob ich gern allein war, sondern ob ich es ertragen konnte, allein zu sein.

Ich sagte, ja, ich komme damit zurecht.

Sie schauderte und sagte: "Ich nicht. Meine größte Furcht ist es, allein zu sein."

Ich sagte: "Weißt du, Barbara, wenn ich allein bin, bin ich nie wirklich allein. Es besteht ein großer Unterschied zwischen Alleinsein und Einsamkeit. Wenn jemand alleine ist, so muß er deswegen durchaus noch nicht einsam sein, wenn er eine persönliche Beziehung zu Jesus hat. Auf der anderen Seite kann jemand ständig viele Freunde um sich haben und auf allen Festen zu Hause sein, und dennoch an Einsamkeit leiden. Jemand, der nur mit sich selbst reden kann, jemand, der sich nur sich selbst anvertrauen kann, der sich in Zeiten der Not trotz seiner vielen Freunde nur auf sich selber verlassen kann, ist zu bedauern. Dieser Mensch braucht einen liebenden Gott, der seine Einsamkeit wie tote, trockene Herbstblätter wegzufegen vermag und sie durch die Helligkeit der Frühlingssonne ersetzen kann."

Was ist ein Christ?

Einige Leute sind der Meinung, daß die meisten Menschen an Jesus glauben und daher Christen sind. Was ist ein Christ? Bist du ein Christ? Meine Frage war nicht, welcher Denomination oder Religion du angehörst. Du kannst mir auch sagen, daß du gerade vom Mars kommst oder grüne Haut hast, aber bist du ein Christ? (Der Sinn dieser Frage liegt nicht darin, herauszufinden, welcher Religion er angehört. Das ist nicht wichtig. Wir wollen ihn dazu bringen, zu definieren, was ein Christ ist.)

Wie würdest du einen Christen definieren? Muß ich einer bestimmten Denomination angehören, um mich für einen Christen halten zu können? Warum halten sich deiner Meinung nach die Angehörigen deiner Denomination für Christen? Wenn jeder, der in eine katholische oder evangelische Kirche geht, ein Christ ist, dann ist es nicht die Zugehörigkeit zu einer bestimmten Kirche, die dich zum Christen macht. In Amerika oder Österreich oder sonstwo geboren zu sein, macht einen Menschen noch nicht zum Christen. In jedem Land gibt es Atheisten. Also muß es einige bestimmte Merkmale geben, die einen Christen kennzeichnen.

Wir könnten diese Frage ebensogut im Zusammenhang mit Angehörigen jeder anderen Religion stellen. Was ist ein Buddhist? Wir könnten zu Buddha gehen und ihn fragen, wer sich als Buddhist bezeichnen darf. Er würde vielleicht sagen: "Jemand, der die Lehren des Buddha befolgt und ihm nachfolgt." Wer darf sich als Moslem bezeichnen? Wir könnten zu Mohammed gehen und ihm diese Frage stellen. Er würde wahrscheinlich das gleiche sagen: "Jemand, der die Schriften Mohammeds anerkennt und sie befolgt." Wie finden wir heraus, wer sich als Christ bezeichnen darf?

Ist ein Christ nicht jemand, der die Lehren Christi befolgt? Wenn wir zu Jesus gingen, um ihn zu fragen, würde er dann sagen, daß wir Christen sind?

(Die meisten Menschen werden keine Antwort auf diese Frage geben können. Sie haben sich noch niemals Gedanken darüber gemacht, welche Meinung Jesus von den Dingen hat.)

Ich kann mich selbst für einen Christen halten, oder ein bestimmtes Mitglied einer Kirche oder der Regierung oder der Familie könnte mir sagen, daß ich Christ bin, aber was würde Jesus sagen? Das Wort "Christ" bezeichnet jemanden, der Christus nachfolgt. Was ist, wenn ich glaube, Christ zu sein, mir aber Jesus nach meinem Tod sagt, daß er das gar nicht gewußt hätte?

Muß ein Mensch perfekt sein, um Christ zu sein? Auf der einen Seite blicken wir uns um und sehen die, die behaupten, Christen zu sein, und wir sagen: "Das können keine wirklichen Christen sein, weil sie einige Dinge falsch machen." Auf der anderen Seite geben wir zu, daß niemand perfekt ist, nicht einmal ein Christ, was auch immer das sein mag. Wenn ein Mensch perfekt sein muß, um Christ zu sein, dann kann es keine Christen geben. Ich könnte sagen, daß einige Leute bessere Christen seien als andere, aber das würde die Frage "Was ist ein Christ" noch immer nicht beantworten.

Was ein Christ ist, läßt sich am sichersten dadurch herausfinden, indem man das Neue Testament liest und so in Erfahrung bringt, was Jesus zu diesem Thema zu sagen hat. Es ist purer Unsinn, daß Christen bessere Menschen seien als andere. Es gibt jedoch einen grundsätzlichen Unterschied zwischen Christen und Nichtchristen.

Ich möchte das an einem Beispiel klarmachen.

Nehmen wir an, wir beide seien Bettler. Bettler müssen immer auf der Suche nach etwas Eßbarem sein, und manchmal teilen sie ihr Brot miteinander. Eines Tages komme ich zu dir und sage: "Ich weiß, wo Brot ist. Komm mit mir, dann bekommst du auch etwas." Du siehst mich skeptisch an und sagst: "Das glaube ich nicht." Ich sage: "Es spielt keine Rolle, ob du mir glaubst oder nicht. Tatsache ist, daß ich weiß, wo es Brot gibt, und wenn du welches willst, dann mußt du mit mir kommen und es dir holen. Das Mindeste, das du tun kannst, ist mitzukommen und nachzusehen, ob ich die Wahrheit sage." Darauf antwortest du: "Ach, du glaubst ja bloß, daß du besser bist als wir anderen."

Meine Antwort darauf ist ganz einfach: "Nein, ich bin nicht

besser als du, aber weil ich weiß, wo es Brot gibt, bin ich besser dran als du. Du mußt entscheiden, ob du auch so gut dran sein und ebenfalls Brot haben willst wie ich." Christen sind nicht besser als andere Leute. Aber wenn es einen Gott gibt, und wenn diese Christen ihn kennen, und wenn Gott ihnen gesagt hat, daß er sie gerne in seinen Himmel aufnehmen wolle, nur weil sie an ihn glauben und ihn annehmen (Pause zum Atemholen!), dann sind diese Christen sicherlich besser dran als andere Menschen, die so eine Zusage nicht bekommen haben!

Möchtest du mit mir die Bibel lesen, um herauszufinden, wie Jesus einen Christen definiert? Möchtest du mit mir die Bibel lesen, um zu erfahren, wie man ein Christ wird?

Was ist der Unterschied zwischen einem Christen und einem Nichtchristen?

Einige würden wohl sagen: "Ich kann keinen Unterschied zwischen dir und mir sehen. Wir haben beide Probleme."

Das ist richtig, wir haben beide Probleme. Wenn ein Christ jemals behauptet, er hätte keine Probleme mehr, weil er Christ geworden ist, dann ist er wahrscheinlich kein Christ. Jesus hat gesagt, daß der Christ ein Fremder in dieser Welt sei und daß ihn der Teufel hasse. Wie würde es dir gefallen, auf der "Schwarzen Liste" eines anderen zu stehen? Und je mehr du dich Jesus hingibst, umso höher ist der Rang, den dein Name auf dieser Liste einnimmt.

"Und trotzdem behaupte ich, daß das Christentum bloß eine Krücke für schwache Menschen ist", bekommst du darauf zur Antwort.

Schon möglich. Machen wir einen Vergleich zwischen dir - einem Nichtchristen - und einem Christen. Keiner von beiden hat ein Leben ohne Probleme. Du hast schwierige Probleme und großen Druck in deiner Arbeit, deiner Familie, unter deinen Freunden. Jeder ist schon irgendwann einmal von einem Freund fallengelassen oder betrogen worden. Du mußt alle diese Probleme allein lösen. Du kannst dich nicht an Gott wenden, weil du keine persönliche Beziehung zu Gott hast. Du kannst nur hoffen, daß Gott, wer immer er auch ist, sich herabläßt und dir irgendwie heraushilft. Du bist dir nicht einmal sicher, ob du nicht sogar ein Problem mit Gott selbst hast! Wenn du dir die Frage stellst: "Was denkt Gott über meine Sünden?", so weißt du keine Antwort darauf. Wenn du dich fragst: "Wenn ich heute nacht sterbe, werde ich dann sicher in den Himmel kommen?", dann hast du auch darauf keine Antwort. Du hast eine ganze Menge Probleme in diesem Leben, und darüber hinaus bist du dir auch gar nicht sicher, ob du nicht weit größere Probleme im nächsten Leben zu erwarten hast!

Und dann schauen wir uns einen Christen an. Er hat die gleichen Probleme und noch einige mehr. Einige seiner Familienmitglieder werden ihn wahrscheinlich ablehnen. Seines Glaubens wegen lacht man über ihn. Er wird von denen benachteiligt, die ihn für seinen Glauben hassen. Wenn er seinen Glauben ernst nimmt, wird er zu einer Minderheit gehören und nur wenige wahre Freunde haben. Man könnte fast sagen, daß er verrückt sein muß, sich für ein Leben als Christ zu entscheiden!

Es gibt aber einige Probleme, die er als Christ nicht mehr hat! Er hat jetzt eine persönliche Beziehung zum lebendigen Gott, und er weiß, wohin er nach seinem Tod kommen wird. Mit Gott hat er keine Probleme mehr; im Gegenteil, Gott ist immer da und hilft ihm bei der Bewältigung seiner Probleme! Die meisten unserer Probleme entstehen aus unserer Beziehung zu anderen Menschen. Weder der Nichtchrist noch der Christ kann in Frieden mit anderen Menschen leben. Nur der Christ kann sagen: "Ich habe Frieden mit Gott." Nur der Christ kann sagen: "Was Gott von mir denkt, ist mir wichtiger als das, was die Menschen von mir denken."

Was ist dir lieber: Probleme mit Menschen und mit Gott zu haben oder Probleme nur mit Menschen und Frieden mit Gott zu haben?

Gute Werke (Gottes Maßstab, um Menschen in den Himmel zu lassen)

Einige Leute sind der Meinung, daß sie in den Himmel kommen werden, wenn sie hart genug daran arbeiten, gute Werke tun und anständig sind. Wie hart ist hart genug? Wenn du versuchst, die Zehn Gebote zu halten und so gut bist wie dein Nächster, wird Gott dich dann in den Himmel lassen? Was, wenn Gott "deinen Nächsten" nicht in den Himmel läßt? Wenn du sagst, daß du gut genug für den Himmel bist, mißt du dich dann nicht an deinem eigenen relativen Maßstab? Hast du dich schon einmal gefragt, welchen Maßstab Gott anlegt, um zu entscheiden, ob er uns in den Himmel läßt? (Die meisten Leute wissen auf diese Frage keine Antwort. Sie haben noch nie einen Gedanken daran verschwendet, wie Gott diese Dinge sieht. Sie haben angenommen, daß ihre Ansicht richtig sei. Wir möchten ihnen helfen, die Dinge aus Gottes Perspektive zu sehen.)

Glauben wir wirklich, daß wir unter unseren eigenen Bedingungen zu Gott kommen können? Gehört der Himmel nicht Gott? Hat er nicht das Recht zu bestimmen, wer hinein darf? Welcher Mensch könnte glauben, daß er Gott seine eigenen Bedingungen für die Aufnahme in den Himmel vorschreiben kann? Wenn es ein Gericht gibt am Ende der Zeiten, wirst du dann Gott richten, oder wird Gott dich richten? (Diese Fragen werden die meisten Leute aus der Bahn werfen. Wenn ein Ungläubiger Gott mit einer überheblichen Einstellung gegenübergestanden hat, dann werden diese Fragen ihn meistens dazu zwingen, die Torheit einer solchen Einstellung zu erkennen.)

Wenn du jetzt in diesem Moment sterben und vor den Toren des Himmels stehen würdest, welche Antwort würdest du Gott geben, wenn er dich fragen würde: "Und wer bist du? Warum sollte ich dich in meinen Himmel lassen?" Würdest du auf deine guten Werke verweisen? Was wäre, wenn Gott dich fragen würde, warum du dich für gut genug hältst, in seinen Himmel zu dürfen? Was würdest du ihm antworten? Ist es möglich, Gottes Maßstab zu kennen? Wie? (Sei vorsichtig bei der Beantwortung dieser Frage. Deine Behauptung, daß die Bibel von

Gott ist, könnte das Ende des Gespräches sein.)

Wir wollen diese Frage mit einer Reihe anderer Fragen beantworten. Ist im Himmel alles vollkommen? Die meisten werden darauf antworten: "Natürlich!" Sind wir vollkommen? Natürlich nicht. Obwohl wir uns nur sehr schwer vorstellen können, was Vollkommenheit ist, wissen wir doch, daß wir nicht vollkommen sind. Wenn jedoch du oder ich, die wir nicht vollkommen sind, nach unserem Tod in den Himmel kämen, so wäre der Himmel fortan nicht mehr vollkommen! Warum sollte Gott unvollkommene Wesen in seinen Himmel lassen? Der folgerichtige Schluß ist, daß niemand in den Himmel kommen kann. Niemand ist vollkommen!

Wenn es nur dann möglich wäre, in den Himmel zu kommen, wenn wir Gottes Maßstab für Vollkommenheit erreichen, dann könnte es keiner schaffen. Und es kommt noch schlimmer: Gott sagt uns in der Bibel, in Jakobus 2,10, daß, wenn wir nur eines von Gottes Geboten brechen, wir aller Gebote schuldig werden.

Und doch weiß ich, daß ich in den Himmel kommen werde. (Diese letzte Behauptung provoziert immer eine sehr scharfe Reaktion.) Nein, ich behaupte nicht, daß ich vollkommen bin, ganz im Gegenteil. Ich bin überhaupt nicht besser als alle anderen, und in manchen Dingen bin ich sogar schlimmer als so manch anderer. Jeder, der denkt, daß ich vollkommen bin, sollte nur einmal mit meiner Frau darüber reden. Sie weiß, daß ich nicht vollkommen bin! (An diesem Punkt des Gespräches erzähle ich gewöhnlich das Bild von den zwei Bettlern. Dieses Bild ist im vorhergehenden kurzen Gespräch "Was ist ein Christ?" zu finden. Danach füge ich hinzu: "Nein, ich werde nicht in den Himmel kommen, weil ich besser als die anderen bin, und ich bin ganz sicher nicht vollkommen. Ich komme aus einem anderen Grund in den Himmel." Normalerweise sage ich nicht mehr. Wenn dieses Bild und meine letzte Aussage meinen Freund nicht neugierig machen, dann wird nichts ihn neugierig machen.)

Manche Leute hoffen, daß Gott wie ein liebender Großvater handelt; daß er angesichts ihrer Verfehlungen einfach ein Auge zudrückt und sie in den Himmel läßt. Wenn Gott das tun würde, wäre er aber nicht gerecht. Jeder wünscht sich einen Gott, der den anderen das gibt, was sie verdienen, der aber ein Auge zudrückt, wenn es um ihn selbst geht. Wenn Gott so handeln würde, dann könnte keiner von uns sicher sein, wie er reagieren wird, wenn er ihm letzten Endes gegenüberstehen wird. Gott muß fair bleiben und alle gleich behandeln.

Andere halten dem entgegen, daß ein liebender Gott uns überhaupt nicht richten wird. Kannst du dir vorstellen, eines Tages in den Nachrichten zu hören, daß der Bundespräsident alle Gefängnisse öffnen ließ und alle Mörder und Vergewaltiger begnadigte und freiließ? Und auf die Frage, warum er das tat, dann zur Antwort gab: "Wir sollten alle mehr wie Gott sein und diese Menschen lieben, deshalb ließ ich alle frei, ohne sie zu bestrafen."

Weißt du, was das bedeuten würde? Jeder könnte jeden ermorden in der Gewißheit, nicht dafür bestraft zu werden. Die Anarchie würde regieren, und menschliches Leben würde wertlos werden. Wir wollen nicht, daß unsere Regierung so handelt. Warum erwarten wir von Gott, daß er "Liebe" in einem solchen Sinn definiert? Ist denn Gott nicht noch gerechter als unser Strafsystem? Gott muß jeden von uns richten, wenn er fair und unparteilich bleiben will.

Einige könnten jetzt sagen: "Das klingt ja ganz gut, aber ist das nicht alles ein bißchen zu einfach? Du brauchst nur zu glauben, und schon ist die Sache gelaufen. Das ist viel zu einfach. So einfach kann es nicht sein!" Du glaubst also, daß der Weg in den Himmel, wie ihn uns die Bibel zeigt, zu einfach ist, weil wir ein fortschrittliches Volk sind. Es ist zu schwierig für gebildete Leute, so einen einfachen Glauben anzunehmen. Nun, wenn dir dieser Glaube zu einfach ist, wie schwierig möchtest du es haben? Sagen wir, du wirst in den nächsten hundert Jahren nur gute Werke tun, keine schlechten, dann wird Gott dich in den Himmel lassen. Wie klingt das?

Du magst wahrscheinlich sagen: "Aber keiner von uns wird noch hundert Jahre leben!" Oh, Verzeihung, daran habe ich nicht gedacht. Okay, wir wollen es nicht ganz so schwer machen. In den nächsten fünfzig Jahren dann. Und nur gute Werke, keine schlechten. (Das wird für gewöhnlich mit Schweigen beantwortet werden.) Du bist nicht sicher, ob du noch fünfzig Jahre leben wirst? Gut, dann sag' du mir: wie schwierig willst du es haben? Ich meine, du willst es ja nicht zu einfach haben, sonst könnte man dich ja einer zu einfachen Denkweise beschuldigen, und das darf doch nicht sein! Wir sind doch viel zu intelligent, um so einen Vorwurf auf uns sitzen lassen zu können. Nun, wie schwierig willst du es haben?

Ist das nicht lächerlich? Wenn Gott nur solche Menschen annehmen würde, die ihr ganzes Leben lang nichts Falsches getan haben, dann würde es keiner in den Himmel schaffen. Wenn er nur ein paar besonders gute Werke von jedem verlangen würde, dann gäbe es immer irgend jemanden irgendwo auf dieser Welt, der nicht ein oder zwei oder mehr jener guten Werke tun könnte, die Gott ausgewählt hat. Dann wäre Gott unfair, indem er von einigen Menschen etwas verlangt, das sie unmöglich ausführen könnten.

Um fair zu sein, müßte Gott etwas verlangen, das jeder tun kann. Muß Gott es nicht so einfach wie möglich machen, um jedem die gleiche Chance zu geben, in den Himmel zu kommen? Wenn Glaube allein zu einfach ist, dann bleiben nur mehr gute Werke. Genau das ist es, was alle Religionen glauben, selbst die primitivsten Religionen im schwärzesten Afrika. Versuch' nur, so anständig wie möglich zu sein, und hoffe, daß am Ende alles gut ausgehen wird.

Wenn allerdings Glaube Gottes Kriterium ist, dann setzt das zwei Dinge voraus. Zum ersten, daß du einen freien Willen hast. Aber du willst Gott nicht kennenlernen. Du willst nur einen Gott, den du dir selbst gemacht hast. Dann spielt es keine Rolle, was Gott von dir verlangt. Du lehnst Gott einfach aus dem Grund ab, weil er nicht so ist, wie du ihn haben willst.

Aber das eigentliche Problem ist der Stolz, nicht wahr? Hast du jemals darüber nachgedacht, warum jede Religion dem Menschen ein ganzes System von Werken auferlegt, die er tun muß, wenn er in den Himmel kommen will? Die Antwort ist ganz einfach. Der Mensch will nicht eingestehen, daß er Gott braucht. Er möchte sich das Recht auf den Himmel verdienen. Er möchte zu Gott sagen können: "Du mußt mich in deinen Himmel lassen. Ich habe alle diese guten Werke getan, und ich habe deine Hilfe nicht gebraucht. Ich bin nicht abhängig von dir!"

Rebellion liegt in der Natur des Menschen, und der Mensch wird alles tun, jede Art von System aufbauen, um nicht seine völlige Abhängigkeit von jenem Gott, der ihn schuf, eingestehen zu müssen. Und das ist das eine, was Gott vom Menschen verlangt, nämlich daß er seinen Stolz ablegt und seine völlige Sündhaftigkeit und seine Rebellion gegen Gott eingesteht. Gottes Bedingung für den Eintritt in den Himmel ist Demut und Unterwerfung unter seinen Willen. Aber Gott läßt dir die Wahl. Er zwingt dich nicht, seine Methode zu wählen. Er schätzt dich viel zu hoch, als daß er deinen freien Willen brutal niederwerfen und dich wie einen Roboter behandeln würde. Er läßt dich wählen: entweder einfacher Glaube an ihn und an das, was er für uns getan hat, oder deinen eigenen Maßstab für gute Werke. Wenn du die Entscheidung triffst, dich auf deine eigenen guten Werke zu verlassen, dann habe ich eine Frage: Glaubst du wirklich, daß du für Gott gut genug bist? Bist du so stolz und arrogant zu glauben, daß auch nur irgend etwas, das du Gott anbietest, seinem Maßstab an Vollkommenheit, seinem Maßstab an Gutsein gerecht werden kann? Möchtest du mit mir die Bibel lesen, um herauszufinden, welchen Maßstab Gott anlegt, um unvollkommene Menschen wie dich und mich in den Himmel zu lassen?

Der Mensch ist im Grunde gut

Viele glauben, daß der Mensch im Grunde gut sei. Warum sagst du, daß der Mensch im Grunde gut sei? Du sagst, daß der Mensch ja schon viele gute Werke getan hat. Hängt das nicht davon ab, wie der Mensch definiert, was "gut" ist? Was der eine "gut" nennt, kann in drastischem Widerspruch zu dem stehen, was ein anderer für "gut" hält.

Es gibt einen Unterschied zwischen den sogenannten guten

Werken eines Menschen und der Behauptung, der Mensch sei im Grunde gut. Wenn der Mensch im Grunde gut ist, warum gab es dann in der Geschichte der Menschheit so viele Kriege? Ist Gott an diesen Kriegen schuld? Aus der Geschichte können wir sicherlich sehr vieles über den Menschen lernen. Wenn der Mensch im Grunde gut ist, warum hat die Menschheit so viele Kriege begonnen? Hat der Mensch denn nichts Besseres zu tun?

Einige glauben, daß jeder Mensch sein Leben mit einer reinen Weste beginnt und sich später erst dafür entscheidet, Böses zu tun. Warum hat sich dann noch kein einziger Mensch dafür entschieden, überhaupt nichts Böses zu tun? Warum gibt es unter den vielen Millionen Menschen, die bisher gelebt haben, nicht wenigstens ein paar wenige, die so vollkommen geblieben sind, wie sie deiner Meinung nach am Anfang waren? Einige wenige müßten es doch sicher geschafft haben, sich gegen das Böse zu behaupten! Kennst du jemanden, der vollkommen ist? (Diese Frage wird deinen Gesprächspartner gewöhnlich entwaffnen. Die Erfahrung, die uns die Geschichte lehrt, zeigt ganz klar, wie die Natur des Menschen ist. Wenn wir Gott für die Kriege verantwortlich machen, dann ist der Mensch nicht mehr als eine etwas weiter entwickelte mikrokosmische Zelle. Der Mensch will sein Schicksal selbst bestimmen, aber er möchte nicht für das Resultat verantwortlich gemacht werden.)

Aufrichtigkeit ist genug

Man hört oft: "Wenn jemand nur aufrichtig glaubt, dann würde ihn Gott meiner Meinung nach wohl in den Himmel lassen."

Warum sollte Gott dann nicht den Teufel in den Himmel lassen? (Diese Frage wird deinen Gesprächspartner wahrscheinlich schockieren.) Ich bin sicher, daß der Teufel für seine Religion ebenso aufrichtig bemüht ist, wie es irgendein Mensch sein kann. Wenn du in eine Stadt fahren willst, die an einer Straße 10 km von hier geradeaus in Richtung Norden liegt, aber in dein Auto einsteigst und genau in Richtung Süden fährst, dann wirst du dein Ziel nicht erreichen. Du wirst wahrscheinlich wirklich aufrichtig bestrebt sein, die Stadt im Norden zu erreichen. Wenn du jedoch nach Süden fährst, dann magst du in deinem aufrichtigen Bestreben, die richtige Stadt zu erreichen, alle anderen Fahrer auf der Straße übertreffen, aber das Problem ist ganz klar. Du wärest völlig im Irrtum. Du wirst niemals die Stadt erreichen, wenn du deinen Fehler nicht eingestehst, umkehrst und in die andere Richtung fährst.

Ich gehe in die Kirche

Warum gehst du in die Kirche? Aus welchem Grund gehen die meisten Leute in die Kirche?

(Am Anfang vermeide ich es, den Leuten zu sagen, in welche Kirche ich gehe. Ich möchte nicht, daß sie mich in irgendeine religiöse Schublade einordnen. Das könnte sie nämlich abstoßen, und dann würden sie niemals mit mir die Bibel lesen.) Einige gehen nur aus Gewohnheit in die Kirche; andere tun dies, um Gott einen Gefallen zu tun. Einige besuchen die Kirche auch aus dem Grund, weil sie glauben, dadurch Christen zu werden. Das ist so, als würde ich sagen, daß ich ein Auto werde, wenn ich in meine Garage gehe. Zum Flughafen zu gehen heißt nicht, daß du ein Flugzeug wirst. Die Fluggesellschaften wären darüber nicht sehr glücklich, und die Flugbehörden würden von dir wohl einen Ausweis verlangen. (Merke: ein leichter Plauderton mit etwas Lachen verhindert, daß einer der Gesprächspartner zu hitzig wird.) Ist jeder, der in die Kirche geht, ein guter Christ? Garantiert der Besuch des Gottesdienstes, daß man in den Himmel kommt?

Möchtest du mit mir die Bibel lesen, um herauszufinden, was Gott über den Kirchenbesuch sagt? Möchtest du mit mir die Bibel lesen, um angemessene Gründe für den Besuch des Gottesdienstes zu finden?

Glaubwürdigkeit der Bibel

Wenn ich Leute frage, ob sie die Bibel gelesen habe, so beginnen viele sofort, sich selbst zu verteidigen und Gründe dafür anzugeben, warum sie sie nicht gelesen haben. "Das Medizinstudium verlangt sehr viel von einem; ich bin nicht religiös; ich habe so viel Arbeit; man kann die Bibel ja doch nicht verstehen; das überlasse ich einem Priester; ich liebe meinen Nächsten und ich hab' mir nie etwas Schlimmes zu Schulden kommen lassen; ich bin auch nicht schlechter als alle anderen."

Nachdem ich mir ihre Entschuldigungen angehört habe, zähle ich einige andere Bücher auf, die mit der Bibel oder mit Religion im allgemeinen absolut nichts zu tun haben, und frage sie, ob sie diese Bücher gelesen hätten. Normalerweise antworten sie darauf mit "Ja" oder mit einem einfachen "Nein", aber sie werden sich nicht verteidigen. Dann frage ich sie: warum glaubst du, dich dafür verteidigen zu müssen, daß du die Bibel nicht gelesen hast? Du hast dich nicht dafür verteidigt, daß du keines der anderen Bücher gelesen hast, nach denen ich dich gefragt habe. In Wahrheit klingen deine Gründe eher wie Entschuldigungen, und es kommt mir so vor, als ob du nicht ehrlich zu dir selbst wärest. Die gängige Antwort ist: "Man kann der Bibel nicht vertrauen; sie ist veraltet, unzuverlässig; sie ist auch nicht anders als jedes andere Buch." Wenn sie nicht anders als jedes andere Buch ist, bloß Papier und Tinte, warum liest du sie nicht wie jedes andere Buch? Warum ist dir meine Frage, ob du die Bibel gelesen hast, unbequem? Warum haben die Leute vor einem Buch soviel Angst?

Ich kann dir sagen, warum die Leute vor einem Buch soviel Angst haben. Weil darin von einem Mann zu lesen ist, der gestorben und von den Toten wieder auferstanden ist. Und weil wir darin lesen, was dieser Mann über das Leben nach dem Tod zu sagen hat. Aber die meisten Leute wollen das Neue Testament nicht lesen, weil sie Angst vor dem haben, was sie darin finden könnten. Jedoch: wenn die Bibel wahr ist, dann ist es wohl ziemlich dumm, sie nicht zu lesen.

Ein Mensch kann die Zuverlässigkeit der Bibel aus zwei Gründen in Frage stellen. Wenn jemand wirklich eine ehrliche Antwort auf seine Fragen haben möchte, so gibt es für ihn heute bereits eine ganze Menge Bücher zu kaufen, die die zahllosen Indizien für die Zuverlässigkeit der Bibel darlegen.

Ich kann zwei Bücher nennen, die sich mit diesem Thema meines Erachtens sehr umfassend auseinandersetzen. Diese Bücher berichten nur von den Tatsachen, ohne auf die Theorien einzugehen. Nachdem jemand diese Bücher gelesen hat, muß er sich entscheiden, was er mit den Tatsachen machen will. Viele Leute ignorieren sie einfach, während andere sie rundweg ablehnen. Ihre Ablehnung ändert nichts an den Tatsachen, sondern überführt sie ihrer intellektuellen Unehrlichkeit. Glaube ohne eine sachliche Grundlage ist Blindheit, aber eine sachliche Grundlage ohne Glaube ist intellektueller Selbstmord. Wenn jemand nicht aus intellektueller Ehrlichkeit die Zuverlässigkeit der Bibel in Frage stellt, dann tut er dies, um einen Grund für das Nichtlesen der Bibel zu haben. In diesem Fall will er gar nicht wirklich wissen, ob die Bibel vertrauenswürdig ist oder nicht. Wenn jemand mit dieser Einstellung die Bibel in Frage stellt, dann hat er seine Entscheidung bereits getroffen. Er ist nicht bereit, sich die Tatsachen anzusehen, weil er die Wahrheit nicht kennen will. Er möchte in seiner selbstgebastelten Scheinwelt weiterleben.

Bevor jemand entscheiden kann, ob ein Stück Literatur glaubwürdig ist oder nicht, muß er es erst einmal selbst gelesen haben. Ein Buch - irgendein Buch - als überholt zu bezeichnen, ohne es gelesen zu haben, ist irrational und unwissenschaftlich. Hast du jemals das Buch "Die Glaubwürdigkeit der Schriften des Neuen Testaments" von F. F. Bruce oder Josh McDowells "Bibel im Test" gelesen? Diese Bücher beweisen, daß die Bibel vertrauenswürdiger ist als zehn andere Bücher zusammen. Wenn du möchtest, könnten wir miteinander die Bibel lesen und zur gleichen Zeit eines dieser beiden Bücher. Die Zuverlässigkeit der Bibel ist ein sehr wichtiger Punkt.

(Wenn du diese zwei Bücher noch nicht gelesen hast, dann tu' es so bald wie möglich. Sie sind sehr ermutigend und können sehr dazu beitragen, deinen Glauben an das Wort Gottes zu stärken.)

Unterschiedliche Interpretationen der Bibel

Manchmal wollen Leute die Bibel nicht mit mir lesen, weil sie fürchten, daß ich ihnen meine Interpretation aufzwingen will.

Ich erzähle den Leuten nicht gerne, was in der Bibel steht. Ich weiß, daß jeder die Bibel selbst lesen und verstehen kann. Aber ich sage dir trotzdem, daß Jesus nichts für blinden Glauben übrig hatte. Die Dinge, die er tat, als er auf der Erde war, sollten den Menschen als Beweise für die Grundlage ihres Glaubens dienen. Jesus selbst sagt uns, daß wir außerordentlich skeptisch im Umgang mit religiösen Lehrern sein sollen. Jeder, der behauptet, die Wahrheit gepachtet zu haben, ist suspekt.

Die Bibel ist leichter zu verstehen, als viele Leute annehmen. Es gibt nicht viele mögliche Interpretationen, wenn man die Bibel einfach liest und für sich selbst sprechen läßt. Die meisten Leute sind nicht mit dem einverstanden, was die Bibel zu sagen hat, und so kommt es, daß sie ihre eigenen Interpretationen vorziehen, die sich selbstverständlich mit ihrer Sicht der Dinge decken.

Es ist eine Tatsache, daß die Bibel das umstrittenste Buch der Welt ist, sogar unter jenen Menschen, die sie noch nie gelesen haben. Wie kann man behaupten, daß sie so schwer zu verstehen sei, wenn man sich noch keine Zeit für sie genommen hat? Möglicherweise dienen all die sogenannten Interpretationen nur dem einen Zweck, sich der klaren, einfachen Aussage der Bibel entziehen zu können. Wie kannst du das wissen, wenn du sie nicht selbst liest?

Wenn wir sie zusammen lesen, werde ich kein Wort darüber verlieren, was meine Meinung bezüglich der Aussage des Textes ist. Selbst wenn du mich fragst, was das und das bedeutet, werde ich dir keine Antwort geben, sondern du wirst mir sagen, was in der Bibel steht. Du kannst mir sogar auch sagen, was es deiner Meinung nach bedeutet, aber wir sind mehr an dem interessiert, was tatsächlich in der Bibel steht. Es ist klar, daß wir erst wissen müssen, was in einem Buch steht, bevor wir darüber reden können, was es bedeutet.

Wann können wir mit dem gemeinsamen Lesen anfangen,

damit du sehen kannst, wie einfach es ist, die Bibel zu verstehen?

Und was ist mit den Heiden?

Ich bin mir sicher, daß du dich gefragt hast, wie denn die Heiden Gott finden können, wenn die Bibel der einzige Weg ist. (Diese Frage kommt unvermeidlich, also stelle ich sie, bevor mein Gesprächspartner sie stellt.)

Nehmen wir gesprächsweise an, daß Gott existiert und daß er alle Menschen überall auf der Welt mit seiner Botschaft erreichen will. Wie würden wir an die Sache herangehen, wenn wir alle Menschen auf der Welt mit einer Botschaft erreichen wollen?

Es wäre unmöglich; selbst mit unseren fortschrittlichen Kommunikationsmethoden könnten wir dies nicht bewerkstelligen. Aber wir sind nicht Gott, und wir müssen sehr vorsichtig sein, daß wir Gottes Fähigkeiten nicht unseren eigenen begrenzten Fähigkeiten gleichsetzen. Wenn Gott Gott ist, dann ist es für ihn kein Problem, jeden einzelnen Menschen in der Welt zu erreichen. Vielleicht verwendet er Engel. Vielleicht schickt er eine fliegende Bibel in der richtigen Sprache und läßt sie genau vor den Füßen desjenigen landen, der Gott sucht. Vielleicht spricht er ganz direkt zu jedem einzelnen. Ich bin nicht Gott, und ich will von Gott ganz sicherlich nicht verlangen, daß er seine Methoden so eingrenzt, daß ich sie verstehen oder gutheißen kann. Nur weil wir nicht verstehen, wie etwas möglich sein kann, heißt das noch lange nicht, daß Gott mit auf dem Rücken gebunden Händen dasteht und wohl gute Absichten hat, diese aber nicht ausführen kann.

Diese Frage ist von solcher Wichtigkeit, daß der Apostel Paulus in seinem Brief an die Römer eine umfassende Antwort darauf gegeben hat. Die Grundlage für diesen Brief legt jedoch Jesus in den Evangelien. Im Johannesevangelium gibt uns Jesus einige sehr wichtige Hinweise über Gottes Sicht der Dinge in bezug darauf, wer die Heiden sind und wie Gott sie erreicht. Der Römerbrief ist im Vergleich zum Johannesevangelium wie

Algebra zu den vier Grundrechnungsarten.

Warum lesen wir nicht gemeinsam das Johannesevangelium und danach den Römerbrief, um herauszufinden, wie die Heiden in den Himmel kommen? (Wenn ich spüre, daß mein Gesprächspartner diese Frage als Fluchtmöglichkeit nutzen will, sage ich meistens das Folgende.)

Mann, ich habe gar nicht gewußt, daß dir soviel an den Heiden liegt. Es ist wirklich ermutigend, jemanden zu finden, der sich für mehr als nur seine eigene kleine Welt interessiert, jemanden, der anderen helfen will, die nicht das Privileg erfahren haben, vom wahren Gott zu hören. Darf ich dir eine ganz persönliche Frage stellen? Bist du an deiner eigenen Seele ebenso interessiert wie an den Heiden? Willst du wirklich wissen, wie Gott die Menschen auf der ganzen Welt mit seiner Botschaft von Liebe und Vergebung erreicht?

Wann können wir uns treffen, um gemeinsam die Antwort darauf in der Bibel zu suchen? Ich glaube, du wirst sehr überrascht sein, was du dort finden wirst.

Warum läßt Gott das Böse zu?

Manche Menschen lehnen Gott ab, weil sie behaupten, er sei für das Böse in der Welt verantwortlich. (Im Grunde genommen ist das das Gegenteil vom vorhergehenden Argument.) Wenn Gott ein Gott der Liebe ist, dann würde er nicht all das Böse in der Welt zulassen, meinen manche. Hat Gott all die Kriege in der Welt begonnen? Ist der Mensch nur ein Roboter, der von einem bösartigen Gott manipuliert wird? Glaubst du, daß du ein Roboter bist? Wer ist eher für die Kriege in der Welt verantwortlich, der Mensch oder Gott? Die Bibel gibt uns im Römerbrief eine sehr gute Antwort auf die Frage nach dem Bösen. Wollen wir jedoch, bevor wir uns mit dem Römerbrief beschäftigen, das Johannesevangelium lesen, um zu erfahren, was Jesus dort über das Leiden sagt? Jesus gibt einige aufklärende Antworten auf diese Fragen, besonders in Kapitel 9 und 11. Weil wir aber nichts aus dem Zusammenhang reißen wollen, sollten wir mit dem Lesen vielleicht besser bei Kapitel 1 beginnen. So können wir nichts Wichtiges auslassen. Wann können wir mit dem Lesen beginnen?

(Wenn du weitere und erschöpfendere Antworten zu diesem Thema willst, dann lies das Buch "Über den Schmerz" von C.S.Lewis oder "Where Is God When It Hurts?" von Philip Yancey. Wenn du diese Bücher liest - und das solltest du wirklich tun - dann gib acht, daß dein neues Wissen dem Lesen der Bibel mit deinem ungläubigen Freund nicht hinderlich ist.)

Ist die eine Religion so gut wie die andere?

Welcher Religion gehörst du an? Warum gehörst du zu dieser Religion? (Die Antwort kann sein, daß er einfach hineingeboren wurde oder daß die Eltern dieser Religion angehören oder daß er ihr aus Überzeugung beigetreten ist. Wie auch immer: der Sinn der Frage liegt darin herauszufinden, welcher Unterschied seiner Meinung nach zwischen dieser Religion und allen anderen besteht.)

Was unterscheidet dich als Angehöriger deiner Religion von den anderen, die in eine andere Religion hineingeboren wurden? Warum glaubst du, daß deine Religion die richtige ist, nur weil du hineingeboren wurdest? Viele Religionen glauben das von sich: Moslems, Buddhisten, Katholiken und zahllose Protestanten. Millionen Menschen glauben das, was ihnen beigebracht wurde. Ist das eine Garantie dafür, daß sie in den Himmel kommen? Wird deine Religion dadurch zur wahren Religion? Glaubst du an das, was die Theologen lehren? Warum? Wie kannst du wissen, ob die Theologen recht haben? Wie entscheiden die Theologen darüber, was richtig und was falsch ist? Läßt du andere darüber entscheiden, was du zu glauben hast?

Die eine Religion mag so gut sein wie die andere, aber wenn sie alle gleich sind, macht es keinen Unterschied, was jemand glaubt. Und wenn sie alle recht haben, dann haben wir absolut keine Möglichkeit herauszufinden, ob es ein Leben nach dem Tod gibt, ob es einen Himmel oder eine Hölle gibt, ja vielleicht nicht einmal, ob es einen Gott gibt. Ich will dabei gar keine Religion kritisieren. Ich frage nur, wie du wissen kannst, ob deine Religion die richtige ist.

Beschäftigen sich nicht alle Religionen mit Theologie? Wenn jede Religion ihre eigene Theologie hat, wie kann ich dann wissen, welche Theologie recht hat? Sogar unter den sogenannten Christen gibt es große Meinungsunterschiede, und nicht alle Meinungen können richtig sein, oder? Welchen Theologen soll ich vertrauen? Ich glaube, daß man die Bibel selbst lesen sollte. Ich bin durch und durch ein Skeptiker, und was andere über die Bibel zu sagen haben, glaube ich nicht. Ich habe mich immer gefragt: "Wie kann ich sicher sein, daß sie die Wahrheit sagen und nicht bloß ihre Version von der Wahrheit?"

Die Fragen, um die es dabei geht, sind alles andere als unwichtig. Zum Beispiel: Gibt es ein Leben nach dem Tod? Wie ist Gott wirklich? Wenn wir alle Religionen der Welt miteinander verschmelzen: Wird sich Gott dann als Konglomerat all dieser Relgionen entpuppen? Gibt es einen Himmel oder eine Hölle, und wenn ja, was erwartet Gott von mir, damit er mich in den Himmel läßt? Und kann ich schon vor meinem Tod wissen, wohin ich nach diesem Leben kommen werde? Das sind Fragen von immerwährender Bedeutung, und sie sind es wert, ernsthaft überdacht zu werden. (Es ist möglich, daß uns unsere Freunde Gründe nennen, warum sie nicht die Bibel lesen. Wenn das der Fall ist, dann betone einfach den obenstehenden Absatz.)

Wenn die Leute Religionen vergleichen, vergleichen sie meistens deren Anhänger, wie z. B. Christen und Moslems. Ich finde das nicht sehr logisch. Niemand, kein Anhänger irgendeiner Religion, behauptet, vollkommen zu sein. Wenn sie es tun, so haben wir für sie spezielle Erholungsheime. Wenn wir herausfinden wollen, ob eine bestimmte Religion von Gott ist, dann müssen wir zum Gründer dieser Religion zurückgehen und seine Lehren mit seinem Leben vergleichen. Ist das, was er predigt, in Ordnung? Verlangt er von allen, das zu befolgen, was er sagt? Lebt er in Übereinstimmung mit seinen eigenen Lehren? Keiner von uns möchte einem Heuchler nachfolgen. Wenn wir Gott suchen, dann möchten wir sichergehen, daß wir ihn gefunden haben, bevor wir jemandem folgen, der nur behauptet, von Gott gesandt zu sein.

Und wir müssen seine Lehren und sein Leben mit den Gründern anderer Religionen vergleichen. Wenn du schon einmal das Neue Testament und den Koran gelesen hättest, könntest du sofort einige sehr interessante Vergleiche zwischen Mohammed und Jesus ziehen. (Hier mache ich meistens eine Pause und lasse die letzte Bemerkung eindringen. Wenn mein Freund Gott wirklich sucht, dann macht ihn diese Bemerkung neugierig genug, um mehr Fragen zu stellen, und das Gespräch endet fast sicher damit, daß wir das Johannnesevangelium miteinander lesen. Wenn nicht, dann kommt er mit mehr Argumenten gegen das Lesen der Bibel.)

Möchtest du mit mir die Bibel lesen, um herauszufinden, wer Jesus Christus wirklich war? Möchtest du mit mir die Bibel lesen, um vom wahren Christentum im Gegensatz zum Taufscheinchristentum zu erfahren?

Jeder möchte in den Himmel

Wie sieht der Himmel aus? Die meisten Menschen haben keine Ahnung davon, wie der Himmel aussehen wird. Einige dürften sogar sehr überrascht sein, wenn sie entdecken, daß der Himmel ganz und gar nicht nach ihrem Geschmack ist.

Die meisten Menschen denken, daß der Himmel irgendein wolkenumhangener Ort sei, an dem alles vollkommen ist. Sie scheinen nicht zu verstehen, daß nur Gott vollkommen ist und daß der Himmel nur deshalb vollkommen ist, weil Gott dort ist. Anstatt uns die Frage zu stellen: "Wie ist der Himmel?", sollten wir uns eher fragen: "Wie ist Gott?". Ist es das, was du vom Himmel erwartest -, für immer bei Gott zu sein? (Die Wichtigkeit dieses Gedankens sollte nicht übersehen werden. Ich mache eine Pause, um das eben Gesagte, das für die meisten Menschen neu sein wird, einsinken zu lassen.)

Wenn "im Himmel sein" gleichbedeutend mit "bei Gott sein" ist, kann ich dann ein wenig darüber erfahren, wie Gott ist, noch bevor ich sterbe? Wir wollen ja auch nicht eine zu große Überraschung erleben. Vielleicht sind alle unsere Vorstellungen von Gott falsch, und vielleicht wollen wir ihn gar nicht so, wie er wirklich ist. Oder noch schlimmer, vielleicht will er uns nicht so, wie wir sind?!

Es scheint mir, als ob die meisten Leute in den Himmel wollten, solange nur Gott nicht da ist. Sie wollen Gottes Geschenke, aber Gott selbst wollen sie nicht. Sie nehmen das physische Leben, das Gott ihnen geschenkt hat; sie erfreuen sich an der Sonne und am Regen; sie atmen die Luft, ohne einen Gedanken daran zu verschwenden, woher sie kommt; aber sie haben keine Zeit für Gott. Warum sollte Gott solche Menschen in den Himmel lassen?

Möchtest du mit mir die Bibel lesen, um herauszufinden, wie der Himmel wirklich ist? Möchtest du mit mir die Bibel lesen, um herauszufinden, wie Gott wirklich ist, damit du nicht zu sehr überrascht bist, wenn du ihm gegenüberstehst?

Hoffnung

Das Schlagwort Hoffnung kann dir sehr leicht die Tür zu geistlichen Gesprächen öffnen. Ich werde im Folgenden einige Themen aufzählen, die ich des öfteren als Sprungbrett zu Gesprächen über die Sinnlosigkeit falscher Hoffnung benutzte.

Politik. Ich hoffe, daß der Gewinner der nächsten Wahlen ohne Sünde ist.

Wetter. (Im Juli) Ich hoffe, daß es heute schneit. (Das solltest du selbstverständlich nur gegenüber Bewohnern entsprechender Breitengrade sagen.)

Wissenschaft. Ich hoffe, die Wissenschafter werden keine Atomwaffen mehr bauen.

Haushalt. Ich hoffe, daß das Haus neu gestrichen ist, wenn ich heute heimkomme, daß die Teppiche geklopft sind, das Geschirr abgewaschen ist, daß die Kinder ihre Hausaufgaben gemacht haben, ohne daß ich sie zehnmal anschreien muß ...

Studium oder Schule. Ich habe schon seit Wochen nichts gelernt, aber ich hoffe, daß ich die Abschlußprüfung mit einer "Eins" bestehe. (Diese Aussage ist vielleicht nicht unbedingt die beste. Einige Intelligenzbolzen lernen überhaupt nichts und schaffen trotzdem jede Prüfung!)

Gesundheit. Ich hoffe, ich bleibe in den nächsten 200 Jahren gesund. Ich hoffe, ich kann ein paar Haare auf meinem Kopf zum Sprießen bringen (Aussage eines Glatzköpfigen).

Geschichte. Ich hoffe, es gibt keinen Krieg mehr (angesichts dutzender Kriege, von denen wir jeden Tag in den Nachrichten hören.)

Ich möchte die Verwendung des letzten Themas, der Geschichte, etwas veranschaulichen. Zwischen dem Ersten und dem Zweiten Weltkrieg herrschte 20 Jahre lang Friede auf der Welt. Seit dem Zweiten Weltkrieg haben wir nun schon über 45 Jahre lang "Weltfrieden", obwohl die Zahl der Kriege in den einzelnen Ländern dramatisch gestiegen ist. Niemand wünscht sich einen weiteren Weltkrieg, der vielleicht mit nuklearen Waffen ausgetragen werden könnte, und in Zeiten des Friedens denken die meisten Leute, daß der Friede niemals aufhört. Die meisten Menschen machen sich lieber keine ernsthaften Gedanken über die Konsequenzen eines nuklearen Weltkriegs. Wenn ich mit jemandem ein Gespräch führe und das Thema Krieg zur Sprache kommt, dann frage ich meinen Gesprächspartner meistens, ob er glaubt, daß die Menschheit einen Dritten Weltkrieg verhindern könne. Die Antwort darauf lautet meistens: "Ich hoffe es."

Das führt uns geradewegs zum Thema Hoffnung. Ich führe das Gespräch weiter, indem ich das folgende Beispiel bringe, das du immer verwenden kannst, egal, mit welchem Thema du begonnen hast. Nehmen wir an, wir beide sitzen in einem Restaurant in Washington D.C. Was würdest du denken, wenn ich dir sagen würde, daß "ich hoffe", in den nächsten fünf Minuten in London zu sein? Du würdest wahrscheinlich ganz höflich fragen, wo bei mir der Knopf zum Ausschalten ist und nicht mehr mit mir sprechen wollen. Wenn du aber ein guter Freund wärest, würdest du mich fragen, wie lange ich dieses Problem schon mit mir herumschleppe.

Und deine Frage wäre berechtigt, wenn ich diese Aussage wirklich ernst meinen würde. Aber was ist daran so falsch, wenn ich "hoffe", in den nächsten fünf Minuten in London zu sein? Ganz einfach. Es ist physikalisch einfach nicht möglich. Oder in anderen Worten: meine Hoffnung hat keine Grundlage. Meine Hoffnung ist auf Luft gegründet, auf meiner Einbildung und sonst nichts. Man könnte sagen, daß meine Hoffnung "hoffnungslos" wäre.

Das gleiche gilt für die "Hoffnung", daß es in den nächsten 40 Jahren keinen Krieg in Europa geben wird. Wenn wir uns die Geschichte ansehen - und alle stimmen darin überein, daß sich die Geschichte wiederholt -, dann ist die Wahrscheinlichkeit für einen Krieg, der in nicht allzu ferner Zukunft in Europa ausbrechen wird, sehr groß. Einige werden darauf antworten, daß sie nicht an einen neuerlichen Krieg glauben, da die Menschheit intelligent genug geworden ist, um einzusehen, daß sich Kriege niemals lohnen.

Das mag richtig sein. Aber einige der intelligentesten Menschen in den 30er und 40er Jahren, die die Welt jemals hervorgebracht hat, waren Nazis. Sie benutzten ihre Intelligenz, um Millionen von Menschen niederzumetzeln. Sie haben in ihrem Fall ihre Intelligenz auf eine negative Art und Weise verwendet. Die Welt wäre heute besser dran, wenn diese Leute weniger intelligent gewesen wären!

Das am häufigsten verwendete Wort im Europa des Jahres 1939 war das Wort "Frieden". Heute brauchen wir nur nach Zentralamerika, nach Afghanistan oder in den Nahen Osten zu blicken, um die "intelligente" Menschheit in Frieden mit sich selbst zu sehen. Und was wird geschehen, wenn das erste arabische Land in den Besitz einer Atombombe kommt? Wie können wir da immer noch "hoffen", daß es keinen weiteren Krieg geben wird?

Damit Hoffnung reell ist, muß sie auf etwas Festem gegründet sein. Die Natur des Menschen und seine Intelligenz gehören wohl zu den schlechtesten Grundlagen, auf denen unsere Hoffnung gegründet sein kann.

Die Zukunft

Auch das Thema "Planen für die Zukunft" bietet eine gute Basis für ein geistliches Gespräch. Ebenso wie bei der "Hoffnung" können auch hier zahllose Themen zum Einstieg verwendet werden:

Studium. Ich habe vor, mein Studium im nächsten Jahr zu beenden.

Arbeit. Ich habe vor, im nächsten Monat meine Arbeitsstelle zu wechseln. Ich habe vor, in den Ruhestand zu treten, wenn ich sechzig bin.

Familie. Wir haben vor, unsere Familie erst dann zu gründen, wenn wir finanziell abgesichert sind.

Die Liste ließe sich beliebig lang fortsetzen. Die Fragen, die ich erwähnt habe, können immer verwendet werden.

Wie weit planst du in die Zukunft? Jeder hat Pläne für die Zukunft. Warum studierst du? Warum studieren die Leute überhaupt? Willst du nur ein Stück Papier haben, um es an die Wand hängen zu können? Möchtest du eine gute Arbeitsstelle haben? Möchtest du mehr vom Leben haben als deine Eltern? Möchtest du berühmt werden oder irgendeine wissenschaftliche Entdeckung für den Fortschritt der Menschheit machen? Alle diese Gründe betreffen die Zukunft. Die Pläne, die du für die Zukunft gemacht hast, bestimmen, wie du jetzt lebst.

Einige Leute sagen mir, daß sie einfach für das "Jetzt" leben. Ich frage sie dann, wie lange ihr "Jetzt" dauert. Wenn sie ehrlich zu sich selbst sind, erkennen sie gewöhnlich, daß jede Definition von "Jetzt" eine Zeitspanne umfaßt. Die Zeitspanne kann für die einen kürzer und für die anderen länger sein, aber jeder lebt für die Zukunft. Sogar der Alkoholiker auf der Straße fragt sich regelmäßig, woher er die nächste Flasche bekommt. Seine Zukunft ist nur ein Tag oder noch weniger.

Warum lernst du für Prüfungen? Du möchtest sie bestehen und zu den nächsten Prüfungen antreten und schließlich abschließen. Warum? Weil du einen guten Job möchtest und dann heiraten und eine Familie erhalten willst. Kannst du dir vorstellen, was deine Frau dir zur Antwort gibt, wenn du sagst: "Ich lebe nur für das 'Jetzt', und deshalb werde ich heute nicht zur Arbeit gehen."? Wie lange würde deine Ehe halten, wenn du keine Pläne für die Zukunft machst? Und wann willst du anfangen, dir Gedanken über den Ruhestand zu machen? Manche Leute behaupten, daß man gar nicht früh genug an den Ruhestand denken kann.

Wenn man das Leben so betrachtet, erscheint es ziemlich kurz, nicht wahr?

Eine wichtige Frage, die du dir stellen mußt, lautet: Wie weit in die Zukunft plane ich? Du kannst dir eine Haushaltsversicherung kaufen, eine Feuerversicherung, eine Krankenversicherung, eine Lebensversicherung, aber du kannst dir keine Versicherung für das ewige Leben kaufen. Die meisten Menschen leben nur für die Zukunft in diesem Leben, aber was ist nach dem Tod? Wir leben ungefähr siebzig Jahre lang und sind dann für immer tot. Warum planen wir nicht für diese Zukunft? Warum sind wir so kurzsichtig?

Die Antwort ist einfach. Die meisten Menschen haben keine Ahnung davon, wie das Leben nach dem Tod aussieht, und deshalb denken sie nicht daran. Aber sollten wir uns nicht wenigstens die Frage stellen: "Gibt es jemanden, der mir zuverlässig Auskunft über das Leben nach dem Tod geben kann und darüber, welcher Art dieses Leben ist?"

Wenn du sagst: "Ich nehme an, du wirst jetzt sagen: 'Gott'", dann will ich dir die Frage stellen: "Kennst du einen Besseren, dem man diese Frage stellen kann?" Wenn du skeptisch oder anti-religiös bist, dann könnten wir vergleichen, was die verschiedenen Religionen über das Leben nach dem Tod sagen. Nur sehr wenige Religionen haben eine konkrete Vorstellung vom Leben nach dem Tod. Die Bibel zeichnet ein klares Bild vom ewigen Leben, und wenn es dich interessiert, würde ich gerne das Neue Testament mit dir lesen, um die Antwort herauszufinden.

Freiheit und Moral

Ein Student sagte mir einmal: "Ich möchte so leben, wie ich

will, ohne daß Gott mir seine moralischen Gesetze und Gebote auferlegt. Ich möchte absolut frei bleiben." Daraufhin gab ich ihm die folgende Antwort.

Erstens gibt es so etwas wie absolute Freiheit nicht. Wir haben erkannt, daß die Gesetze der Physik uns in unserer physischen Welt einschränken. Nehmen wir nur die Schwerkraft als Beispiel. Ohne sie würden wir alle von der Erde abheben. Unser Sonnensystem könnte nicht zusammenhalten. Daraus folgt, daß wir mit sofortigen Konsequenzen rechnen müssen, wenn wir dieses Gesetz nicht beachten wollen. Versuch' einmal, einen Schritt aus deinem Fenster zu machen (wir waren in den obersten Stockwerken eines Hochhauses) und sieh zu, ob du dich von den Gesetzen der Physik freimachen kannst.

Jeder Staat dieser Erde hat Gesetze, die eingehalten werden müssen, wenn die Einwohner in Frieden mit ihren Nachbarländern leben wollen. Ich könnte dir noch eine ganze Menge anderer Beispiele aufzählen. Die Fische haben die Freiheit zu leben, solange sie im Wasser bleiben. Kannst du dir vorstellen, daß ein Fisch sagt: "Ich denke, heute ist ein schöner Tag für einen Landspaziergang?" Dieser Fisch muß innerhalb seiner Grenzen bleiben, innerhalb seiner natürlichen Gesetze, wenn er nicht sterben will. Ein Zug kann fahren, wohin er will, solange er auf den Schienen bleibt. Eine Sportmannschaft kann nicht auf den Spielplatz gehen und so spielen, wie es den einzelnen Mitgliedern gerade gefällt. Sie müssen sich an die Regeln halten, so sie nicht disqualifiziert werden wollen. Das Spiel wäre sinnlos, wenn sich die Mannschaften nicht an die Regeln halten würden.

Um gesund zu bleiben, müssen wir einen ausgewogenen Lebensstil pflegen, uns richtig ernähren, ausreichend schlafen, in angemessener Weise unseren Körper trainieren. Niemand ist frei von Schmerz oder Leid. Würden wir bei einem Schnitt keinen Schmerz verspüren, so könnten wir verbluten, ohne es zu merken. Wir brauchen den Schmerz. Er alarmiert uns, wenn etwas nicht in Ordnung ist und korrigiert werden muß.

Woher kommt es also, daß wir, die wir doch in all diesen Bereichen unseres Lebens mit Grenzen leben müssen, absolute Freiheit in moralischen Belangen fordern? Ein Wissenschaftler würde nach dem Betrachten all dieser Bereiche den Schluß ziehen, daß die Chance auf absolute Freiheit minimal ist.

Auf der einen Seite braucht die Menschheit Gesetze und Beschränkungen, um überleben zu können. Ohne sie würden wir nicht mehr existieren. Auf der anderen Seite müssen wir einen hohen Preis zahlen, wenn wir diese Gesetze brechen.

Was nun, wenn dies auch für den Bereich der moralischen Gesetze gilt? Wenn Gott diese moralischen Gesetze zu unserem Wohl schuf, gerade so wie er das physikalische Gesetz der Schwerkraft uns zu unserem Wohl auferlegte? Was, wenn Gott uns moralische Gesetze gab, weil er uns liebt und uns die negativen Konsequenzen eines unmoralischen Lebens ersparen will? Wenn das Brechen der moralischen Gesetze ebensolche verheerende Folgen hat wie die Nichtbeachtung der Schwerkraft - nämlich Tod? Wenn ein Mensch durch das Brechen der Gesetze, die die Gesellschaft aufgestellt hat, nicht in Frieden mit seinen Mitmenschen leben kann, ist es dann für diesen Menschen möglich, in Frieden mit Gott zu leben, wenn er Gottes moralische Gesetze nicht hält?

Vielleicht bist du der Meinung, daß jeder selbst bestimmen kann, welche Moral die richtige für ihn ist, und niemand könne ihm vorhalten, daß seine Moralanschauungen falsch seien. Wenn das stimmt, könnte ich mir deine Freundin nehmen und sie zwingen, mit mir zu leben, und keiner könnte mir vorhalten, daß dies falsch sei. Das wären dann meine Anschauungen von Moral, die ich mir selbst gewählt hätte. Und wenn du mich daran hindern wolltest, würde derjenige gewinnen, der der Stärkere ist, so wie im Tierreich. Niemand ist dann im Recht oder im Unrecht, jeder ist nur entweder stark oder schwach, böse oder nett.

Du magst mir nun vorhalten, daß ich ein gesetzlicher Puritaner sei, aber habe ich nicht die "Freiheit", zum Wohle derer, die ich liebe, ein moralisch einwandfreies Leben zu führen? Schätzt meine Frau meine Treue nicht? Werden meine Kinder nicht glücklicher sein, wenn ich mich dafür entscheide, nur meine Frau zu lieben und mich nie scheiden zu lassen? Werden meine Kinder der Ehe nicht viel positiver gegenüberstehen, wenn ich meine Frau ihr Leben lang wie eine Königin behandle? Habe ich nicht das Recht, meiner Frau und meinen Kindern ein glückliches und sicheres Familienleben zu bieten? Wenn du jemals heiraten solltest, wirst du dann dieselbe moralische Freiheit haben, die du jetzt forderst? Wenn du auf diese Frage mit "Nein" antwortest, wie kann deine Frau darauf vertrauen, wenn deine Moralanschauungen vor der Ehe nicht sehr hoch waren? Und was wirst du mit deiner verkommenen Moral deiner Frau entgegenhalten, wenn du eines Tages entdeckst, daß sie einige Männer in ihrem Schrank versteckt hat?

Ist das deine Vorstellung von absoluter moralischer Freiheit?

Tod und Selbstmord

Als Schulbusfahrer im College kam ich mit vielen jungen Menschen zusammen. Ich sprach mit einem jungen Mann über Gott, aber er sagte, er sei noch nicht an den geistlichen Dingen des Lebens interessiert. Eines Tages fragte er mich, ob ich ihm helfen könne, seinen jüngeren Bruder von Drogen wegzubringen. Wenige Tage zuvor hatte der Bruder von Selbstmord gesprochen. Er erzählte mir, daß er mit ihm geredet habe, aber daß sein jüngerer Bruder nicht auf ihn hören wolle, und er fragte mich, ob wohl ich einmal mit ihm darüber reden könne. Das Gespräch verlief folgendermaßen:

Warum sollte ich deinem kleinen Bruder helfen, von den Drogen wegzukommen? Vielleicht hat dein Bruder auf der Suche nach dem Glück schon viele Dinge ausprobiert, und Drogen waren das Beste, das er bis jetzt gefunden hat. Warum willst du ihm sein Glück wegnehmen? Der einzige Grund, ihn von den Drogen wegzubringen, ist, ihm etwas Besseres zu geben, etwas, das ihn glücklicher machen kann als Drogen. Was hast du ihm anzubieten?

Du hast mein Angebot, über Gott zu reden, abgelehnt, aber du willst, daß ich mit deinem Bruder spreche. Warum willst du, daß dein Bruder Gott kennenlernt, aber du als der Ältere, als sein Vorbild, lehnst Gott ab? Da er Selbstmord begehen will und du ihm nichts Besseres anzubieten hast, nimmt er wahrscheinlich an, daß dein Leben nicht mehr Sinn hat als seines, und deshalb wird er dir nicht zuhören, wenn du ihm sagst, daß Selbstmord falsch ist. Vielleicht wäre er wirklich glücklicher, wenn er tot wäre; wie kannst du das wissen?

Ich würde gerne mit deinem Bruder reden. Vielleicht kann ich auf Jesus hinweisen und ihm helfen, das zu finden, wonach er sucht, nämlich einen richtigen Lebenssinn. Du kannst ihm diesen offensichtlich nicht geben. Wenn du deinem Bruder wirklich helfen willst, mußt du dein eigenes Leben dem Herrn geben. Dann hast du etwas, das du deinem Bruder anbieten kannst, und er wird dir wahrscheinlich zuhören.

Tu's!

1. Die meisten deiner Gespräche werden nicht so ablaufen, wie du sie in diesem Kapitel gelesen hast, aber ich möchte diese Gespräche als Gedankenanregungen verstanden wissen, um dir zu zeigen, wie du verschiedene Gespräche mit deinen ungläubigen Freunden lenken kannst. Versuche nicht, diese Gespräche wortwörtlich zu verwenden. Ändere sie ab und passe sie deiner eigenen Persönlichkeit und deinen Freunden an.
2. Nimm dir für diese Woche ein Gespräch mit einem ungläubigen Freund vor und verwende zumindest eines der Gespräche aus diesem Kapitel. Ändere es so ab, daß es paßt! Denke die möglichen Antworten deines Freundes durch und versuche, weitere Fragen oder Kommentare zu finden, die ihn zum Nachdenken anregen. Ruf ihn an!
3. Wie würdest du auf die folgende Aussage eines ungläubigen Freundes antworten: "Ich warte, bis ich älter bin. Dann werde ich über Gott und das ewige Leben nachdenken."? Schreibe dir einige Fragen auf und probiere sie aus.

12: ER HAT "JA" GESAGT

Die Bibel mit einem Freund lesen

Du hast es geschafft! Du hast mit einem Freund gesprochen und er hat eingewilligt, mit dir die Bibel zu lesen. Preist den Herrn! Nun stellt sich die Frage: Wie sollst du sie mit ihm lesen? Sollst du sie ihm Wort für Wort erklären? Solltest du deinem Freund die Querverbindungen aller Verse von 1.Mose bis Offenbarung zeigen? Und was, wenn er eine Frage stellt, auf die du keine Antwort weißt?

Zuerst einmal: entspannen! Du möchtest, daß dein Freund das Lesen mit dir genießt und nicht, daß er das Gefühl bekommt, du wolltest ihm irgend etwas aufdrängen. Wenn ihr euch bei dir zu Hause trefft, dann versuche, alles zu tun, um es deinem Freund so angenehm wie möglich zu machen. Stelle etwas zum Knabbern (Chips, Erdnüsse usw.) und zum Trinken (Kaffee, Tee, Cola usw.) auf den Tisch. Manchmal haben die Leute Angst, daß sie eingefangen und in eine Sekte hineingezogen werden, wenn sie sich in der Wohnung eines anderen zu einer Bibelrunde treffen. Wenn du spürst, daß auch dein Freund diese Angst haben könnte, dann schlage ihm vor, euch in seiner Wohnung zu treffen. Opfere einen Abend, um zu ihm zu fahren und den Bibelkreis in seiner Wohnung zu halten. Bitte ihn, die Zeit (wenn deine Arbeitszeit es erlaubt) und den Ort selbst festzulegen, damit er sich nicht irgendwie bedroht fühlt oder Angst hat. Gib ihm nicht das Gefühl, daß du dich verunreinigen könntest, wenn du ihm und seiner Umgebung zu nahe kommst. Denk daran: der Herr ist zu uns gekommen, indem er Mensch wurde, jedoch ohne Sünde. Wir können zu unseren ungläubigen Freunden gehen, ohne dadurch zu weltlich zu werden.

Der Schlüssel zum Lesen der Bibel mit einem Freund ist denkbar einfach: Stelle zu jedem Vers Fragen; Fragen, die jeder durch das einfache Lesen des Textes leicht beantworten kann. Verfalle nicht in ausladende theologische Diskussionen über die Zeitform eines griechischen Verbs. Du mußt deinem Freund zeigen, daß jeder die grundlegenden Aussagen der Bibel verstehen kann, ohne jahrelang Theologie studiert zu haben.

Ich habe zahlreiche Fragen zu den ersten paar Versen des Johannesevangeliums aufgeschrieben, um dir eine Starthilfe zu geben. Einen vollständigen Kommentar zum Johannesevangelium wirst du hier vergeblich suchen. Dieses Kapitel ist für jene gedacht, die ihre Freunde zu einem einfachen Bibelstudium bringen wollen, ohne irgendwelche Hilfsmittel zu verwenden außer der Bibel selbst. Ich möchte gerne zeigen, wie man gute Fragen in einem Bibelkreis stellt; Fragen, die die Teilnehmer zum selbständigen Denken bringen sollen. Bereite dich so gut wie möglich auf den Abschnitt, den ihr lesen werdet, vor, und laß dann dieses Buch zu Hause. Du möchtest deinen Freunden ja beibringen, daß sie die Bibel ohne einen Theologen oder Bibellehrer verstehen können, der ihnen sagt, was sie glauben sollen.

Du wirst wahrscheinlich nicht alle Fragen oder Kommentare verwenden, die ich niedergeschrieben habe. Sie wurden auch nicht in der Absicht geschrieben, Wort für Wort benützt zu werden. Wenn sie dir dabei behilflich sind, deine Freunde dazu zu bringen, daß sie selbst über den Bibeltext nachdenken, dann haben sie ihren Zweck schon erfüllt. Wenn du gelernt hast, wie man Fragen stellt, wirst du dir wohl auch eigene Fragen überlegen, die auf die Bedürfnisse deiner Freunde abgestimmt sind.

Die folgenden Fragen und Einwände haben unsere ungläubigen Freunde während unserer gemeinsamen Bibelkreise vorgebracht, und ich habe hier unsere Antworten darauf niedergeschrieben, die eine weitere Besprechung des jeweiligen Textes ermöglichen sollten, ohne dabei allzu weit vom Thema abzuweichen.

Was tust du, wenn dir jemand eine Frage stellt und von dir erwartet, daß du sie sofort beantwortest? Du sagst einfach: "Das ist eine gute Frage, und die Antwort darauf findest du in der Bibel (vielleicht in Römer oder Epheser). Wie auch immer, ich möchte die Frage nicht gleich beantworten, weil die Antwort nicht in dem Text, den wir gerade behandeln, zu finden ist. Ich hätte lieber, wenn du die Antwort im passenden Zusammenhang findest. Ich möchte nicht ein oder zwei Verse aus einem anderen Zusammenhang an einer anderen Stelle in der Bibel herausnehmen, um deine Frage zu beantworten."

"Ja, aber du hast die Bibel schon gelesen, und du kennst die Antwort, und deshalb frage ich dich."

"Danke für diesen Vertrauensbeweis, aber laß mich dir eine Frage stellen: warum solltest du meiner Antwort glauben? Vielleicht gehöre ich zu irgendeiner verrückten Sekte? Vielleicht möchte ich in Wirklichkeit nur dein Vertrauen gewinnen und dich dann um dein Erspartes erleichtern."

Wenn jemand trotzdem nicht locker läßt, dann sag' ihm: "Wenn du einen vorgefertigten Glauben willst, dann geh' bitte zu irgendeiner der örtlichen Kirchen oder einer Sekte und bitte sie, dir zu sagen, was du glauben sollst. Ich werde das ganz sicher nicht tun. Ich möchte, daß du deine eigenen Schlüsse ziehst aus dem, was du liest. Ich möchte dir keine Gelegenheit geben, zu sagen: 'Ich lehne das ab, was Floyd (hier setzt du bitte deinen eigenen Namen ein, nicht meinen!) über die Bibel sagt.' Bitte glaube mir: was ich über die Bibel zu sagen habe, ist für dich nutzlos. Vielleicht verstehe ich etwas in der Bibel nicht richtig, und das hätte dann traurige Folgen für deine zukünftige Ewigkeit, wenn du dich hier auf mich verlassen würdest. Wichtig ist, das du herausfindest, was Gott wirklich gemeint hat, als er dieses Buch geschrieben hat."

Laß dich nicht davon ablenken, wenn du Fragen beantworten sollst, die mit dem aktuellen Text nichts zu tun haben. Viele Leute können die Antworten ohnehin nicht verstehen, bevor sie nicht mehr von den einfachen Dingen des Evangeliums gelesen und verstanden haben. Wenn du ihre Fragen vorhersehen kannst, komm ihnen zuvor, indem du diese Fragen selbst stellst. Zum Beispiel könntest du am Anfang sagen: "Wenn die Bibel wahr ist und Jesus der einzige Weg ist, der in den Himmel führt, wie ist das dann mit den Heiden in Afrika? Wie will Gott sie retten? Diese Frage wird ganz klar im ersten Kapitel des Römerbriefes beantwortet, den wir lesen können, wenn wir mit dem Johannesevangelium fertig sind."

Wenn du ihnen zeigst, daß du ihre Fragen bereits kennst, werden sie erkennen, daß du ein kritischer Denker und ihnen weit voraus bist. Beantworte aber auf keinen Fall ihre Fragen. Sag' ihnen nur, wo sie die Antworten in der Bibel finden können, soferne du es weißt; (wenn nicht, dann sag' es ihnen), und lies im Johannesevangelium weiter. Sage ihnen, daß sie jedes andere Buch der Bibel selbst lesen können, wenn sie wollen.

Ein Mann stellte mir einmal diese Frage über die Heiden, und ich gab ihm die oben erwähnte Antwort. Er wurde sehr verärgert und sagte: "Nun, dann lese ich den Römerbrief eben in dieser Woche selbst." Ich sagte ihm, er solle es nur tun. In der folgenden Woche kam er wieder und meinte: "Ich habe diesen Römerbrief gelesen. Verstanden habe ich nichts. Lesen wir im Johannesevangelium weiter!"

Die folgenden Fragen und Antworten sollten dich davor bewahren, in andere Gebiete abzuschweifen, deren Behandlung für deinen Freund noch zu schwierig und unverständlich wäre.

Frage: "Ist die Bibel zuverlässig? Wie kann ich der Bibel vertrauen, wenn sie doch schon so überholt ist?"

Antwort: "Das ist eine sehr wichtige Frage, und wir werden sie irgendwann während unseres Bibelstudiums beantworten müssen. Aber andererseits: wie kann jemand feststellen, ob ein Buch vertrauenswürdig ist, wenn er es noch nicht selbst gelesen hat? Lesen wir zuerst das Johannesevangelium fertig, und stelle dann die Frage noch einmal."

Frage: "Ist Christus der einzige Weg zu Gott?"

Antwort: "Im Johannesevangelium Kapitel 14 finden wir darauf eine ganz eindeutige Antwort. Lesen wir aber zuerst die ersten dreizehn Kapitel des Johannesevangeliums, damit wir Johannes 14 nicht aus dem Zusammenhang reißen."

Frage: "Wie sind Wunder möglich?"

Antwort: "Eine gute Frage, aber nicht die richtige. Die richtigen Fragen lauten: Ist Gott ein übernatürliches Wesen? Wenn ja, ist es dann für uns begrenzte Menschen möglich zu verstehen, wie Gott seine Wunder tut? Wir glauben ja sicher nicht, daß etwas unmöglich ist, bloß weil wir es nicht verstehen, oder? Das wäre wohl etwas anmaßend von uns."

Denke daran: Wenn sie nicht einverstanden sind mit dem, was die Bibel sagt, dann verteidige weder die Bibel noch deine

Meinung, daß die Bibel recht hat. Die Bibel hat recht, ob sie es glauben oder nicht. Der Heilige Geist wird sie davon überzeugen, und er wird die Bibel durch ihr Gewissen viel besser verteidigen, als wir es jemals könnten. Sage ihnen einfach: "Ich habe die Bibel nicht geschrieben, und was darin steht, mag euch vielleicht nicht gefallen, aber es steht da. Ob ihr es akzeptiert oder es ablehnt, ist eure Entscheidung. Jesus hat einige Dinge gesagt, die sehr kleinlich klingen. Aber wir sollten uns nicht fragen: 'Stimme ich mit ihm überein?', sondern: 'Hat er recht?'. Es spielt keine Rolle, ob ihr mich oder meine Ansichten ablehnt. Alles, eure ganze zukünftige Ewigkeit, hängt davon ab, ob ihr das akzeptiert oder ablehnt, was Jesus sagt."

Frage: "Was ist mit den Heiden?"

Antwort: Die vorhergehenden Antworten sind vielleicht schon ausreichend, aber wenn dein Freund streitsüchtig ist, könntest du scherzhaft sagen: "Du meine Güte! Ich habe gar nicht gewußt, daß dir so viel an der Mission liegt! Und daß dir so viel an den Seelen der Heiden liegt, ist mir bisher leider auch verborgen geblieben! Bist du um deine eigene Seele auch so besorgt? Ich möchte zuerst wissen, wohin ich komme, wenn ich sterbe, und dann erst mache ich mir Sorgen um die Heiden. Vielleicht bist du und ich Heiden, und wir wissen es gar nicht?"

Frage: "Wie kann ein liebender Gott Unschuldige leiden lassen, z. B. Kinder?"

Antwort: "Das ist eine sehr gute Frage, aber wir sollten sichergehen, daß Gott uns die Antwort darauf gibt und nicht irgendein Theologe. Ich bin sicher, daß wir eine sehr interessante Diskussion über den Begriff "Unschuld" führen könnten, aber die umfassendste Antwort, die uns Gott darauf gibt, finden wir im Buch Hiob im Alten Testament. Hiob stellte genau dieselbe Frage, und Gott gab ihm einige unglaubliche Antworten. Eine dieser Antworten werden wir sogar im 9. Kapitel des Johannesevangeliums finden, wenn wir dorthin kommen. Bist du sicher, daß du die Antwort Gottes auf diese Frage hören willst? Was ist, wenn sie dir nicht gefällt?"

Frage: "Muß ich mich taufen lassen?"

Antwort: "Sowohl Johannes der Täufer als auch Jesus haben

etwas zur Taufe zu sagen."

Sollten sie darauf bestehen, daß du ihnen diese Fragen beantwortest, so sage ihnen folgendes: "Kann ein zehnjähriges Kind jene Physik verstehen, die an der Universität gelehrt wird? Natürlich nicht. Warum nicht? Weil es die Voraussetzungen dafür noch nicht gelernt hat. Wenn du ein Physikbuch lesen müßtest, weil du dieses Wissen zum Beispiel für deine Arbeit benötigst, würdest du das ganze Buch nach einmaligem Lesen verstehen? Ich nicht!"

Einige werden an dieser Stelle vielleicht lachen, und du solltest ruhig mitlachen, dann aber fortfahren: "Denke bitte nicht, daß die ganze Bibel durch ein einmaliges Lesen leicht zu verstehen ist. So leicht hat Gott es auch wieder nicht gemacht. Ich behaupte nicht, daß ich auf alle Fragen Antworten gefunden habe, aber jene Antworten, die ich habe, bekam ich auch nicht über Nacht."

"Deine Fragen sind sehr gut. Die meisten Leute haben anscheinend aufgehört zu denken. Deine Fragen zeigen, daß das bei dir nicht der Fall ist. Sehr gut! Einige deiner Fragen jedoch können erst beantwortet werden, nachdem du die Grundlagen von dem, was Jesus im Evangelium sagt, erfaßt hast. Die Briefe des Paulus, des Petrus oder des Johannes basieren alle auf der Kenntnis der Evangelien. Einige der Antworten auf unsere Fragen sind sehr schwer zu verstehen, wenn man einfach in der Bibel herumspringt, anstatt sie systematisch durchzulesen. Es ist genauso wie mit einem Roman."

Zu einem Philosophieprofessor sagte ich einmal, daß er die Antwort auf eine seiner Fragen erst verstehen könne, wenn er jene Person, die ihm die Antwort geben könne, persönlich kennengelernt hätte.

Er antwortete: "Meinst du Jesus?"

Als ich bejahte, verschränkte er die Arme und sagte: "Nun, ich werde mit dir nicht mehr weiterlesen, bis du mir die Antwort gegeben hast!"

Wir aßen zusammen in einem überfüllten Restaurant, und auf seine Antwort hin mußte ich laut lachen. Ich sagte: "Das glaube ich einfach nicht! Wenn du mir eine Frage stellst, und ich dir sage, daß der einzige Mensch, der dir diese Frage beantworten kann, in China ist und daß du dich schon zu ihm begeben mußt, um ihn persönlich kennenzulernen, um die Antwort zu erhalten: würdest du dann auch die Arme wie ein kleines Kind verschränken (ich verschränkte die Arme ebenso, wie er es getan hatte) und mir sagen, daß du zuerst von mir die Antwort hören willst, bevor du dich auf den Weg nach China machst zu dem Mann, der dir die Antwort geben kann? Ist das die Logik der Philosophie?"

Einige Leute hatten sich schon zu uns umgewandt und unserer Unterhaltung zugehört. Der Philosophieprofessor wurde ein wenig rot. Nach einer kleinen Pause sagte er: "Lesen wir weiter."

Sage deinen Freunden: "Die Bibel kann alle deine Fragen beantworten, aber nicht in den ersten paar Kapiteln des Johannesevangeliums. Johannes beantwortet aber einige der wichtigsten Fragen des gesamten Universums. Wir werden ausreichend Antworten finden, wenn wir uns auf Gottes Fragen einlassen. Lies weiter. Ich finde immer noch Antworten auf meine eigenen Fragen."

"Aber du hast doch schon so viel in der Bibel gelesen!" könnten sie darauf antworten. "Wie kannst du da immer noch Fragen haben?"

"In meinem Gehirn ist eine Mauer, und in dieser Mauer sind Hunderte von Nägeln. Jedesmal, wenn ich eine Frage habe, die ich nicht beantworten kann, hänge ich sie geistig auf einen dieser Nägel und lese und studiere weiter. Von Zeit zu Zeit gehe ich wieder zur Wand und sehe mir die Fragen an. Und jedesmal bemerke ich, daß ich im Laufe der Zeit und durch das Lesen Antworten auf einige der Fragen gefunden habe. Fragen ohne Antworten veranlassen mich jedoch nicht, mit dem Lesen und Studieren aufzuhören; ganz im Gegenteil. Sie motivieren mich weiterzumachen. Kein Student der Physik oder Psychologie oder einer anderen Studienrichtung würde sein Studium aufgeben, bloß weil er nicht alle Antworten auf seine Fragen auf einmal bekommt."

Wenn dein Freund eine Frage hat, auf die du keine Antwort

weißt, dann sage es ihm! Sage ihm: "Diese Frage hängt noch immer an der Mauer. Ich habe noch keine Antwort, aber eines Tages werde ich sie finden. Lesen wir weiter."

Eine Schlußbemerkung: Dränge deine Freunde nicht allzusehr, eine Entscheidung zu treffen. Überlaß das dem Heiligen Geist. Stelle dir nur immer wieder folgende Fragen:

Verstehen sie wirklich, was Sünde ist?

Wollen sie wirklich dem Herrn Jesus nachfolgen?

Wollen sie wirklich den Herrn selbst oder nur seine Geschenke?

Sind sie wirklich weit genug?

Nimm ihre erste Ankündigung, daß sie glauben, nicht zu ernst. Ihre erste Entscheidung mag vielleicht nicht die Entscheidung sein, den Herrn als ihren Retter anzunehmen, sondern nur eine Entscheidung, weiterzulesen und mehr darüber nachzudenken.

Möge der Herr eure gemeinsame Zeit segnen!

13: Und wenn mein Freund "nein" sagt?

Wie reagieren wir aber, wenn unser Freund sagt, "nein, eigentlich bin ich nicht daran interessiert, mit dir die Bibel zu lesen."?

Vor allem dürfen wir den geistlichen Aspekt dabei nicht vergessen. Nicht jeder wird mit dir die Bibel lesen wollen. In Joh 7,17 sagt Jesus: "Wenn jemand seinen Willen tun will, so wird er von der Lehre wissen, ob sie aus Gott ist oder ob ich aus mir selbst rede". Erst muß ein Mensch Gott finden *wollen*, bevor er die gewünschte Anwort geben kann. Mt 7,13-14 ist erschreckend, aber wahr: "Geht ein durch die enge Pforte; denn weit ist die Pforte und breit der Weg, der zum Verderben führt und viele sind, die auf ihm hineingehen. Denn eng ist die Pforte und schmal der Weg, der zum Leben führt und wenige sind, die ihn finden." Wir können nicht erwarten, daß jeder ja sagt; im Gegenteil, die meisten sogar werden nein sagen.

Als der reiche junge Mann zu Jesus kam und fragte, was er tun müsse, um das ewige Leben zu erhalten, gefiel ihm die Anwort des Herrn nicht. Als er daraufhin wegging, lief der Herr ihm nicht nach und rief: "Halt, warte. Komm zurück. Ich werde es dir leichter machen." Auch zwang er ihm keine Entscheidung auf. Der Herr achtet unseren freien Willen viel zu sehr, als daß er uns gegen unseren Willen in sein Reich abschleppen würde. Wir haben das Evangelium nicht empfangen, um es zu "entschärfen", sondern um es zu verkündigen.

Es gibt jedoch mindestens eine gute Alternative, die wir unserem ungläubigen Freund anbieten können. Wenn er nicht bereit ist, die Bibel gemeinsam mit dir zu lesen, so schlage ihm vor, dies allein zu tun. Wenn er damit einverstanden ist, dann frage ihn, ob ihr euch nicht später einmal treffen könntet, weil es dich interessieren würde, was er über das Gelesene denkt. Wir haben schon viel von den Meinungen und Ansichten unserer ungläubigen Freunde gelernt. Sagen wir ihnen, daß uns anderer Leute Meinung über die Bibel sehr interessiert, da es uns hilft, diese Leute besser zu verstehen und daß es uns eine Anregung sein kann, unser eigenes Verständnis einer bestimmten Stelle zu überdenken, wenn andere uns ihre Gedanken zu einigen Versen mitteilen. Betonen wir, daß wir selbst noch lange nicht alles wissen und jede Menge von ihnen lernen können.

Wenn sich dein ungläubiger Freund nicht jetzt dazu entschließt, die Bibel mit dir zu lesen und sich auch sonst nicht weiter damit beschäftigen will, so heißt das nicht, daß er nicht später einmal vom Evangelium angesprochen wird. Wenn wir in den Himmel kommen, werden wir vielleicht überrascht feststellen, daß unsere ungläubigen Freunde und Bekannten doch noch - und sei es in den letzten Sekunden ihres Lebens - den Herrn in ihr Herz aufgenommen haben. Ziemlich sicher werden wir feststellen, daß unsere Gebete entscheidend dazu beigetragen haben, daß sie schließlich ihren Stolz aufgegeben und ihr Leben dem Herrn übergeben haben. Du solltest nie meinen, ein Ungläubiger findet nie zu Gott, nur weil er nicht gerade dann bereit ist, das Evangelium anzunehmen, wenn du es ihm anbietest.

Ob du deinen Freund in Zukunft für den Herrn gewinnen kannst, könnte ganz entscheidend von dem Zeugnis abhängen, das du mit deinem Leben gibst. Vielleicht wartet dein Freund ab, um zu sehen, ob du dich wirklich verändert hast oder ob dein plötzliches religiöses Interesse nur wieder so ein Strohfeuer ist.

Bevor Helmut zum Glauben kam, hatte er es sich mit allen seinen Verwandten und fast allen seinen Freunden aufgrund seiner Launen und seines ungehobelten Wesens verscherzt. Innerhalb weniger Tage nach seiner Bekehrung machte er die Lage noch viel schlimmer, indem er versuchte, seine sechs Verwandten zu "evangelisieren". Schließlich kam er zu der Einsicht, daß er seine Familie auf diese Art und Weise nie für das Evangelium gewinnen können würde und fragte mich, was er tun solle. Ich riet ihm, seiner Familie nichts mehr von seinem neugefundenen Glauben zu erzählen, sondern von nun an deren Meinungen und Ansichten zu beachten. Außerdem riet ich ihm zu versuchen, zu den Leuten aus seiner Familie einfach nett zu sein und Dinge zu tun, worüber sie sich freuen würden. Als erstes schenkte er seiner Frau ein paar Blumen - sie bekam fast einem Herzinfarkt! Ein Wochenende verbrachte er damit, an dem Haus seines Bruders zu arbeiten, während dieser geschäftlich unterwegs war. Als sein Bruder zurückkam, weigerte sich dieser zu glauben, daß es Helmut war, der die Arbeit getan hatte.

Ein Jahr später rief mich seine Schwester an und sagte: "Herr Schneider, am Anfang meinte ich zwar, das mit dem Glauben sei nur wieder so eine verrückte Idee meines Bruders, aber dafür hat er sich zu sehr verändert. Irgend etwas muß an der Bibel dran sein, das einen Menschen derartig verändern kann. Gibt es nicht auch in meiner Nähe einen Bibelkreis, den ich besuchen könnte?"

Bis zum ersten Durchbruch hatte es also ein Jahr gedauert. Jetzt, wo ich dies schreibe, haben sich bereits drei seiner Verwanden bekehrt. Helmut hatte gelernt, seine Verwandten zu lieben, anstatt ihnen etwas vorzupredigen.

Vor einigen Jahren hörte ich die Geschichte eines gewissen Roberts, der sich mit Anfang Vierzig für den Herrn entschied; sofort wollten seine zwei Brüder nichts mehr von ihm wissen, und sein schon sehr alter und sehr wohlhabender Großvater enterbte ihn. Robert brachte seinen Brüdern trotzdem weiterhin Liebe entgegen, und seinen Großvater besuchte er oft. Schließlich konnte er ihn dazu bewegen, die Bibel zu lesen. Kurz bevor der Großvater starb, übergab er sein Leben dem Herrn.

Als das Testament des Großvaters verlesen wurde, stellten die beiden anderen Brüder hocherfreut fest, daß das ganze Erbe ihnen zufiel und ihrem Bruden Robert nichts. Zu ihrem großen Erstaunen sagte Robert, er habe nicht vor, das Testament anzufechten. Er habe dafür seinen Großvater - den er im Himmel wiedersehen würde - und mehr wolle er nicht.

Eine Woche später ereigneten sich zwei Dinge an einem Tag. Einer der Brüder rief Robert an, um zu erfahren, aus welchen Gründen er das Testament nicht anfechten wolle. Sie verabredeten ein Treffen, um sich über diese Sache zu unterhalten. Robert sagte ihm auch, daß es mit Jesus und der Bibel zu tun habe und daß er seinem Bruder eine Bibel mitbringen würde, damit auch er anfangen könne, darin zu lesen. Der Bruder war einverstanden. Kurze Zeit später erhielt Robert von dem

Rechtsanwalt seines Großvaters einen Brief. Dieser hatte dem Rechtsanwalt folgende Anweisung gegeben: Robert soll nichts bekommen. Ich kenne ihn gut genug, um zu wissen, daß Jesus und ich ihm mehr bedeuten als mein Geld. Ich bin überzeugt, daß er mein Testament nicht anfechten wird. Ich kenne aber auch meine anderen beiden geldgierigen Enkel. Ich bin sicher, daß Robert sie nur erreichen kann, indem er ihnen *zeigt*, daß es im Leben noch wichtigere Dinge als ihr Geld gibt.

"Wenn Robert darauf verzichtet, mein Testament anzufechten, soll er das beiliegende bescheidene (6-stellige!) Sparguthaben für sein Geschäft erhalten. Sollte ich Robert falsch eingeschätzt haben und er ficht das Testament doch an, so soll die Summe wohltätigen Zwecken zugute kommen."

Ich weiß nicht, ob sich Roberts Brüder bekehrt haben, aber eines ist gewiß: Robert und sein Großvater werden ein großartiges Wiedersehen haben.

Wenn dein Freund nein sagt, zeige ihm weiterhin deine Zuneigung, biete ihm deine Hilfe an und sei da, wenn er dich braucht, auch wenn es sich nur um ein Schwätzchen über das Wetter, die Wirtschaft oder sonstige Interessen deines Freundes handelt.

Meine Frau pflegte monatelang die Freundschaft zu der Frau von nebenan (Hausfrau/Dozentin). Letzere nahm die Freundschaft meiner Frau erfreut und herzlich an, weigerte sich aber hartnäckig, über unseren Glauben zu reden. Sie ging sogar so weit, ihren Mann vor jeglichem privaten Kontakt mit mir zu schützen, doch auf der anderen Seite schickte sie ihre beiden Töchter in die Sonntagsschule unserer Gemeinde - damit sie selbst am Sonntagmorgen länger schlafen konnte! In Anbetracht ihres Lebensstils und ihres Stolzes konnte man absehen, wie es mit ihr weitergehen würde, und es kam tatsächlich so, wie wir dachten: Einige Jahre nachdem wir in eine andere Stadt gezogen waren, ließ sich ihr Mann von ihr scheiden. Sie selbst wollte vom Evangelium nach wie vor nichts wissen, aber einer unserer gläubigen Freunde fand Kontakt zu ihrem Mann und erzählte uns, daß dieser sich inzwischen für geistliche Dinge interessierte.

Manchmal benutzt der Herr einen Schicksalsschlag oder einen Mißerfolg, um einen Ungläubigen zur Vernunft zu bringen und dazu zu bewegen, nach ihm zu fragen. Manchmal reagieren die Leute richtig, manchmal aber wenden sich sich nur noch weiter vom Herrn ab, verhärten ihr Herz und verbittern immer mehr. Manchmal sind wir überrascht, daß jemand ganz anderer als der, für den wir beten, Interesse an geistlichen Dingen zeigt. Unsere einzige Hoffnung besteht in fortwährendem Gebet.

Wirst du also die Freundschaft beenden, wenn dein Freund nein sagt? Ganz bestimmt nicht! Wir selbst haben nie eine Freundschaft abgebrochen, wenn die entsprechenden Personen nicht mit uns in der Bibel lesen wollten. Obwohl wir sie weiterhin eingeladen und ihnen wo wir konnten unsere Hilfe angeboten haben, waren die wenigsten unserer ungläubigen Freunde, nachdem sie nein gesagt hatten, an weiterem Kontakt mit uns interessiert, nachdem sie festgestellt hatten, daß wir "religiös" sind. *Sie* waren es, die den Kontakt zu *uns* abgebrochen haben; wir haben ihnen *nie* die Tür verschlossen. Halte du deine Tür offen, und höre nicht auf, für deine Freunde zu beten.

Tu's.

1. Wenn du alle die Tu's am Ende jedes Kapitels befolgt hast, bist du wahrscheinlich schon dabei, mit einem ungläubigen Freund in der Bibel zu lesen. Wenn dein Freund aber nein gesagt hat und du noch keinen anderen gefunden hast, den du fragen könntest, dann treffe dich nochmal mit deinem Freund, und gib ihm ein Neues Testament, damit er allein darin lesen kann. Dann mache ihm das in diesem Kapitel vorgeschlagene Angebot.
2. Höre nicht auf, für deinen Freund zu beten.
3. Bitte andere, für diesen Freund zu beten.

Wie ich bereits am Beginn sagte, ist dieses Buch über Evangelisation nicht der Weisheit letzter Schluß. Es gibt andere Methoden zu evangelisieren. Die beste Methode ist jene, die funktioniert, und ein Gläubiger sollte bereit und willens sein, jede angemessene Form der Evangelisation anzuwenden, die Menschen zum Herrn bringen kann. In jedem Fall ist es jedoch notwendig, unsere ungläubigen Freunde mit dem Wort Gottes zu konfrontieren und sie so vor die Entscheidung zu stellen, ihr Leben Christus zu geben. Wir lesen am liebsten die Bibel mit ihnen. Wenn du eine andere Methode bevorzugst, verwende sie zur Ehre Gottes!

Unsere Erfahrung hat uns gezeigt, daß es drei Abschnitte gibt, an denen die Leute das gemeinsame Lesen der Bibel mit uns aufgeben. Die meisten hören nach dem ersten Mal auf. Einmal scheint für sie genug zu sein. Andere wiederum schaffen es bis zum 4. Kapitel des Johannesevangeliums und hören dann auf. Sie stolpern über die biblische Lehre, daß "Glaube" gleichbedeutend mit "Gehorsam" ist (Joh 3,36). Einige wenige schaffen es bis Johannes Kapitel 6 und steigen dann aus. Vielleicht läßt sich hier ein gewisses Schema erkennen, da viele Jünger des Herrn ihn in Kapitel 6,66 verlassen.

Normalerweise benötigt man sechs bis neun Monate, um bis Johannes 6 zu kommen. Wenn du diese sechs Kapitel in zehn Wochen durchgelesen hast, versteht dein Freund das Evangelium und die daraus resultierende Konsequenz (Gehorsam!) möglicherweise nicht ganz. Gib dem Heiligen Geist Zeit, deinen Freund von seiner Sünde zu überführen. Unser Ziel ist wahre Reue, nicht bloß eine verbale Zustimmung zu unserem Glauben oder eine rein intellektuelle Kenntnis des Evangeliums.

Wenn du einmal das Ende von Johannes 6 erreicht hast, wird er sich wahrscheinlich dafür entscheiden, entweder mit dem Lesen aufzuhören oder weiterzumachen. Wenn er sich zum Weiterlesen entscheidet, dann sei guten Mutes! Beinahe jeder, der mit uns die Bibel gelesen und bis zum 7. Kapitel gekommen ist, wurde gläubig.

Gib jetzt ja nicht auf! Selbst wenn er oder sie sich bekehrt hat, lest weiter im Johannesevangelium und *beendet* es, bevor ihr euch etwas Schwierigerem zuwendet. Dein Freund braucht eine gute, gesunde Grundlage für die tiefer gehendere Theologie (bevor ein Kind Fleisch ißt, bekommt es Milch).

Möge der Herr deine Bemühungen, deine Freunde in das Reich unseres Herrn Jesus Christus zu führen, reichlich segnen.

Tu's

Hast du es schon getan?

Kommentar - Fragen - Gedanken zu Johannes 1-6

Denke daran: Stelle Fragen. Gib den Leuten Zeit, über jede Frage nachzudenken, und gib ihnen keine Antworten. Laß den Text für sich selbst sprechen. Mache dir keine Sorgen, wenn du nicht auf alle Fragen, die ich niedergeschrieben habe, eine Antwort weißt, sondern verwende diese Fragen einfach, um die anderen zum Nachdenken und Reden zu bringen. Bombardiere sie jedoch nicht mit den Fragen, sondern laß nach jeder Frage genügend Zeit für Diskussionen. Am Anfang spielt es überhaupt keine Rolle, was jemand sagt, solange nur jeder am Gespräch teilnimmt.

Verwende deine eigene - offene - Bibel, und achte darauf, daß jeder Teilnehmer ebenfalls eine Bibel hat. Verwende nicht dieses Buch! Du möchtest doch, daß sie sich daran gewöhnen, eine Bibel in der Hand zu halten und selbst damit zurechtzukommen, so wie du.

Johannes 1,1-18

Das ganze Evangelium ist in diesen ersten achtzehn Versen enthalten. Du solltest viel Zeit darauf verwenden, diese Verse immer und immer wieder alleine zu lesen, bevor du einen ungläubigen Freund zum gemeinsamen Lesen einlädst.

Johannes 1,1-5

Im Anfang war das Wort, und das Wort war bei Gott, und das Wort war Gott.

Dieses war im Anfang bei Gott.

Alles wurde durch dasselbe, und ohne dasselbe wurde auch nicht eines, das geworden ist.

In ihm war Leben, und das Leben war das Licht der Menschen.

Und das Licht scheint in der Finsternis, und die Finsternis hat es nicht erfaßt.

Vers 1: Wie beweist Johannes die Existenz Gottes? Gar nicht!

Er setzt voraus, daß der Leser an die Existenz Gottes glaubt. Der Mensch kann nicht beweisen, daß es Gott gibt, ebenso wie der Mensch nicht beweisen kann, daß es Gott nicht gibt. Beide Meinungen erfordern Glauben.

Volker, ein Dolmetschstudent, sagte mir einmal, daß er nicht an Gott glaube, weil er ihn noch nicht kennengelernt hätte. Ich fragte ihn, ob er über alle Erfahrung aller Menschen, die jemals gelebt haben, verfüge. Er sagte nein. Dann fragte ich ihn, ob es möglich wäre, daß Gott außerhalb seines Erfahrungsbereiches liege. Als er darauf mit "Ja" antwortete, erwiderte ich ihm, daß Gott innerhalb meines Erfahrungsbereiches liege, und daß er, Volker, sehr vorsichtig sein sollte, anzunehmen (oder zu glauben), daß etwas nicht existiere, bloß weil er nichts darüber wüßte.

Ein kleiner Bub drehte einmal den Lichtschalter in seinem Zimmer auf und fragte seine Mutter: "Mami, woher kommt das Licht?"

Sie antwortete: "Als unser Haus gebaut wurde, hat ein Mann Drähte eingezogen, und durch diese Drähte fließt der Strom."

Er erwiderte: "Ich glaube nicht, daß ein Mann Drähte in unser Haus eingezogen hat. Ich glaube, daß das Licht und der Schalter schon immer da waren."

Viele Erwachsene benehmen sich wie dieser kleine Bub, wenn sie wohl die Tatsache anerkennen, daß sie in ihrem Haus Elektrizität installieren können, nicht aber die Tatsache, daß Gott die Elektrizität gemacht hat.

Warum nennt Johannes Gott "das Wort"? Was ist ein Wort? Wozu verwenden wir Wörter? Was möchte uns Gott mitteilen? Im Text heißt es nicht: "Gott hatte das Wort", sondern "Gott war das Wort". Was ist der Unterschied?

Wenn ich zu dir käme und sagte: "Ich habe ein Wort für dich", was könnte ich damit meinen? Du würdest wahrscheinlich annehmen, daß ich dir eine Botschaft mitteilen möchte. Was aber, wenn ich zu dir käme und sagte: "Ich bin das Wort für dich?" Du würdest dir möglicherweise überlegen, die netten Männer in den weißen Jacken zu rufen, um mir psychiatrische Hilfe zukommen zu lassen.

Der Unterschied ist klar. Wenn ich sage: "Ich bin das Wort für dich", so meine ich damit, daß du mich kennenlernen sollst, und zwar ganz persönlich. Möchte Gott, daß wir ihn ganz persönlich kennenlernen? Möchte Gott selbst zu der Menschheit sprechen, zu dir und mir?

Gott möchte uns nicht einfach Tatsachen erzählen so wie ein langweiliger Lehrer in der Schule. Er ist nicht daran interessiert, daß wir einen Katechismus auswendig lernen. Er nennt sich selbst das Wort. Er möchte von sich selbst erzählen, und zwar dir! Glauben wir das?

Ist Gott wirklich eine Person? Wenn er es ist, ist es dann nicht logisch, daß er mit uns so kommunizieren kann, wie wir untereinander kommunizieren können? Wie spricht eine Person mit einer unpersönlichen Macht? Lies noch einmal das zweite Gespräch im Kapitel 6. Das Bild, Gott in der Natur finden zu können, kann sehr gut hier in Johannes 1 angewandt werden.

Ein Ungläubiger mag behaupten, sogar wenn Gott eine Person sei, spricht er nicht zu uns in derselben Weise, wie wir miteinander sprechen. Warum schreiben wir dann Briefe, wenn nicht aus dem Grund, um miteinander "zu reden"?

Möchte Gott mir von sich selbst erzählen?

Ich stellte einmal einem Professor diese Frage, und er erwiderte: "Ich kann einfach nicht glauben, daß sich Gott mir persönlich offenbaren möchte. Ich bin ein Nichts, und er hat doch weit wichtigere Dinge im Kopf als mich!"

Ich fragte ihn, ob er einen Gott wolle, der sich um jeden einzelnen Menschen kümmert.

Er antwortete: "Natürlich, sehr, aber das ist doch nur ein Traum."

"Nicht, wenn die Bibel wahr ist," sagte ich noch und ging zur nächsten Frage über. Diese Frage und die Antwort darauf werden unseren Freunden zeigen, wie leicht die Bibel zu verstehen ist. Einige werden gleich philosophisch werden und nach tiefgründigen und komplizierten Antworten suchen. Ermutige sie, unkompliziert zu denken. Ich habe nicht versucht zu beweisen, daß die Bibel wahr ist. Ich habe ihn mit dieser Aussage nur seinem eigenen Nachdenken überlassen.

Wenn uns Gott etwas mitteilen möchte, muß er es dann nicht sehr einfach machen, damit wir es verstehen können? Können wir uns vorstellen, daß Gott im Himmel sitzt und mit Abscheu auf die Menschheit hinunterschaut ob ihrer unglaublichen Ignoranz? Durch seine Gnade jedoch läßt er sich herab, um zwei oder drei der intelligentesten dieser weiterentwickelten Affen auszuwählen. Zum ersten von ihnen sagt er: "Nun, weil du Theologie studiert hast, wähle ich dich aus." Zum zweiten sagt er: "Du hast während deines Studiums auf der Universität so viele Prüfungen gemacht, daß ich dich auch auswählen kann." Und zum dritten sagt er: "Du bist zwar nicht allzu intelligent, aber wahrscheinlich immer noch etwas klüger als all die anderen Esel dort unten. Ich denke, es bleibt mir wohl nichts anderes übrig, als euch dreien zu sagen, was ich dem Rest der Menschheit mitteilen möchte." Klingt das nicht lächerlich?

Viele Theologen werden dir sagen, daß du jahrelang Griechisch und Hebräisch und eine ganze Menge Theologie studieren mußt, bevor du auch nur daran denken kannst, die Bibel zu verstehen. Aber wenn Gott zu jedem einzelnen von uns sprechen will und weiß, daß er viel intelligenter ist als wir alle, muß er auf eine sehr einfache Art und Weise zu uns sprechen. Wenn Gott nun zu uns durch die Bibel gesprochen hat, dann muß sie auch von den einfachsten Leuten verstanden werden können.

Meine Familie und ich verbrachten einmal einen Sommer in Griechenland, wo wir einen Holländer kennenlernten, der Zehn- und Elfjährigen Griechisch beibrachte. Ich fragte ihn, ob sie auch das neutestamentliche Griechisch lesen. Er lachte und sagte: "Die Kinder lesen das neutestamentliche Griechisch als Gute-Nacht-Geschichten. Das ist so ziemlich das einfachste Griechisch, das es gibt."

Meine Frau sagte hinterher zu mir: "Ist es nicht interessant, daß Gott sein Buch so einfach geschrieben hat, daß es sogar Kinder verstehen können?"

Wie kann das Wort zur gleichen Zeit bei Gott und Gott selbst sein? Die Antwort ist ganz einfach. Jesus als eine Person war bei Gott dem Vater seit aller Ewigkeit. Jesus ist also Gott, der Sohn, wie er später in diesem Evangelium genannt wird. Gib den Leuten in deinem Bibelkreis jedoch nicht diese Antwort! Sage ihnen nur, daß die Antwort im Johannesevangelium zu finden ist, und daß sie sie selbst finden müßten. Sage ihnen immer wieder, daß sie nicht von dir, dem Leiter des Bibelkreises, abhängig sind, um Antworten auf ihre Fragen zu bekommen. Bring ihnen gleich vom ersten Treffen an bei, daß sie die Antworten selbst aus dem Text herausfinden müssen. Das wird eine wichtige Rolle in ihrem eigenen Reifeprozeß spielen, wenn sie einmal gläubig geworden sind.

Vers 2: Von welchem Anfang spricht Johannes hier? Unsere Freunde werden darauf wahrscheinlich antworten: "Vom Anfang der Zeit", worauf du fragen kannst: "Was gab es vor der Zeit?" Sie könnten darauf antworten: "Bevor irgend etwas existierte", worauf du die Frage stellen könntest: "Hat Gott einen Anfang?" Es spielt keine Rolle, was sie darauf antworten, solange du sie zum Nachdenken über diesen Vers anregen kannst. Sage ihnen nicht deine Antworten oder Meinungen. Nachdem ihr über diesen Vers und die Antworten, die sie gegeben haben, einige Zeit geredet habt, gehe weiter zum nächsten Vers.

Vers 3: Was bedeutet das Wort "alles" in Vers 3? Wir haben uns nicht getroffen, um über "Evolution kontra Bibel" zu diskutieren, aber wir müssen bereits ganz am Anfang erkennen, daß die Bibel nicht mit allem, was uns die Wissenschaftler glauben machen wollen, übereinstimmen muß. Die Wissenschaften sind letzten Endes rein "beobachtend", das heißt, wir erstellen die Gesetze der Physik und der Biologie usw. aufgrund unserer Beobachtungen. Und in den meisten Fällen müssen die Wissenschaftler diese fehlbaren wissenschaftlichen Gesetze revidieren und überdenken, da sie sich als falsch erweisen, weil nicht genügend Information da ist. Jeder Wissenschaftler begreift, daß der Mensch noch nicht alles beobachtet hat, was zu beobachten ist. In unserem Verständnis vom Universum gibt es noch gewaltige Löcher. Jeder rational denkende

Wissenschaftler wird uns sagen, daß, je mehr wir über unser Universum erfahren, wir umso mehr erkennen, wie wenig wir darüber wissen.

Wenn Gott (durch Menschen) die Bibel geschrieben hat, dann sollte er mehr über dieses Universum, das er geplant und geschaffen hat, wissen als wir. Ich möchte damit nicht sagen, daß die Bibel ein wissenschaftliches Handbuch ist, aber wenn sie Aussagen über "unsere" Wissenschaften macht, sollten wir uns hüten, diese Aussagen von vornherein als falsch abzuurteilen, bloß weil sie unserem beschränkten Wissen über dieses Universum zu widersprechen scheinen. Wenn es tatsächlich einen Gott gibt, der das Universum geschaffen hat, dann hat er sich sicher schon oft vor Lachen den Bauch gehalten angesichts unserer arroganten Meldungen, wir hätten endlich das Geheimnis eines bestimmten Aspekts der Wissenschaft entdeckt, nur um unsere "gesicherten Fakten" später revidieren und zugeben zu müssen, daß es sich dabei ja ohnehin nur um eine Theorie gehandelt hätte. Sogar wenn wir annehmen, daß es tatsächlich eine Evolution gegeben hat, bleiben zwei Fragen unbeantwortet. Wie entstand die Materie der Welt, und wie war es möglich, daß sich tote Materie von selbst in Leben verwandelte?

Keine dieser Fragen kann die Evolutionstheorie beantworten. Wenn wir uns nur auf die beobachtenden Wissenschaften stützen, können wir die Antworten nur vermuten. Wenn wir jedoch alle augenscheinlichen Beweise in Betracht ziehen, nämlich Information von außerhalb unserer eigenen Erfahrungswelt, die Offenbarung, die wir durch die Bibel erhalten, so bekommen wir die Antwort auf diese beiden Fragen bereits am Beginn des Johannesevangeliums. Gott hat alles geschaffen, und nach Vers 4 hat er tote Materie in Leben verwandelt.

Verse 4 und 5: "In ihm war Leben." Was ist Leben? Haben wir Leben in uns? Ist ein Sessel "Leben"? Gibt es verschiedene Arten von Leben? Zum Beispiel? Gibt es einen Unterschied zwischen pflanzlichem und tierischem Leben? Jeder wird diese Frage mit "Ja" beantworten. Da dies nun einmal so ist, warum nehmen die meisten Leute dann an, daß es keinen Unterschied zwischen tierischem und menschlichem Leben gäbe? Was ist der Unterschied zwischen tierischem und menschlichem Leben? Oder sind wir nur eine fortgeschrittenere Form von Protoplasma?

Gibt es Lebensformen, die einige Stufen niedriger sind als pflanzliches Leben? Die meisten Menschen werden Zellen als eine Form des Lebens ansehen. Gibt es Lebensformen, die höher sind als menschliches Leben? Wie können wir in Erfahrung bringen, ob es Leben gibt, das über uns ist?

Haben wir dieselbe Art von Leben in uns, die Gott in sich hat? Viele Menschen glauben, daß Gott nur eine unpersönliche Macht ist. Ist Gott wirklich eine Person?

Was ist Leben? Das Gegenteil von Tod. Was ist Tod? Wenn es verschiedene Formen von Leben gibt, gibt es dann auch verschiedene Formen des Todes? Du kannst deinen Freunden sagen, daß es nach der Bibel zumindest zwei verschiedene Formen von Leben und zwei verschiedene Formen von Tod gibt.

"Und welche Formen sind das?" wird vielleicht jemand fragen.

Unsere Antwort: "Das Johannesevangelium wird uns sehr bald die Antwort darauf geben - noch bevor wir das Ende von Kapitel 6 erreicht haben. Lesen wir weiter."

Die Fragen sollen unsere Freunde dazu bringen, über ihre eigenen begrenzten Vorstellungen von Leben und Tod hinaus zu denken. Die Antworten sind an diesem Punkt des Bibelstudiums von keiner Bedeutung. Wenn du diese Fragen stellst, dann sage deinen Freunden, daß du nicht alle Antworten kennst. Sage ihnen aber auch gleichzeitig, daß sich laut der Bibel mehr hinter dem Leben und dem Tod verbirgt, als die meisten Menschen glauben.

Ich bekam einmal ein religiöses Traktat in die Hände, auf dem eine Reihe von Geschehnissen angeführt war, denen eine Frage folgte. Es stand dort: "Der Mensch wird geboren, er wächst auf, geht zur Schule, wird ein Teenager (eine harte Zeit!), sucht sich einen Beruf, heiratet und hat Kinder, wird alt, geht in Pension und stirbt. Ist das alles im Leben?" "Und das

Leben war das Licht der Menschen." Was ist Licht?

Die Physiker können Licht nicht definieren! Sie können nur dessen Eigenschaften beschreiben. Manchmal sagen sie, das Licht sei Wellen. Oftmals jedoch verhält es sich wie Partikel. Woher kommt das Licht? Von der Sonne? Ein Physiker würde sagen: "Ja, aber nicht immer." Ein Physikstudent erzählte mir einmal von einem Phänomen, das unter der Bezeichnung Primärlicht oder Originallicht bekannt ist. Es ist dies ein Licht, dessen Quelle nicht bekannt ist. Wenn Licht nicht von der Sonne kommen muß, woher kommt es dann? In 1. Mose lesen wir, daß Gott das Licht schuf, bevor er die Sonne erschuf. Ein Mensch kann die Erklärung von 1. Mose ablehnen, aber die Frage nach dem Primärlicht bleibt noch immer offen.

Wenn wir nun annehmen, daß Gott das Universum und uns erschuf, warum plazierte er dann die physikalische Quelle unseres Lichtes 150 Millionen Kilometer weit von uns entfernt? Er gab uns Augen, damit wir sehen, aber ohne Licht sind sie für uns nutzlos. Warum pflanzte er nicht in jeden einzelnen von uns eine Lichtquelle ein, so wie den Glühwürmchen? Diese Frage werden wir in Johannes 11 beantworten.

Kehren wir aber wieder zu unserem Text zurück: Was bedeutet "Licht der Menschen"? Ist damit das physikalische Licht der Sonne gemeint, oder bezieht sich das Licht in diesem Zusammenhang auf etwas anderes? Worauf? Kommt dieses Licht von den Menschen, oder ist es für die Menschen? Da sich das "Leben" auf "das Wort" bezieht, können wir mit ruhigem Gewissen annehmen, daß das Licht für die Menschen ist.

Warum brauchen die Menschen Licht? Warum schaltest du das Licht ein, wenn du einen dunklen Raum betrittst, in dem du niemals zuvor gewesen bist? Du willst wahrscheinlich sehen, was sich in dem Raum befindet. Du möchtest rechtzeitig sehen, ob dir da vielleicht ein Tisch im Weg steht. Wenn du kein Licht hättest, könntest du dich am Tisch stoßen und verletzen. Wenn der Mensch die Wirklichkeit nicht erkennt, wenn er nicht unterscheiden kann zwischen dem Wirklichen und dem Unwirklichen, kann er sich in vielerlei Hinsicht verletzen.

Der Mensch braucht Licht auch, um den richtigen Weg zu

finden, um durch die Dunkelheit geleitet zu werden, so daß er nicht stolpert. Kann das Bild des körperlichen Herumwanderns in der Dunkelheit auf den geistlichen Bereich übertragen werden? Braucht der Mensch ein "Licht", das ihn durch diese Welt voll bedeutungsloser Dunkelheit führt, das ihm eine Bedeutung und einen Zweck und ein Ziel auf seinem Lebensweg gibt, damit er nicht stolpert und sich unheilbare Verletzungen zuzieht? (Könnte es möglich sein, daß Gott die Sonne 150 Millionen Kilometer von uns entfernt plaziert hat, um uns zu zeigen, daß des Menschen Quelle geistlichen Lichtes - die ihm zeigt, wie er richtig leben kann - von außerhalb seiner selbst kommen muß und nicht in ihm sein kann, d. h. seinem Verstand und seinen Gefühlen?) Was gibt dem Leben der Menschen Bedeutung? Geld, Macht, Menschenfreundlichkeit oder gute Werke, Freunde, "Glück"? Wieviele Menschen kennst du, die behaupten, daß einzig Gott ihrem Leben einen Sinn gibt? Ist das möglich? Was ist dein Ziel in diesem Leben? Im nächsten Leben?

Was muß der Mensch sehen können? Die Antwort gibt Vers 5. Wo scheint das Licht? In der Finsternis. Können wir irgendeine Parallele zwischen "für den Menschen" und "in der Dunkelheit" sehen? Was ist der Mensch? Ist er nur Körper und Seele, oder ist er mehr: Körper, Seele und Geist? Gibt es einen Unterschied zwischen der Seele eines Menschen und seinem Geist? Wir könnten diese Frage verneinen; gibt es jedoch einen Unterschied, worin besteht er dann? Ist die Natur des Menschen im Grunde gut? Wenn ja, wie erklären wir die letzten fünftausend Jahre, in denen es ständig Krieg gab? Ist der Mensch vollkommen schlecht? Wenn ja, warum scheint er manchmal doch gute Taten zu vollbringen? Welchen Maßstab wenden wir an, wenn wir sagen, daß einige Taten des Menschen gut sind? Wie schätzt Gott die Natur des Menschen und seine sogenannten "guten Werke" ein?

Die letzte Hälfte von Vers 5 zeigt uns zwei Möglichkeiten auf. Entweder hat die Finsternis das Licht nicht erfaßt oder verstanden, oder die Finsternis konnte das Licht nicht überwinden oder überwältigen. Was könnte das bedeuten? Normalerweise sind Licht und Dunkelheit für uns unbelebte Zustände, aber die Verben "erfassen" und "überwältigen" können nur im Zusammenhang mit einer Person verwendet werden. Wie kann eine unbelebte Dunkelheit etwas anderes erfassen oder überwältigen? Warum sollte Dunkelheit das Licht überwinden (überwältigen, zerstören) wollen? Ist es der Dunkelheit gelungen? Wie stehen Licht und Dunkelheit zueinander? Vertragen sie sich?

Könnte es sein, daß, wenn Menschen mit dem Leben des Wortes (Gott) in Berührung kommen, dieses Leben die Menschen erleuchtet? Behalten wir diesen Gedanken in unserem Gedächtnis, während wir die nächsten Verse lesen.

Hier sind noch einmal die grundlegenden Aussagen der Verse 1 bis 5 zusammengefaßt:

1. Die Bibel lehrt, daß Gott eine Person ist - nicht nur eine unpersönliche Macht -, die eine Botschaft für alle Menschen hat, und daß Gott selbst diese Botschaft ist.

2. Gott hat alles gemacht; er erschuf die Materie und schuf Leben aus unbelebter Materie.

3. Der Mensch braucht Licht, um sehen zu können. Es gibt zwei Arten von Licht: das physische Licht der Sonne für das physische Sehen und ein inneres Licht, um tiefgründigere Dinge erkennen zu können.

4. Dunkelheit, von der in der Bibel die Rede ist, ist mehr als nur ein unbelebter Zustand, mehr als nur die Abwesenheit von Licht. Es scheint eine Parallele zu geben zwischen dem Menschen und der Dunkelheit. Wir müssen uns die Frage stellen: "Was ist der Mensch von Natur aus?"

Johannes 1,6-8

Da war ein Mensch, von Gott gesandt, sein Name war Johannes.

Dieser kam zum Zeugnis, daß er zeugte von dem Licht, damit alle durch ihn glaubten.

Er war nicht das Licht, sondern er kam, daß er zeugte von dem Licht.

Vers 6: Besteht ein Gegensatz zwischen Vers 1 und Vers 6? Ja, das Wort war Gott, aber Johannes war nur ein Mensch. Von welchem Johannes ist hier die Rede? Siehe dazu Verse 19-28.

Verse 7-8: Warum kam Johannes? Er kam zum Zeugnis. Was macht ein Zeuge? Er erzählt von dem, was er persönlich erlebt hat. Was hatte Johannes persönlich erlebt? Er hatte das Licht erlebt. Was kann das bedeuten? Welche Art von Erfahrung hatte Johannes, die ihn veranlaßte, zu predigen und zu taufen? War er nur ein religiöser Fanatiker, der geglaubt hatte, eine Vision gehabt zu haben und der seine eigene verrückte Form von Religion unter seinen Zeitgenossen verbreiten wollte? Warum zeugte Johannes von dem Licht? Damit alle durch ihn glaubten. Was bedeutet das Wort "glauben"? Gibt es verschiedene Stufen des Glaubens? Kann ein Mensch etwas rein intellektuell glauben und dennoch keine Konsequenzen daraus für seine Taten und seinen Lebenswandel ziehen? Gibt es so einen Glauben, der dein Leben verändern kann? Was ist der Unterschied zu glauben, daß zwei und zwei vier ist und zu glauben, daß morgen die Welt untergeht? Was ist der Unterschied zu glauben, daß der Mensch nach dem Tod weiterlebt und zu glauben, daß es kein Leben nach dem Tod gibt? Wie kann der eine bzw. der andere Glaube unser Leben vor dem Tod beeinflussen?

Was ist der Unterschied zwischen "blindem Glauben" und "überzeugtem Glauben"? Spielen Beweise in einem der beiden eine Rolle? In welchem? Warum? "Blinder Glaube" erfordert keine Tatsachen oder Zeugnisse. "Blinder Glaube" erfordert einfach blinden Gehorsam, ohne Denken oder Argumente. Ein Mensch, der blind glaubt, schaltet sein Gehirn aus, wenn es um Religion geht. Dieser Mensch verfügt über keine Tatsachen und benötigt sie auch nicht. Er glaubt einfach, was ihm von seinen religiösen Führern gesagt oder gelehrt wird. Die religiösen Führer der Sekte "Children of God" (Kinder Gottes) verlangten von ihren Neubekehrten, das folgende Lied Hunderte Male immer und immer wieder zu singen:

"If you think, think, think, then you stink, stink, stink." ("Wenn du denkst, dann stinkst du.")

Johannes sprach offensichtlich nicht von "blindem Glauben", da er als Zeuge kam. Er wollte, daß die Leute die Tatsachen seines Zeugnisses überprüften und beurteilten. Er wollte, daß die Leute ihr Gehirn benutzten, um zu denken. Er verlangte nicht blinden Gehorsam, sondern ein folgerichtiges Urteilen, das zu einem wohldurchdachten Glauben führen sollte.

Mehr über Glauben werden wir in Vers 12 hören. Für den Moment wollen wir nur festhalten, daß das Wort Glauben sehr viele Definitionen zuläßt, und daß es zumindest zwei völlig verschiedene Bedeutungen hat: nämlich etwas rein intellektuell glauben oder etwas "von ganzem Herzen" glauben (d. h. von etwas überzeugt sein).

Kam Johannes in seinem eigenen Namen, oder kam er in Vertretung eines anderen? Wen sollte er vertreten? Warum legt der Autor solchen Wert darauf festzuhalten, daß Johannes der Täufer nicht das Licht war?

Hier sind noch einmal die grundsätzlichen Aussagen der Verse 6-8 zusammengefaßt:

1. Es gibt einen großen Unterschied zwischen "blindem Glauben" und "überzeugtem Glauben". Johannes der Täufer predigte nicht "blinden Glauben", da er als Zeuge gekommen war. "Blinder Glaube" erfordert keinen Zeugen, kein Licht und kein Denken.

2. Ein Mensch, der von Gott gesandt ist, vertritt nicht sich selbst noch spricht er für sich selbst, auch steht er nicht zwischen Gott und den Menschen. Er steht einfach an der Seite und zeigt den Menschen den Weg zu Gott.

Johannes 1,9-13

Das war das wahrhaftige Licht, das, in die Welt kommend, jeden Menschen erleuchtet.

Er war in der Welt, und die Welt wurde durch ihn, und die Welt kannte ihn nicht.

Er kam in das Seine, und die Seinen nahmen ihn nicht an;

so viele ihn aber aufnahmen, denen gab er das Recht, Kinder Gottes zu werden, denen, die an seinen Namen glauben;

die nicht aus Geblüt, noch aus dem Willen des Fleisches,

noch aus dem Willen des Mannes, sondern aus Gott geboren sind.

Vers 9: Warum betont Johannes das Wort "wahrhaftig"? Warum sagt Johannes nicht, "das war ein wahrhaftiges Licht" oder "das war eines von vielen wahrhaftigen Lichtern" anstatt "das war das wahrhaftige Licht"? Was ist das Gegenteil von "wahrhaftig"?

Diese Fragen sollten dazu verwendet werden, um die engen Grenzen, die wahres Christentum zieht, zu betonen. Die Antworten, die unsere Freunde auf diese Fragen geben, sollten uns nicht vom Text ablenken. Wenn ihr in eine Diskussion über andere Religionen als mögliche Wege zu Gott abschweift, dann erinnere sie daran, daß nicht du die Bibel geschrieben hast und daß sie es nicht aus dem Grund akzeptieren müssen, weil du es akzeptierst. Deine (und deiner Freunde) Absicht ist es, die Bibel zu lesen, um herauszufinden, was sie über sich selbst zu sagen hat. Und wenn es sich herausstellen sollte, daß das Christentum die Grenzen enger zieht als deine Freunde dachten, dann müssen sie einfach eine Entscheidung treffen zwischen dem, was sie gerne glauben würden und dem, was die Bibel tatsächlich sagt. Du bist nicht für das verantwortlich, was in der Bibel steht. Betone, daß du "nichts in den Text der Bibel hineinliest". Du liest es einfach so, wie es da steht.

Wir glauben, daß es gerade zu Beginn eines evangelistischen Bibelkreises sehr wichtig ist, nicht in der Bibel herumzuspringen, um Querverweise aufzuzeigen. Das verleiht unserem Bibelstudium Kontinuität und zeigt unseren Freunden, wie sehr wir darauf bedacht sind, den Text, den wir gerade lesen, in seinem Zusammenhang zu sehen. Das Nachschlagen von Querverweisen kann unsere Freunde zu der Überzeugung bringen, daß wir einzelne Verse aus ihrem Zusammenhang nehmen, um unsere persönliche Meinung über die Aussagen der Bibel zu unterstreichen, das heißt, daß wir die Bibel so "interpretieren", daß ihre Aussagen uns genehm sind.

Auf der anderen Seite können jedoch auch Querverweise sehr hilfreich sein, wenn sie wohlüberlegt sind. Die Frage wird unweigerlich kommen: "Was ist mit den anderen Religionen? Ist Jesus der einzige Weg zu Gott?" Wenn das der Fall ist, und wenn du diese Grundregel, nicht in der Bibel herumzuspringen, brechen willst, dann sage zumindest etwas wie: "Die Bibel hat zu diesem Thema mehr zu sagen, aber wir sollen vorsichtig sein, daß wir keine Verse aus ihrem Zusammenhang herausreißen, damit sie unseren eigenen Ansichten entsprechen. Ich zeige euch einige Verse, aber ihr sollt nicht mir glauben, sondern selbst den ganzen dazugehörigen Absatz lesen, um selbst zu sehen, ob ich die Aussage dieser Verse nicht vielleicht mißverstanden habe."

Weise sie dann darauf hin, daß Jesus einige sehr starke Ansprüche bezüglich seiner Person gemacht hat und daß wahres Christentum ein viel schmälerer Pfad ist, als die meisten Leute zugeben wollen. Ohne allzu viel herumzuspringen, könntest du ihnen vorschlagen, Johannes 14,6 zu lesen und sie fragen, ob ihnen das nicht sehr beschränkend vorkommt. Dann lies Matthäus 7,13-14 und danach 7,21-23. Du könntest die Tatsache herausstreichen, daß es sich dabei um "religiöse" Leute handelt. Atheisten werden kaum "Herr, Herr" sagen, wie diese Menschen es tun. Jesus spricht tatsächlich von Leuten, die behaupten, "Christen" zu sein, weil sie Dinge "in meinem Namen" tun, nicht "im Namen Gottes". Alle Religionen tun Dinge im Namen ihres Gottes, aber nur im Christentum wird etwas im Namen Jesu gemacht. Weise darauf hin, was diese Menschen eigentlich im Namen Jesu in Matthäus 7 taten. Wenn ein Mensch aufgrund solch guter Taten nicht in den Himmel kommen kann, wie kann er dann überhaupt dorthin gelangen?

Nun gehe zurück zu Johannes 1,9 und frage deine Freunde: "Was macht dieses wahrhaftige Licht?" Es erleuchtet jeden Menschen. Wie viele Menschen sind erleuchtet? Nur die Menschen des Westens? Nur jene, die eine Bibel haben? Wie kann ein Mensch erleuchtet sein, wenn er niemals eine Bibel gesehen oder mit dem Besitzer einer Bibel gesprochen hat? Und wie ist das mit den Eingeborenen in Afrika, die niemals etwas davon gehört haben? Irgendwann werden deine Freunde diese Frage unweigerlich stellen. Aus diesem Grund solltest du ihnen damit zuvorkommen. Das zeigt ihnen, daß du ihre Fragen schon kennst und dich bis zu einem gewissen Grad schon damit beschäftigt hast. Diese Frage wird ganz eindeutig im 1. Kapitel des Römerbriefes beantwortet, aber wir wollen diesen Brief nicht lesen, bevor wir nicht das Johannesevangelium zu Ende gelesen haben!

Gehen wir nun im Text weiter. Was bedeutet "erleuchtet"? Es bedeutet: "etwas verstehen können". Wieviel muß jemand verstehen, damit man ihn für erleuchtet halten kann? Bedeutet das, daß jeder in den Himmel kommt, wenn er erleuchtet ist? Kann ein Mensch erleuchtet werden und trotzdem ablehnen, was er gerade zu verstehen gelernt hat?

Diese Frage ist sehr wichtig. Möchte die Bibel damit aussagen, daß jeder Mensch ein gewisses Wissen und ein gewisses Verständnis dieses Wissens von Gott mitbekommen hat, auch wenn in diesem Textabschnitt nicht genau gesagt wird, wie jeder Mensch erleuchtet wird?

Laß dich nicht durch ihre etwaigen Forderungen nach Antworten auf alle diese Fragen aufhalten. Die meisten der Antworten finden sich in den ersten Kapiteln des Johannesevangeliums. Bitte sie, etwas Geduld zu haben, da du sie vom ausgetretenen Weg der vorgekauten Informationen wegführen und hin zu selbständigem Denken leiten willst. Dann lies weiter.

Für dein eigenes Bibelstudium kannst du dir diese Fragen über Erleuchtung in Hebräer 6,4-6 stellen.

Vers 10: Die Welt kannte ihn nicht. War es Zufall, daß die Welt ihn nicht kannte? War es Absicht? Darüber sagt der Text nichts. Vielleicht war die Welt gerade ausgegangen und hatte dadurch das wahre Licht zufällig verpaßt. Vielleicht bedauert die Welt dieses unglückliche Versehen zutiefst. Vielleicht weiß die Welt nicht einmal, daß sie das wahre Licht verpaßt hat. Vers 11 wirft mehr Licht auf dieses Thema.

Vers 11: Wer waren die Seinen? (Wahrscheinlich die Juden, aber bis hierhin war von der Menschheit im allgemeinen die Rede.) Lehnten sie ihn ganz bewußt ab, oder war das alles nur ein bedauerliches Versehen? Denke an die Verse 5 und 10: "Die Finsternis hat es nicht erfaßt (oder überwältigt)." und "... die Welt kannte ihn nicht (oder nahm ihn nicht auf)". Das Verb "nahm ihn nicht auf" bezeichnet eine aktive Handlung. Es scheint, als hätte sich die Welt überhaupt nicht um das Licht gekümmert und ihn (es) bewußt abgelehnt.

Vers 12: Dieser Vers enthält genügend Diskussionsstoff für einen ganzen Abend! Wahrscheinlich wirst du mit diesem Vers mehr Zeit verbringen als mit dem ganzen Rest von Kapitel 1, und während des ganzen Johannesstudiums wirst du immer wieder auf diesen Vers zurückkommen. Aus diesem Grunde habe ich versucht, zahlreiche Beispiele zu finden, die die Aussage dieses Verses veranschaulichen sollen. Du wirst auf den Inhalt von Vers 12 wahrscheinlich immer wieder zurückkommen und diese und andere Veranschaulichungen immer und immer wieder mit deinen ungläubigen Freunden wiederholen müssen. Die Grundlage für das Erlernen und Verstehen neuer Begriffe ist die Wiederholung. Daher ist es wichtig, diesen und ähnliche Verse oft zu wiederholen. Deine Geduld wird möglicherweise zur Errettung deiner Freunde führen.

Nachdem ich zu den vorangegangenen Versen so viele Fragen gestellt habe, unterbreche ich an diesem Punkt gewöhnlich den Gedankenfluß mit einer völlig anderen Frage.

Ist jeder Mensch Kind Gottes? Fast jeder wird diese Frage mit "Ja" beantworten. Da Gott ja jeden Menschen erschaffen habe, seien alle Menschen automatisch Kinder Gottes. Wenn sie "Nein" sagen, stelle ihnen einfach die nächsten Fragen.

Welche Antwort gibt die Bibel auf diese Frage? Lies noch einmal Vers 12. Nachdem du die Tatsache in den Raum gestellt hast, daß es zwei Klassen von Menschen gibt (nämlich Kinder Gottes und all die anderen), stelle ihnen folgende Frage: "Wenn nicht jeder Kind Gottes ist, was sind dann die anderen?" Wir sind alle seine Geschöpfe, aber nicht alle sind wir Mitglieder seiner Familie. Nach Vers 4 wurden wir alle von Gott geschaffen, aber es steht hier nicht, daß wir alle Kinder Gottes sind. Ungeachtet dessen, was viele verschiedene Religionen behaupten, lehrt die Bibel keineswegs, daß alle Menschen Kinder Gottes seien.

Wie wird man Kind Gottes? Laß deinen ungläubigen Freunden Zeit, eine Antwort auf diese Frage zu finden (durch Taufe, Firmung, durch die Zugehörigkeit zu einer Kirche usw.). Durch Aufnehmen und Glauben. Darf man zu Recht annehmen, daß ein Mensch die Bedeutung dieser zwei Begriffe (Aufnehmen und Glauben) verstehen muß, um Kind Gottes werden zu können? Betone das!

Wie nehmen wir einen Menschen auf? Was bedeutet es, an jemanden zu glauben? Mir wurde einmal die Geschichte eines Mannes erzählt, der ein Seil über die Niagara-Fälle spannte und dann ankündigte, über dieses Seil gehen zu wollen. Am Tag, als er nun sein Vorhaben ausführen wollte, fragte er einige Leute, ob sie denn glaubten, daß er es schaffen würde. Die meisten verneinten. Daraufhin ging er über das Seil. Danach fragte er sie nochmals, ob sie denn glaubten, daß er es schaffen würde. Natürlich beantworteten nun alle diese Frage mit ja. Dann fragte er sie, ob er es ihrer Meinung nach auch mit einer großen Öltonne auf dem Rücken schaffen würde. Die meisten sagten nein. Daraufhin tat er es. Nun glaubten alle an ihn. So stellte er ihnen die Frage, ob er es ihrer Meinung nach auch schaffen könnte, einen Menschen auf seinen Schultern über das Seil zu tragen. Alle sagten ja, natürlich könne er das schaffen. Nach dieser Antwort ging er zu jedem einzelnen und fragte ihn, ob er ihn auf dem Seil über die Fälle tragen dürfe. Kein einziger willigte ein - außer einem kleinen Jungen. Der Mann trug niemanden über die Wasserfälle (die Mutter des kleinen Jungen hatte es nicht erlaubt!). Jeder hatte zwar "geglaubt", daß er es schaffen würde, aber keiner hatte ihm so "vertraut", daß er auf seine Schultern geklettert wäre. Jeder behauptete, er "wüßte", daß er es tun könne, aber kein einziger hatte so "an ihn geglaubt", daß er ihm sein Leben anvertraut hätte. Kind Gottes zu werden erfordert, dem Herrn Jesus zu "vertrauen" bzw. "an ihn zu glauben".

An jemandes Namen glauben bedeutet dasselbe. Wenn einem Botschafter die Leitung einer Botschaft in einem fremden

Land übertragen wird, so repräsentiert er dort seinen König oder Präsidenten. Er tritt "im Namen des Präsidenten" auf. Er vertraut darauf, daß sein Präsident in allen Belangen das Beste zu tun weiß, und er hat seine Ansichten und Ziele mit denen des Präsidenten in Einklang gebracht. Seine eigene Sicherheit hängt oft von den Entscheidungen des Präsidenten ab. In der Praxis jedoch würde kein Botschafter völlig der Auffassung seines Präsidenten vertrauen, selbst wenn er sich an sie halten müßte. Dieser Präsident müßte schon vollkommen sein. In unserem Studium des Johannesevangeliums müssen wir uns immer wieder die Frage stellen: Ist Jesus vollkommen? Was sagt Jesus über sich selbst? (Wie wir im 5. Kapitel des Johannesevangeliums entdecken werden, hat er einige unglaubliche Aussagen über sich selbst gemacht.) Was sagten andere über ihn? Wer sagte die Wahrheit? Wer nicht? Warum nicht? Die Antworten auf diese Frage werden wir noch vor dem Ende des Johannesevangeliums finden.

Die wichtigste Frage, die wir uns stellen müssen, wenn wir einer anderen Person vertrauen, ist die: Ist diese Person vertrauenswürdig? In blindem Glauben könnten wir uns ganz dieser Person anvertraut haben, aber unser Vertrauen wäre nutzlos, wenn sich das Objekt unseres Vertrauens als unzuverlässig herausstellt. Jeden Tag hören wir darüber in den Nachrichten, wenn von Tausenden religiösen Fanatikern die Rede ist, die Hunderte von Menschen "im Namen" ihres religiösen Führers getötet haben. Jesus sprach über diese Art des blinden Glaubens in Johannes 15 und 16. Doch dazu später.

Wenn wir das Wort "glauben" verwenden, so tun wir dies immer im Zusammenhang mit einem Objekt. Wenn jemand sagen würde, "ich glaube", so würden wir ihn sofort fragen: "Was oder an wen glaubst du?" Wenn dein Freund zu dir sagt: "Ich habe meinen eigenen Glauben. Der ist gut genug für mich", dann könntest du ihm die Frage stellen: "Aber ist dein Glaube gut genug für Gott?" Oder du könntest ihm ein Beispiel geben. Nehmen wir an, vor mir stünde eine Tasse kochenden Wassers. Was würdest du denken, wenn ich sage: "Ich glaube, daß ich mir die Finger verbrennen werde, wenn ich sie da hineinhalte.

Durch diesen 'Glauben' werde ich in den Himmel kommen."

Das ist offensichtlich absurd. Es zeigt jedoch, daß nicht irgendein Glaube ausreicht, einen Menschen in den Himmel zu bringen. Wenn ich von Frankreich nach Deutschland reise, so benötige ich einen Personalausweis. Stell dir vor, ich komme zum Grenzübergang und zeige dem Zollbeamten einen Paß, der jemandem anderen gehört und noch dazu schon seit zwanzig Jahren abgelaufen ist. Auch wenn ich den ganzen Tag stur behaupte, daß doch jeder Paß genügen müsse, um mich über die Grenze zu lassen, dürfte ich mich doch früher oder später in einem französischen oder deutschen Gefängnis wiederfinden.

Welchen Paß müssen wir Gott vorzeigen, damit er uns in seinen Himmel läßt? Denn schließlich und endlich gehört der Himmel ja ihm. Er hat ihn geschaffen. Hat er nicht das Recht zu bestimmen, unter welchen Voraussetzungen man nur in seinen Himmel kommen kann? Hat er nicht das Recht, jeden abzuweisen, der nicht seinem Maßstab entspricht? Einige Leute sagen: "Ich bin auch nicht schlechter als jeder andere. Wenn die anderen in den Himmel kommen, dann komme ich auch in den Himmel." Setzt das nicht voraus, daß Gott unseren Maßstab für das Leben und den Eintritt in den Himmel akzeptieren muß? Wenn Gott nun aber mit unseren Ansichten nicht übereinstimmt? Wer wird wen richten, wenn wir gestorben sind?

Weißt du, ob du Kind Gottes bist? Wie kannst du das wissen?

Vers 13: Was muß ein Mensch tun, um Teil der menschlichen Gesellschaft zu werden? Er muß physisch als Mensch geboren werden. Was muß ein Mensch tun, um ein Mitglied der Gesellschaft Gottes zu werden? Muß er nicht auf einer anderen, einer geistlichen Ebene geboren, d. h. wiedergeboren werden? Wird man durch die körperliche Geburt Kind Gottes? (Hast du schon einmal jemanden getroffen, der nicht körperlich geboren worden ist?) Wie kann ein Mensch als Kind Gottes geboren werden?

Was bedeutet es, Mitglied einer Familie zu sein? Kann mein Sohn jemals aufhören, mein Sohn zu sein? Sogar wenn er mich verleugnen würde usw. ...? Heißt das, daß nicht jeder behaupten kann, Gott sei sein Vater? Woran denken wir, wenn wir das Wort "Vater" hören? Wenn ein Mensch nicht "aus Gott geboren" ist, mit welchem Namen kann er Gott dann ansprechen? ("Schöpfer", aber nicht "Vater"!)

Worin unterscheiden sich die folgenden drei Phrasen: "nicht aus Geblüt, noch aus dem Willen des Fleisches, noch aus dem Willen des Mannes geboren." Kann ein Mensch durch Vererbung in den Himmel kommen, d. h. seine Eltern sind gläubig, und durch die Weitergabe ihres Blutes in der Vererbung erlangt ihr Kind ein Anrecht auf den Himmel? Kann ein Mensch durch gute Werke, d. h. durch Werke des Fleisches in den Himmel kommen? Kann ein Mensch in den Himmel kommen, weil ein Priester Wasser über ihn ausgießt und "sagt", daß er ein Kind Gottes sei, d. h. durch den Willen des Menschen?

Hier sind noch einmal die grundsätzlichen Aussagen der Verse 9 bis 13 zusammengefaßt:

1. Jeder Mensch ist erleuchtet, d. h. jeder hat eine bestimmte Information über Gott mitbekommen.

2. Nach Vers 11 scheinen die meisten Menschen Gott abgelehnt zu haben.

3. Nicht jeder ist Kind Gottes. Genauso wie ein Mensch körperlich geboren werden muß, um Teil der menschlichen Gesellschaft werden zu können, genauso muß er auch in einem geistlichen Sinn geboren werden, um zu Gottes Gesellschaft gehören zu können.

4. Aus Gott geboren werden kann nicht durch irgendwelche menschlichen Methoden geschehen, sondern es muß von Gott gemacht werden.

5. Was Gott von uns verlangt, damit wir geistlich geboren werden können, ist ganz einfach: wir müssen unser Vertrauen einzig auf Jesus Christus setzen, daß er uns rettet.

Johannes 1,14-18

Und das Wort wurde Fleisch und wohnte unter uns, und wir haben seine Herrlichkeit angeschaut, eine Herrlichkeit als eines Eingeborenen vom Vater, voller Gnade und Wahrheit.

Johannes zeugt von ihm und rief und sprach: Dieser war es, von dem ich sagte: Der nach mir kommt, ist vor mir, denn er war eher als ich.

Denn aus seiner Fülle haben wir alle empfangen, und zwar Gnade um Gnade.

Denn das Gesetz wurde durch Mose gegeben; die Gnade und die Wahrheit ist durch Jesus Christus geworden.

Niemand hat Gott jemals gesehen; der eingeborene Sohn, der in des Vaters Schoß ist, der hat ihn kundgemacht.

Denke daran: keine dieser Fragen ist dafür gedacht, auf der Stelle beantwortet zu werden, sondern der Ausgangspunkt für eine gute Diskussion zu sein. Die Prinzipien werden am Ende der Fragen aufgezeigt.

Vers 14: In allen Religionen geht es um den Versuch des Menschen, zu Gott zu gelangen. Dieser Suchprozeß nimmt seinen Anfang beim Menschen selbst. Wie effektiv ist das? Nehmen wir ein Beispiel:

Stell dir vor, ich sitze in einem Wohnzimmer und sehe oben in der Ecke eine Ameise. Nehmen wir an, daß diese Ameise mir etwas sagen will. Was soll sie tun? Soll sie herunterkommen, auf meinen Schuh krabbeln und mich in der Ameisensprache anschreien? Aber was nun, wenn ich gar nicht mit dieser Ameise reden will?! Ich könnte das Haus verlassen, und die Ameise hätte nie mehr die Möglichkeit, mich zu erreichen. Bevor also die Ameise zu mir sprechen kann, muß ich den Willen haben, ebenfalls mit der Ameise zu sprechen. Könnten wir etwa Gott finden, wenn er nicht mit uns sprechen wollte? Wäre es nicht logisch, daß Gott zuerst die Initiative zur Kommunikation ergreifen müßte, bevor wir mit ihm kommunizieren können?

Nehmen wir an, ich wollte doch mit der Ameise sprechen. Wie könnte ich das wohl tun? Ich könnte zu der Ameise gehen und mit ihr sprechen, aber die Ameise würde mich nicht verstehen. Ich müßte schon in der "Ameisensprache" zu ihr reden. Und ich müßte mich selbst durch Ausdrücke beschreiben, die die Ameise verstehen kann. Da ich viel komplizierter bin als die Ameise, müßte ich versuchen, mich ihr auf möglichst einfache Weise zu beschreiben. Wenn mich eine Ameise kennenlernen will, dann hängt alles von mir ab, daß dies möglich wird.

Am besten könnte ich jedoch mit dieser Ameise kommunizieren, wenn ich selbst eine Ameise würde. Keine schlechte Idee, aber gefährlich! In dieser Welt leben Millionen von Ameisen. Ob die mich wohl alle mögen? Sie könnten mich vielleicht kreuzigen (ups!), äh, ich meine, mich töten! Welchen Weg hat Gott gewählt, um mit den Menschen zu kommunizieren? Was steht darüber in Vers 14?

Religion ist der Versuch des Menschen, zu Gott zu gelangen. Die Richtung ist vom Menschen zu Gott. Die Bibel ist das einzige religiöse Buch, das diesen Prozeß umkehrt und nicht mit dem Menschen, sondern mit Gott beginnt. Wie wir in Vers 14 sehen können, hat nicht der Mensch zuerst seine Hand nach Gott ausgestreckt, sondern Gott hat seine Hand nach dem Menschen ausgestreckt, indem er selbst Mensch geworden ist!

Was bedeutet es, "jemandes Herrlichkeit anzuschauen"? Sprechen wir üblicherweise von anderen Menschen auf diese Weise?

Es bleibt dir überlassen, ob du den Ausdruck "eingeboren" erklären willst. Dieser Ausdruck bezieht sich nicht auf die Zeit, d. h. auf die Reihenfolge der Geburten, sondern auf die Priorität. Derselbe Ausdruck wird im Hebräischen für Isaak als Abrahams "eingeborenen Sohn" verwendet. In diesem Zusammenhang kann es sich nicht auf die Zeit beziehen, da Ishmael Abrahams erstes Kind war.

Unsere ungläubigen Freunde frage ich gewöhnlich nur, was dieser Ausdruck bedeutet, und sie antworten meistens: "Der einzige Sohn." Vermeide es, in eine komplizierte Erklärung des griechischen Textes abzuschweifen, möglicherweise noch unter Zuhilfenahme der Fußnoten, in denen man erfährt, was Lange und Calvin und Joe Bloggs zu diesem Wort zu sagen haben. Besser ist es, die Erklärung so einfach wie möglich zu halten.

Was ist Gnade und was ist Wahrheit? Wenn deine Freunde Schwierigkeiten mit der Erklärung dieser Ausdrücke haben, dann versuche, sie ihnen durch das Bild eines Gerichtshofes zu veranschaulichen. Wenn wir ein Verbrechen begehen und vor Gericht gestellt werden, dann hoffen wir, daß der Richter Gnade walten läßt, d. h. daß er nachsichtig über unsere Straftat hinwegsieht. Das letzte, das wir uns in so einem Fall wünschen, ist "Wahrheit"! Wenn wir unschuldig sind, dann sind wir an Gnade nicht interessiert. Was wir dann verlangen, ist "Wahrheit". Auf jeden Fall kommen die zwei Ausdrücke "Gnade" und "Wahrheit" nur sehr selten zusammen vor. Zuerst müssen wir über jeden Ausdruck für sich sprechen.

Wie würdest du "Gnade" definieren? Frage jeden nach seiner Meinung, und schlage das Wort dann in einem Wörterbuch nach. "Gnade" ist "unverdiente Gunst trotz verdienter Strafe". Viele Beispiele können hier angeführt werden. Ein Lehrer gibt einem Schüler eine bessere Note, als dieser seinen Leistungen nach verdient hätte. Ein Richter läßt einem Verbrecher gegenüber Milde walten und erteilt ihm nur einen Verweis, anstatt ihn zu einer Gefängnisstrafe zu verurteilen. Denke dir selbst Beispiele aus deinem Familienleben, der Schule oder der Arbeit aus.

Über den Begriff "Wahrheit" kannst du einige sehr interessante Diskussionen führen. Gibt es nur eine Art von Wahrheit? Wieviele verschiedene Arten gibt es? In welche Kategorien können wir Wahrheit einteilen? Wahrheit kann entweder absolut oder relativ sein. Jeder hat seine eigene Anschauung davon, was Wahrheit ist. Die Philosophen aller Zeit schrieben meterlange Abhandlungen über den Begriff der relativen Wahrheit. Alle kamen sie zum selben Ergebnis: Wahrheit ist immer relativ.

Und doch ist so manche Wahrheit - innerhalb eines festgelegten Systems - absolut. Zum Beispiel: wenn du aus einem Fenster im fünften Stock eines Hauses springst, dann wirst du abwärts fallen und nicht aufwärts. Auch wenn du einen kleinen Stein versuchsweise Tausende Male aus dem Fenster wirfst: er wird immer abwärts fallen, niemals aufwärts. Du wirst wahrscheinlich annehmen, daß du, wenn du selbst aus dem Fenster springst, ebenfalls abwärts fällst und nicht aufwärts. Wenn du dieser "Wahrheit" zuwiderhandelst, läufst du Gefahr, einen schweren Schock im wahrsten Sinne des Wortes zu erleiden. Dein Sprung aus dem Fenster würde beweisen, daß du die Schwere der Situation nicht erkannt hast!

Wir Menschen können nicht einer Wahrheit zuwiderhandeln, bloß weil sie uns nicht gefällt. Wir müssen das in der physischen Welt erfahren, während wir aufwachsen, und wir wissen das intuitiv als Erwachsene. Gilt das gleiche auch für moralische Belange? Gibt es "Wahrheiten" der Moral, deren Zuwiderhandeln automatisch negative Konsequenzen nach sich zieht? Können wir jede Wahrheit relativieren, wie es uns gefällt, ohne Konsequenzen daraus erwarten zu müssen?

Was ist, wenn du zwei Systemen relativer Wahrheit gegenüberstehst? Wie kannst du entscheiden, welches das richtige ist? Gibt es überhaupt ein richtiges? Können beide zur selben Zeit richtig sein?

Ich möchte dir ein Beispiel nennen. Nehmen wir an, du seist ein Schüler und hast eine Prüfung abzulegen. Dein Lehrer gibt dir die Prüfung zurück, darunter steht "Nicht genügend". Du fragst ihn, warum die Prüfung "Nicht genügend" sei. Er sagt: "Du hast nur 15 % der Fragen richtig beantwortet. Du hättest aber 70 % richtig beantworten müssen." Daraufhin antwortest du ihm, daß er dir eine positive Note geben müsse, da nach deinem Benotungssystem nur 10 % der Fragen richtig beantwortet werden müßten. Da 15 % der Fragen richtig beantwortet seien, hättest du die Prüfung bestanden. Was würde der Lehrer wohl darauf antworten? Nachdem er dich herzlich ausgelacht hätte, würde er dich vielleicht höflich darauf hinweisen, daß sein Benotungssystem das "richtige" für diese Prüfung sei. Denn schließlich war es der Lehrer, der die Prüfung zusammengestellt hatte. Es war die Prüfung des Lehrers, nicht des Schülers.

Hat Gott ein Benotungssystem? Ist es relativ oder absolut? Was ist, wenn wir zu der Erkenntnis kommen, daß unsere moralischen Werte im Widerspruch zu den moralischen Werten Gottes stehen? Wer wäre wohl im Recht? Glauben wir tatsächlich, Gott von seinen eigenen Ansichten abbringen und ihm unsere Sicht der Dinge aufdrängen zu können? Was ist, wenn uns das nicht gelingt? Was ist, wenn Gottes "Wahrheit" absolut ist und nicht in unser relatives Denken paßt, demzufolge wir nicht selten Regeln einfach ändern, bloß weil sie uns im Moment nicht passen?

Was ist, wenn wir Gottes Gesetze nicht erfüllen können? Was ist, wenn Gott von uns verlangt, so vollkommen zu sein, wie er es ist?

Kannst du dir den Himmel vorstellen? Glaubst du, daß alles und alle im Himmel vollkommen sein werden? Wenn ja: bist du vollkommen? Wenn der Himmel vollkommen ist, du aber nicht, dann wäre der Himmel nicht mehr vollkommen, wenn Gott dich hineinließe! Warum sollte Gott dich unvollkommenen Menschen in seinen vollkommenen Himmel lassen?

(Was unsere ungläubigen Freunde nicht begreifen, wenn du ihnen all diese Fragen stellst, ist, daß Gott Vollkommenheit verlangt, um Einlaß in seinen Himmel zu gewähren, und daß der Mensch aus eigener Kraft niemals Gottes Anforderungen erfüllen kann. Das ist der Grund, warum wir Christi Tod brauchen, um unsere durch Sünden aufgehäufte Schuld bezahlen zu können, und warum wir seine Auferstehung brauchen, um mit ihm in die Herrlichkeit eingehen zu können. Der Herr Jesus kommt nicht einfach her, um uns in den Himmel zu helfen. Er erkauft uns mit seinem Blut und nimmt uns aus reiner Gnade mit in den Himmel.)

Diese Fragen sollen unsere Freunde zum Nachdenken über ihre relativen Ansichten über die Wahrheit anregen und sie dazu bringen, sich die Frage zu stellen, ob sich ihre Ansichten vielleicht von Gottes Ansichten unterscheiden. Besonders wollen wir sie dazu bringen, über die Konsequenzen unterschiedlicher Ansichten nachzudenken.

Schließlich solltest du ihnen die Frage stellen: "Wenn die Bibel Gottes Wort ist und du etwas darin findest, mit dem du nicht übereinstimmst, wie wirst du darauf reagieren? Die normale Reaktion wäre es, die Bibel als Gottes Wort abzulehnen, aber wenn du Unrecht hast? Es scheint doch nicht sehr sicher oder klug zu sein, mit Gott nicht übereinzustimmen. Wie denkst du darüber?

Obwohl die beiden Begriffe Gnade und Wahrheit nur sehr selten zusammen in einem Kontext vorkommen, kann es keine Gnade geben ohne einen Maßstab, mit dessen Hilfe wir die Gnade beurteilen können. Ein Richter kann keine Gnade walten lassen ohne einen Beurteilungsmaßstab, durch welchen er bestimmt, warum ein Mensch diese Gnade nicht verdient hat. Zuerst muß eine Regel oder ein Gesetz vorhanden sein, das verletzt oder gebrochen wurde und ein Urteil erforderlich macht, bevor Gnade an die Stelle von Strafe treten kann. Welchen Beurteilungsmaßstab oder welche Wahrheit wendet Gott an, um uns beurteilen und ermessen zu können, was wir verdient haben? Warum sollte Gott uns Gnade erweisen? Auf welcher Grundlage haben wir Gnade verdient (das ist ein Widerspruch in sich selbst!)?

An diesem Punkt kann es schließlich zu einer Diskussion darüber kommen, wie ein Mensch sich seiner Auffassung nach den Himmel verdienen kann. Die folgenden Fragen können dir bei der Diskussion helfen.

Einige Leute denken, sie könnten sich den Himmel verdienen. Ich glaube, diese Vorstellung zeigt, wie unglaublich stolz Menschen sein können. Die meisten Leute, die das glauben, stellen sich meistens eine Skala vor. Sie hoffen, daß nach ihrem Tod die guten Taten die schlechten überwiegen und sie so in den Himmel kommen können. Wenn nicht, dann werden sie ihrer Vorstellung nach einige Zeit zwischen Himmel und Erde verbringen und irgendwelche Leiden erdulden, um für das Übergewicht der schlechten Taten zu bezahlen. Dann, so glauben sie, werden sie in den Himmel gelassen werden. Wenn auf der Skala nur böse Taten abzulesen sind, dann nehmen sie an, daß dieser Mensch in die Hölle kommt.

Und tatsächlich fragt jeder Mensch: "Wieviele gute Taten brauche ich, um in den Himmel zu kommen?"

Ich für meinen Teil finde es sehr interessant, daß niemand fragt: "Wie wenige schlechte Taten sind erlaubt, bevor mir der Zugang zum Himmel versperrt wird?" Was ist, wenn Gott uns keine einzige schlechte Tat in diesem Leben gestattet? Was ist, wenn der Zeiger der Skala vollkommen auf die Seite der guten

Taten ausschlagen muß? Wie kann jemand glauben, daß sein Leben "gut genug" für Gott wäre? Wie kann jemand glauben, daß er auch nur irgend etwas tun könnte, das gut genug für Gott wäre? Schreiben wir Gott vor, daß er unsere kümmerlichen Bemühungen um Vollkommenheit akzeptieren muß, nur weil wir es eben nicht besser können? Wie gut ist Gott verglichen mit uns?

Ich habe auch gehört, daß Leute gesagt haben: "Wenn dieser Mensch in den Himmel kommt, dann komme ich schon lange dorthin! So gut wie der bin ich auch!" Was ist, wenn die Maßstäbe Gottes nicht mit unseren Maßstäben übereinstimmen? Ein ungläubiger junger Mann sagte einmal zu einem älteren, im Glauben reifen Mann: "Wenn du in den Himmel kommst, dann komme ich auch in den Himmel. So gut wie du bin ich auch." Der Gläubige antwortete: "An welch verkommenem Maß mißt du dich!"

Wenn ein Mensch Gottes Vorbild an Vollkommenheit erreichen muß, wer kann dann noch in den Himmel kommen? Doch nur jemand, der vollkommen ist! Könnte ein Mensch, der in diesem Leben ein Sünder ist, dennoch vollkommen werden in Gottes Augen, so daß er ihn in den Himmel läßt? Was wäre notwendig, damit Gott dich ansehen und für vollkommen erklären kann?

Wenn wir weit genug lesen, werden wir die Antwort auf diese Fragen im Johannesevangelium finden.

Was bedeutet "voll" Gnade und Wahrheit? Wie kann jemand voll Gnade und Wahrheit sein? Wenn ein Mensch voll Gnade ist, dann würde dies wahrscheinlich bedeuten, daß er ständig die Fehler der anderen übersieht. In diesem Fall könnte er jedoch nicht auch voll Wahrheit sein, denn sonst würde er ständig jedem die Wahrheit über ihn selbst sagen! Das wäre wohl kein Mensch, mit dem man gerne Umgang hätte! Kennst du jemanden, der ständig die Fehler anderer übersieht? Ich auch nicht!

Vielleicht bedeutet "voll Wahrheit", daß er immer ehrlich ist? Kennst du jemanden, der niemals lügt? Lügst du? Gib es ruhig zu. Wir alle lügen manchmal. Und für gewöhnlich versuchen wir, uns zu rechtfertigen, indem wir die Art der Lüge beschreiben: "Es war ja nur eine kleine Notlüge!"

Wenn wir keinen Menschen kennen, der "voll Gnade" und "voll Wahrheit" ist, wen könnte Johannes dann in diesen Versen wohl meinen? Sicherlich kein normales menschliches Wesen! Was sagt Johannes noch über diese Person?

Vers 15: Streiche den offensichtlichen Widerspruch in diesem Vers heraus. Wie kann ein Mensch nach jemandem kommen und dennoch vor ihm gewesen sein? Von wem redet Johannes? Bis jetzt wurde uns noch kein Name der beschriebenen Person genannt. Diesen Namen werden wir erst in Vers 17 erfahren.

Vers 16: Was ist mit "Fülle" gemeint? Was haben alle Menschen erhalten? Die meisten Menschen denken nicht viel über die Dinge nach, die sie jeden Tag erhalten. Die Luft, die sie atmen, nehmen sie als selbstverständlich hin. Sie glauben, daß sie das Brot auf ihrem Tisch durch ihre eigene harte Arbeit verdient haben. Ich fragte einmal einen ungläubigen Freund: "Warum sollte Gott dir nur auch noch einen Atemzug Luft geben? Warum sollte dich Gott auch nur noch eine Sekunde länger leben lassen? Hast du dir den nächsten Atemzug verdient? Hast du das Leben, daß dir gegeben wurde, verdient?"

Was bedeutet "Gnade über Gnade"? Kann ein Mensch zuviel Gnade erweisen? Kann ein Mensch genug Gnade erhalten?

Vers 17: Von welchem Gesetz spricht Johannes? Wer war Moses? Gehe bei der Beantwortung dieser Frage nicht zu sehr ins Detail, indem du ihnen einen endlosen Überblick über das Alte Testament gibst. Das kommt später, wenn sie Johannes gelesen haben und Apostelgeschichte und Römer und ...

Was ist der Unterschied zwischen "wurde gegeben durch" und "ist geworden durch"? Das könnte bedeutsam werden, wenn wir später im Johannesevangelium Mose mit Jesus vergleichen.

Vers 18: Dieser Vers bildet den Höhepunkt all dessen, was uns

Johannes bisher mitgeteilt hat. Gott offenbarte sich selbst den Menschen, indem er Mensch wurde. Die meisten lehnten ihn ab. Einige nahmen ihn auf und wurden so zu Kindern Gottes. Jedenfalls aber ist Jesus Christus, der Gott-Mensch, gekommen, um uns zu zeigen, wie Gott ist.

Wenn du wissen möchtest, wie dein Nachbar ist, aber nicht mit ihm selbst reden möchtest, wen würdest du dann fragen? Du könntest den Milchmann fragen, wie er ist. Er könnte dir sagen, daß dein Nachbar drei Liter Milch in der Woche trinkt, aber diese Information würde dir nicht sehr helfen, deinen Nachbarn kennenzulernen.

Du könntest den Briefträger fragen und dabei erfahren, daß dein Nachbar selten Briefe schreibt und nur wenig Post erhält. Daraus könntest du schließen, daß dein Nachbar einsam ist, aber ganz sicher könntest du dir nicht sein. Du könntest seinen Vorgesetzten oder einen seiner Angestellten fragen, aber auch dadurch könntest du deinen Nachbarn nicht richtig kennenlernen. Am besten wäre es, wenn du mit seiner Frau und seinen Kindern über ihn sprichst, denn sie stehen ihm wahrscheinlich am nächsten.

Woran denkt man, wenn von "im Schoße" die Rede ist? An Nähe? Einheit? Liebe? Enge Zugehörigkeit? Gründliche Kenntnis? Die meisten Menschen haben dabei das Bild eines glücklichen kleinen Kindes vor Augen, das im Schoß der Mutter schläft. Können wir verstehen, warum Johannes gerade diesen Ausdruck verwendet, um die Beziehung zwischen dem Vater und dem Sohn zu beschreiben? Die einzigartige, besondere, enge, ja intime Beziehung könnte nicht besser veranschaulicht werden. Wer könnte besser wissen, wie Gott ist, wenn nicht Gottes eigener Sohn, der schon seit aller Ewigkeit bei ihm ist?

Was behauptet Johannes eigentlich von Jesus? Nehmen wir noch einmal das Beispiel vom Nachbarn, den wir kennenlernen wollen. Wenn wir schon nicht mit ihm persönlich sprechen und eine Beziehung direkt mit ihm herstellen können, sind wir darauf angewiesen, mit anderen über ihn zu sprechen. Jesus möchte aber mehr, als uns nur von Gott erzählen. Er möchte uns Gott zeigen.

Wenn jemand an deine Tür klopft und behauptet, er hätte eine Botschaft für dich von Gott, dann würdest du ihn wahrscheinlich auslachen und nicht ernst nehmen. Wenn er jedoch käme und behauptete, er werde dir Gott zeigen, würdest du dir wahrscheinlich um seinen Geisteszustand ernsthaft Sorgen machen. Wenn er ernstzunehmen wäre, würdest du ihn auffordern, zu beweisen, daß er Gott nahe genug steht, um dir zeigen zu können, wie Gott ist. Das würde bedeuten, er müßte alle erdenklichen Wunder vollbringen.

Hier nun sehen wir uns folgendem Problem gegenüber: Welche Arten von "Beweisen" wollen wir gelten lassen? Im Johannesevangelium werden wir immer wieder mit diesem Problem konfrontiert werden. Jesus vollbringt ein Wunder, und die Leute nehmen dieses Wunder nicht als Beweis seiner Glaubwürdigkeit an.

Vergleiche die folgenden Abschnitte der Heiligen Schrift für dich selbst.

Johannes 5. Der Herr heilte einen Mann, doch die Pharisäer anerkannten dieses Wunder nicht, da der Herr es an einem Sabbath getan und dadurch eines ihrer Religionsgesetze gebrochen hatte. Der Herr hat weder ein Gesetz des Alten Testamentes noch ein Staatsgesetz jemals gebrochen, sondern nur Religionsgesetze.

Johannes 6. Der Herr vermehrte das Brot und die Fische, und am nächsten Tag verlangte das Volk von ihm ein Zeichen (6,30)!

Johannes 8 und 9. Die Pharisäer bekannten ihre eigene Sündhaftigkeit (8,9), und der Herr behauptete von sich selbst, ohne Sünde und vollkommen zu sein, indem er sie aufforderte, ihn einer Sünde zu überführen (8,46). In 9,24 behaupteten die Pharisäer zu wissen, daß Jesus ein Sünder sei, obwohl sie ihm keine einzige Sünde vorwerfen konnten.

Johannes 10. Jesus hatte bis dahin schon viele Zeichen und Wunder getan, und sie glaubten noch immer nicht, daß er von Gott kam. Er spricht sie ganz direkt auf dieses Thema an, indem er zu ihnen sagt: "Wenn ich nicht die Werke meines Vaters tue, so glaubt mir nicht; wenn ich sie aber tue, so glaubt den Werken, wenn ihr auch mir nicht glaubt, damit ihr erkennt und glaubt, daß der Vater in mir ist und ich in ihm." Von da an wollten ihn die Juden töten, da sie ganz klar verstanden hatten, was der Herr Jesus behauptete. Er behauptete, Gott zu sein (siehe 10,33).

Er sprach auch in Gleichnissen zu ihnen (10,6), aber niemand verstand, was er meinte. Trotzdem zeigten die Leute zwei verschiedene Reaktionen: Die einen behaupteten, er sei von einem Dämon besessen, die anderen nahmen das an, was er sagte. Diejenigen, die ihn annahmen, taten dies, weil er ein Wunder getan hatte, als er dem Blinden das Augenlicht wiedergab. Wunder sind ein Beweis für Glaubwürdigkeit, aber Wunder sind nutzlos, wenn ein Mensch eigensinnig an seinen eigenen vorgefertigten Meinungen festhält und nicht bereit ist, die augenscheinlichen Beweise zu akzeptieren.

Johannes 11. Hier vollbringt der Herr das größte Wunder von allen: Er erweckt einen Menschen von den Toten. Und darauf gibt es wieder zwei Reaktionen: "Viele nun von den Juden, die zu Maria gekommen waren und sahen, was er getan hatte, glaubten an ihn. Einige aber von ihnen gingen hin zu den Pharisäern und sagten ihnen, was Jesus getan hatte" (11,45.46).

Zeige deinen ungläubigen Freunden all diese Verse noch nicht, solange ihr in Kapitel 1 seid. Ich habe sie hier nur aus dem Grund angeführt, damit du siehst, was du deinen Freunden (durch Fragen!) immer und immer wieder klarmachen mußt. Die Bereitschaft, sachliche Beweise als Grundlage des Glaubens (nicht blinden Glaubens!) zu akzeptieren, wird sich als entscheidender Faktor im Leben deiner Freunde erweisen.

Wir wollen die Fragen und Diskussionen zu diesem Vers so einfach wie möglich halten, und aus diesem Grund wollen wir uns nicht in eine theologische Diskussion verstricken, ob es möglich ist, Gott zu "sehen" oder nicht.

In 2. Mose 33,11 steht, daß der "Herr mit Mose von Angesicht zu Angesicht redete, wie ein Mann mit seinem Freund redet." Im selben Kapitel, 2. Mose 33,20, sagt Gott zu Mose: "Du kannst es nicht ertragen, mein Angesicht zu sehen, denn kein Mensch kann mich sehen und am Leben bleiben." Entweder sehen wir diese beiden Aussagen als direkten Widerspruch an, oder wir verstehen den Vergleich in Vers 11, "wie ein Mann mit seinem Freund redet", als Erklärung dafür, was er mit "von Angesicht zu Angesicht" meinte.

In einigen Übersetzungen wird wahrscheinlich stehen: "der eingeborene Sohn", in anderen wiederum "der eingeborene Gott". Woher kommt dieser Unterschied? (Einige Schreiber wußten, daß Jesus Gott war und schrieben deshalb einfach "Gott" anstatt "Sohn". Sie meinten, sie würden dadurch die Dinge für den Leser klarer machen.)

Was müßte ein Mensch nach diesem Vers tun, wenn er Gott kennenlernen wollte? Wenn Jesus Gott "kundgemacht" hat, dann müßte er wohl zu Jesus gehen, um herauszufinden, wie Gott ist. Wenn Gott der Mensch Jesus Christus geworden ist, so werden wir uns wohl die Frage stellen, warum er das getan hat. Warum ist er nicht eine Pflanze oder ein Tier geworden? Warum ist er kein Engel geworden? Warum ist er ausgerechnet ein Mensch geworden? Das wäre wohl die beste Möglichkeit, mit uns kommunizieren zu können. Er könnte uns in seiner menschlichen Form tatsächlich zeigen, wie er, Gott, wirklich ist. Und er könnte uns das auf eine Weise zeigen, die wir verstehen können.

Ich könnte mich nur schwer mit einem Engel identifizieren, da ich ja selbst keiner bin und ich noch nie einen solchen gesehen noch mit ihm gesprochen habe. Und ich glaube auch nicht, daß Gott minderwertiger als ein Mensch ist. Deshalb würde ich wahrscheinlich auch keinem Hund zuhören, wenn er mit mir sprechen und behaupten würde, er wäre Gott. Würdest du das tun?

Hier sind nun einige Schlüsselfragen, die wir unseren ungläubigen Freunden an diesem Punkt stellen sollten: "Wie sieht Gott, von Jesus dargestellt, aus (nicht im physischen Sinne!)? Entspricht dieses Bild meiner eigenen vorgefaßten Meinung von Gott? Was ist, wenn Gott völlig anders ist, als ich ihn mir vorgestellt habe? Wenn Jesus Gott ist und sein Bild von Gott der Wahrheit entspricht, was sollte sich dann ändern: mein Bild von Gott, oder sollte ich von Gott verlangen, daß er sich entsprechend dem Bild, das ich mir von ihm mache, ändert?

Welche Fragen du auch immer stellst: denke daran, daß das Gespräch ganz einfach bleiben muß, damit deine Freunde nicht das Wesentliche übersehen, nämlich daß Jesus gekommen ist, um uns Gott zu zeigen, und nicht bloß, um uns irgend etwas über ihn zu erzählen.

Hier noch einmal die grundlegenden Aussagen der Verse 14-18:

1. Gott ergriff die Initiative, seine Hand dem Menschen entgegenzustrecken, indem er selbst Mensch wurde.

2. Gnade und Wahrheit werden für gewöhnlich als Gegensätze angesehen, und trotzdem benötigen wir beide für unser Leben in dieser Welt.

3. Es gibt einen deutlichen Unterschied zwischen relativen und absoluten Wahrheiten.

4. Was verlangt Gott von einem Menschen, bevor er ihn in den Himmel läßt? Diskutiere über die Begriffe "gute Werke" und "Vollkommenheit".

5. Woher bekommen wir alle Dinge, die wir als selbstverständlich nehmen (die Luft, die Sonne usw.)?

6. Vergleiche (auf einfache Weise!) Mose mit Jesus.

7. Gott hat sich dafür entschieden, Mensch zu werden, um uns zu zeigen, wie er, Gott, wirklich ist.

8. Sind wir bereit, ihn so anzunehmen, wie er wirklich ist? Oder wollen wir an unseren eigenen Wunschvorstellungen von Gott festhalten? Verlangen wir von Gott, daß er sich gemäß unseren Vorstellungen ändert, damit wir unsere Ansichten nicht ändern müssen?

Achte darauf, daß du diese Schwerpunkte, ebenso wie alle anderen, einfach und verständlich darlegst. Du solltest von deinem ungläubigen Freund nicht verlangen, daß er beim ersten Lesen gleich alles versteht. Ich habe zahlreiche Male das Johannesevangelium gelesen, und beinahe jedesmal entdecke ich etwas Neues.

Die Fragen und Antworten zu Johannes 1,1-18 sollten dir genügend Grundlagen bieten, um durch die ersten Bibelstunden mit deinem Freund zu kommen. In der Folge solltest du beginnen, dir deine eigenen Fragen zum Text zu überlegen. Je weiter du fortschreitest, um so leichter sollte dir das gelingen. Von jetzt an werde ich nur auf die wichtigsten Aussagen Bezug nehmen, die im jeweiligen Abschnitt herausgearbeitet werden sollen sowie auf die Verse, die eine zentrale Rolle in unserem Dienst der Evangelisation spielen.

Johannes 1,19-28

Warum wollten die Pharisäer wissen, wer Johannes der Täufer war? Die Pharisäer glaubten, daß sie Gott und den einzigen Weg, der zu ihm führt, repräsentierten. Ihre Autorität und Macht wurde herausgefordert und bedroht von der Arbeit Johannes des Täufers. Er hatte nicht nur begonnen, Hunderte Menschen zu taufen, sondern hatte auch die Führungsrolle der Pharisäer zurückgewiesen. Johannes war nicht auf ordentlichem Weg, d. h. durch den Besuch der Pharsäer-Bibelschule, zu seinem Beruf gelangt. Er besaß nicht die üblichen religiösen Papiere, um Gott repräsentieren zu dürfen.

Wie erlangt ein Mensch Gottes Autorität? Wie erlangt ein Mensch Autorität von Menschen? Wie können wir "Laien" den Unterschied erkennen?

Johannes 1,29

Über diesen Vers könnte man drei Stunden lang diskutieren. Laß dir also ruhig Zeit dabei. Gib deinen Freunden Gelegenheit, ihre Meinung zu sagen.

Was ist Sünde? Sprich lange darüber und frage sie dann, wer das Recht hat, festzulegen, was eine Sünde ist und was keine Sünde ist. Welches Maß sollte ein Mensch anlegen, um zu bestimmen, ob etwas eine Sünde ist oder nicht? Wir alle gestehen ein, nicht vollkommen zu sein, aber was macht uns eigentlich so unvollkommen? Wer sagt, daß wir nicht vollkommen sind? Einige Menschen sind besser als andere, aber sobald wir das behaupten, messen wir uns selbst an einem relativen Maßstab. Warum vergleichen wir uns nicht mit Gott? Was denkt Gott über unsere relativen Maßstäbe in bezug auf Vollkommenheit? Wenn Gott etwas Sünde nennt, von dem wir überzeugt sind, daß es keine Sünde ist, wer hat dann recht? Wer hat das Recht, über Sünde zu urteilen? Sind Gottes Urteile immer richtig, selbst wenn wir ihnen nicht zustimmen? Werden wir nach diesem Leben Gott richten, oder wird er uns richten? Auf welcher Grundlage wird Gott uns richten: auf der Grundlage unseres eigenen relativen Maßstabes oder auf der Grundlage seines absoluten Maßstabes?

Welchem Zweck dienen Lämmer in den verschiedenen Religionen? Als Opfer und Sündenböcke. Der Mensch opfert Lämmer, um Gott zu beschwichtigen. Gott zu beschwichtigen bedeutet, seinen Zorn zu beruhigen und ihn auf diese Weise auf Abstand zu halten. Normalerweise würde ein Lamm von den Menschen geschlachtet werden, um Gott auf Abstand zu halten. Warum spricht Johannes hier vom Lamm Gottes? Warum sollte Gott selbst das Lamm für das Opfer bereitstellen? Eine klare Antwort darauf finden wir in Römer 3,26, aber wir wollen nicht vorgreifen, bevor wir nicht das Johannesevangelium zu Ende gelesen haben.

Welche Bedingungen stellt der Mensch für die Wegnahme der Sünden? Welche Bedingungen stellt Gott für die Wegnahme der Sünden? Ist Gott verpflichtet, unsere Bedingungen zu akzeptieren, oder müssen wir seine Bedingungen akzeptieren? Gibt es einen Unterschied zwischen "die Sünde zudecken" und "die Sünde wegnehmen"?

Johannes 1,30-42

Nathanael war ein Skeptiker. Er ging mit Philippus, aber er hatte sich sein Urteil schon gebildet. Aus Nazareth konnte nichts Gutes kommen.

Als er ankam, sagte Jesus dem Nathanael zwei Dinge über

ihn selbst. Obwohl er Nathanael niemals persönlich getroffen hatte, behauptete Jesus, in Nathanaels Herz lesen zu können: "Siehe, wahrhaftig ein Israelit, in dem kein Trug ist!" Nathanael antwortet verständlicherweise mit der Frage: "Woher kennst du mich?" Wie jeder weiß, kann nur Gott den Charakter eines Menschen genau kennen, ohne ihn vorher persönlich kennengelernt zu haben. Doch noch immer ist Nathanael nicht davon überzeugt, daß Jesus der Messias ist. Es würde viel brauchen, ihn davon zu überzeugen, daß Jesus Nathanaels Innerstes sehen kann.

Um ihn davon überzeugen zu können, daß er tatsächlich die Menschen so sehen kann, wie sie wirklich sind, sagt Jesus ihm, daß er ihn unter dem Feigenbaum gesehen habe. Offensichtlich war der Feigenbaum so weit weg, daß das rein physisch unmöglich gewesen wäre. Warum ich das sagen kann? Sieh dir doch einmal Nathanaels Reaktion an. Wenn der Feigenbaum nur wenige Meter entfernt gestanden hätte, würde Nathanael bloß über Jesus gelacht haben. Die Aussage Jesu jedoch, d. h. seine offensichtliche Fähigkeit, über die physischen Beschränkungen der Natur hinaus sehen zu können, bildeten die Grundlage dafür, daß Nathanael zum gleichen Schluß kam wie Johannes der Täufer: "Rabbi, du bist der Sohn Gottes, du bist der König Israels!" Nathanael wurde von einem überzeugten Skeptiker zu einem gläubigen Nachfolger.

Welche Schlüsse muß ich für mein Leben ziehen, wenn die Bibel diese Geschichte über Jesus wahrheitsgetreu wiedergibt? Weiß Jesus zu jeder Zeit, wo ich mich aufhalte? Und was noch wichtiger ist: Kann er in meinem Herzen lesen und sehen, wie ich wirklich bin trotz der Fassade, die ich meinen Mitmenschen zeige? Wie würdest du auf einen Menschen reagieren, der deine Gedanken lesen kann? Dieser Mensch könnte für dich sehr gefährlich werden, wenn er dich nicht liebte. Der Herr Jesus kann in uns hineinsehen. Liebt er uns? Welche Gefühle wecken diese Gedanken in dir?

Johannes 2,1-12

Wie behandelt Jesus Maria, seine Mutter, auf der Hochzeit?

Warum? Wie reagiert Maria auf Jesu Frage? Das ist die einzige Stelle in der Bibel, in der Maria einen Befehl erteilt. Was befiehlt sie hier (Vers 5)? Welches Wunder tut Jesus hier? Wie lange dauert es, guten Wein herzustellen (ein Zeitwunder)? Was ist der Unterschied zwischen Wasser und Wein (ein Wunder auf dem Gebiet der Chemie und der Moleküle)? Was war der Zweck dieses Wunders (Vers 11)? Warum machte Jesus nicht genügend Wein für alle Hochzeiten in diesem Jahr? Warum heilte er nicht alle Kranken und Lahmen auf der ganzen Welt, während er auf der Erde weilte? Warum vollbrachte er überhaupt Wunder?

Der nächste Absatz von Fragen ist sehr wichtig für jene Leute, die glauben, daß Maria ihr ganzes Leben lang Jungfrau blieb. Deine Freunde werden langsam erkennen, daß nicht alles, was die "Religionen" lehren, immer mit der Bibel übereinstimmt.

Was ist der Unterschied zwischen den Brüdern Jesu und seinen Jüngern? Warum erwähnte Johannes nicht Jesu Cousins anstatt seiner Brüder? Wer waren seine Brüder (Mt 13,55)? Hatte Jesus auch Schwestern (Mt 13,56)? Wie viele (mindestens zwei!)? Was bedeutet das Wort "bis" in Matthäus 1,25? (Das bedeutet, daß Joseph schließlich doch zu seinen Flitterwochen gekommen ist!)

Johannes 2,13-25

Entspricht diese Geschichte dem typischen Bild eines ruhigen, freundlichen, demütigen Jesus? Hatte Jesus das Recht, den Tempel zu reinigen? Warum oder warum nicht? Was würde Jesus über unsere heutigen Religionen sagen? Was würde er reinigen wollen? Wie beziehen sich die Verse 24 und 25 auf das, was Jesus dem Nathanael sagte? Was meint Johannes, wenn er schreibt, Jesus wüßte, was im Menschen ist?

Johannes 3,1-36

In diesem Kapitel geht es hauptsächlich um den Stolz eines Menschen. Nikodemus ist stolz darauf, ein Lehrer Israels zu sein, ein wahrer Repräsentant Gottes. Jesus greift ihn an seinem wunden Punkt an, indem er aufzeigt, daß Nikodemus nicht einmal die Antwort auf die wichtigste und grundsätzlichste Frage des Lebens überhaupt kennt, nämlich wie ein Mensch in den Himmel kommen kann. Wenn ein Theologe nicht die richtige Antwort auf diese Frage kennt, dann war seine theologische Ausbildung eine heuchlerische Verschwendung. Vers 11 zeigt das Hauptproblem auf: "und unser Zeugnis nehmt ihr nicht an." Sie wollen nicht glauben. Am Ende des Kapitels (Vers 36) wird Glaube mit Gehorsam gleichgesetzt. Glaube ohne daraus resultierenden Gehorsam Jesus gegenüber wird vom Vater nicht als rechtmäßig anerkannt werden.

Johannes 4,1-45

Die Frau am Brunnen hat ein anderes Problem: Moral. Der Herr Jesus kritisiert sie nicht in der Weise, wie er es bei Nikodemus getan hatte, sondern er zeigt ganz klar auf, daß ihr Leben nicht in Ordnung ist. "Du hast recht gesagt: 'Ich habe keinen Mann.', denn fünf Männer hast du gehabt, und der, den du jetzt hast, ist nicht dein Mann." Eine gute Frage, die du stellen könntest, wäre: "Was war Jesu Meinung über die Moral dieser Frau?"

Nachdem am Ende des 3. Kapitels Glaube als Gehorsam definiert wurde, zeigt uns nun Kapitel 4, daß auch unsere Moral mit dem Willen Christi übereinstimmen muß. Rein intellektueller Glaube ist nutzlos, wenn wir nicht eine entsprechende Änderung in unserem Leben zeigen, und das ist oft gerade im Bereich unserer moralischen Werte vonnöten. Denke daran, daß Jesus die moralischen Sünden der Frau verurteilt hat, nicht aber die Frau selbst.

Johannes 5,1-47

Wenn du mit deinem ungläubigen Freund bis hierher gekommen bist, dann ist er auf dem besten Weg, gläubig zu werden. Die Ansprüche, die Jesus in diesem Kapitel stellt, werden unserem ungläubigen Freund nur zwei Möglichkeiten offenlassen, wie wir sehen werden.

In Vers 18 berichtet uns Johannes, daß die Juden Jesus töten wollen, weil er behauptet, Gott gleich zu sein. Nach dem Alten Testament war es Blasphemie zu behaupten, Gott gleich zu sein. Ein solcher Mensch mußte gesteinigt werden. Jesus behauptet, Leben geben zu können ("denn wie der Vater die Toten auferweckt und lebendig macht, ..."). Jesus behauptet, selbst die gleiche schöpferische Macht Gottes zu haben (Vers 21). Er beansprucht für sich das Recht, lebendig zu machen, "wen er (Jesus) will" (Vers 21). Er beansprucht das Recht, alle Menschen zu richten (Vers 22). Er verlangt, daß alle Menschen "den Sohn ehren (anbeten), wie sie den Vater ehren (anbeten)" (Vers 23).

Der Höhepunkt kommt in Vers 24, wo Jesus das Hören (den Gehorsam) seines Wortes mit dem Glauben an den Vater gleichsetzt, wodurch der Mensch vom Gericht gerettet wird. Die meisten Leute glauben, daß jeder nach seinen Werken gerichtet wird am Ende der Zeit, und wenn sie "genügend" gute Werke getan haben (wieviel ist genügend, wieviel ist zu wenig?), dann werden sie in den Himmel kommen. Jesus sagt uns in dieser Stelle, daß wir bereits jetzt ewiges Leben haben können und später gar nicht ins Gericht kommen!

Diese Behauptungen lassen uns nur eine von drei Möglichkeiten offen. Wie würdest du reagieren, wenn jemand, den du vorher noch nie gesehen hast, behaupten würde, er wäre Gott gleich, könne ebenso wie Gott Leben geben, würde jeden Menschen richten; wenn er weiterhin dieselbe Anbetung wie Gott verlangen und erklären würde, es sei dasselbe, seinem Wort zu gehorchen und Gott zu glauben? Entweder brauchte Jesus dringend Hilfe aufgrund ernsthafter psychologischer Probleme, oder er log bewußt, oder er war und ist Gott. Seine Behauptungen lassen keine andere Alternative zu.

In Vers 40 kommt Jesus noch einmal auf das hauptsächliche Problem zu sprechen: "Ihr wollt nicht zu mir kommen, damit ihr Leben habt."

Johannes 6,1-71

Eine der wichtigsten Aussagen dieses Kapitels findet sich in den Versen 28 und 29. Wie die meisten Religionen, so glaubten auch die Juden, daß man durch gute Werke in den Himmel käme. "Was sollen wir tun, damit wir die Werke Gottes wirken?" Jesus korrigiert diese falsche Ansicht, indem er sagt: "Dies ist das Werk Gottes, daß ihr an den glaubt, den er gesandt hat."

In der Speisung der Fünftausend und der darauf folgenden Predigt über seinen Leib und sein Blut setzt der Herr das Essen seines Fleisches und das Trinken seines Blutes mit dem Glauben an ihn gleich. Vergleiche Vers 47 mit Vers 51. Beide laufen auf dasselbe hinaus: ewiges Leben.

Das Essen ist ein natürliches Bild für den Glauben. Wir nehmen aus zwei Gründen Nahrung zu uns: um körperlich am Leben zu bleiben und weil es uns schmeckt. Der eine Mensch ißt, um zu leben, der andere lebt, um zu essen. Ein Mensch glaubt aus denselben zwei Gründen: um ewig zu leben und aus der Freude heraus, Gott persönlich zu kennen.

Auch die Vorgänge sind dieselben. Niemand ißt, indem er sich die Nahrung auf den Kopf legt oder auf die Haut schmiert. Um den gewünschten Nutzen aus dem Essen zu erhalten, müssen wir die Nahrung in uns aufnehmen und sie von innen heraus wirken lassen. Wenn wir nicht so essen, wie es sich gehört, ist die Nahrung für uns nutzlos, und wir könnten sterben. Auch mit dem Glauben ist es so. Wahrer Glaube ist keine äußerliche Religion, in der der Mensch sich eine religiöse Maske vor das Gesicht hält. Wahrer Glaube besteht darin, unser Leben ganz Christus zu übergeben und ihm zu vertrauen, daß er durch unseren Gehorsam unsere Einstellung zur Sünde in unserem Leben in unseren Herzen verändert.

Die zwei Möglichkeiten in den Kapiteln 5 und 6 lassen nur eine von zwei Reaktionen zu.

Vers 66: "Von da an gingen viele seiner Jünger zurück und gingen nicht mehr mit ihm."

Vers 68. "Herr, zu wem sollten wir gehen? Du hast Worte ewigen Lebens."

Tu's!

1. Hast du schon begonnen, mit einem ungläubigen Freund das Johannesevangelium zu lesen? Wenn nicht, dann tu's!
2. Wenn ja, hat deine Freund irgendwelche Freunde, die gerne mitlesen würden?
3. Wenn dir dieses Buch in irgendeiner Beziehung eine Hilfe war oder wenn du einen Vorschlag hast, wie man es verbessern könnte, dann laß es uns bitte wissen. Wir sind sehr daran interessiert, unsere eigenen Bemühungen im Dienst für den HERRN zu verbessern.

BIBLIOGRAPHIE

Aldrich, Joseph: *Gentle Persuasion.* Portland, OR: Multnomah Press, 1988.

Lifestyle Evangelism. Portland, OR: Multnomah Press, 1981.

Bleecker, Walter: *The Non-Confronter's Guide to Leading a Person to Christ.* San Bernardino, CA: Here's Life Publishers, Inc., 1990.

Bright, Bill.: *Wirksames Zeugnis - wie macht man das?*

Bruce, F.F.: *New Testament Documents: Are They Reliable?* Leicester, England: IVP, 1964.

Dyrness, William: *Christian Apologetics in a World Community.* Downers Grove, IL: InterVarsity Press, 1983.

Eims, LeRoy: *One to One Evangelism.* Wheaton, IL: Victor Books, 1990.

Hendricks, Howard: *Say It with Love.* Wheaton, IL: Victor Books, 1972.

Innes, Dick: *I Hate Witnessing.* Ventura, CA: Regal Books, 1985.

Jacks, Bob and Betty: *Your Home a Lighthouse.* Colorado Springs: Navpress, 1987.

Kennedy, James: *Evangelism Explosion.* Wheaton, IL: Tyndale House Publishers, 1970.

Lewis, C.S: *Über den Schmerz.* Brunnen Verlag, Gießen, 1988.

Der innere Ring. Brunnen Verlag, Gießen, 1982.

Little, Paul: *HIS Guide to Evangelism.* Downers Grove, IL: InterVarsity Press, 1977.

How to Give Away Your Faith. Chicago: InterVarsity Press, 1966.

Know What You Believe. Wheaton, Il: Scripture Press Publishers, 1970.

Ich weiß, warum ich glaube. Hänssler Verlag, Stuttgart.

Martin, Walter: *The Kingdom of the Cults.* Minneapolis: Bethany House Publishers, 1985.

McCloskey, Mark: *Tell It Often, Tell It Well.* San Bernardino, CA: Here's Life Publishers, Inc., 1985.

McDowell, Josh: *Die Bibel im Test.* Hänssler Verlag, Stuttgart, 1987.

Petersen, Jim: *Evangelisation als Lebensziel,* Francke Verlag, Marburg.

Pickard, Nellie: *What Would You Have Said?* Grand Rapids, MI: Baker Book House, 1990.

Pippert, Rebecca: *Out of the Saltshaker and Into the World: Evangelism. As a Way of Life.* Downers Grove, IL: InterVarsity Press, 1979.

Rainey, Thom: *Evangelism in the 21st Century.* Wheaton, IL: H. Shaw Publishers, 1989.

Sanderson, Leondard and Johnson, Ron: *Evangelism for All God's People.* Nashville: Broadmann Press, 1990.

Spencer, James: *Hard Case Witnessing.* Tarrytown, NY: Chosen Books Publishing Company, Ltd., 1991.

Sire, James W.: *The Universe Next Door.* Downers Grove, IL: InterVarsity Press, 1988.

Van Houten, Mark: *Profane Evangelism. Grand Rapids,* MI: Zondervan Publishing House, 1989.

Wood, Margaret: *The Power of Ordinary Christians.* Minneapolis: Augsburg Publishing House, 1988.

Yancey, Philip: *Where Is God When It Hurts?* Grand Rapids, MI: Zondervan Publishing House, 1977.